中國語文補充讀物第七冊

中國民間故事(一)

編著者

吳奚眞 / 蘇尚耀 / 葉德明

Supplementary Chinese Reader VOL. VII

Chinese Folk Tales (VOL.I)

by
Hsi-chen Wu
Shang-yao Su
Teh-ming Yeh

國立編譯館主編
正中書局　印行

前　言

　　我們受國立編譯館委託編著的中國語文補充讀物最初四冊（即中國寓言、中國的風俗習慣、中國歷史故事（一），和中國歷史故事（二））出版之後，各方反應甚佳，並蒙全世界各地許多華語教學單位用作中級教材，使我們深感欣慰和興奮。爲了向全世界各地學習華語的人士提供更多的讀物，我們現在又接受國立編譯館的委託，編著中國民間故事兩冊。

　　中國民間故事第一册字彙的選用，是假定學生已經認識了世界中文報業協會三千個新聞基本常用字彙表中的一千個最常用字（見附錄二）。一、二兩册各增用約五百個生字。所增用的生字，除少數爲故事中非用不可的詞語（如人名、地名）外，大都根據上述三千個新聞基本常用字彙表和國立編譯館的國民學校常用字彙表選用。

　　像以前那四册書一樣，這兩本書具有雙重功用，可以做課外讀物，供學生自修，也可以做補充教材，在教室使用。這兩本書可以和中國寓言等配合使用，例如：先念中國寓言，然後念中國民間故事（一），再念中國的風俗習慣，然後念中國民間故事（二）等等，可由教師酌作安排，在字彙方面當不會遭遇阻礙。此外，在上課時數較多的班級（如每天上課四小時的班級），也可以同時使用中國寓言和中國民間故

事（一）等等，藉收變換和調劑之效。

　　本書的課文都是由編著者撰寫的。生字的注音，兼用國語「注音符號」和「耶魯羅馬拼音」。詞類的區分，則採用耶魯大學出版的 *Dictionary of Spoken Chinese* 的制度，但是這種制度只適用於口語，本書這些故事裏面的一些成語和片語，超越了口語的範圍，所以在詞性方面，有時只能變通處理。每課課文後面均附有下列四個部分：一、生字與生詞；二、成語；三、句型；四、練習。在「生字與生詞」部分，附有星標者是以前沒有學過的生字。

　　本書的英文注解承白非力先生協助做出，特附致謝意。

吳　奚　眞

中華民國七十五年九月

FOREWORD

Since the publication of our first four supplementary Chinese readers (*Chinese Moral Tales, Chinese Customs and Traditions,* and *Stories from Chinese History,* Volumes I & II) under the auspices of the National Institute for Compilation and Translation (NICT) six years ago, numerous institutions around the world offering courses in Mandarin have made use of this series at the intermediate level of instruction. We have been deeply gratified and encouraged by this fact. In order to further meet the growing need for intermediate level reading materials for Chinese language programs and for individual study, the editors have once again been entrusted by the NICT to compile the present two volumes.

Volume One of *Chinese Folk Tales* assumes the student has a familiarity with the" One Thousand Most Frequently Used Characters" from the Chinese Language Press Institute's *List of Three Thousand Characters Commonly Used in Newspapers.* These one thousand characters are listed in Appendix II of the present book. Each volume of *Chinese Folk Tales* introduces approximately 500 additional frequently used characters above the one-thousand character level; and with the exception of a few characters necessary for the telling of a story (as for personal and place names), these characters are drawn from the *List of*

Three Thousand Characters Commonly Used in Newspapers and from the NICT's *Vocabulary List for Primary Schools.*

As with the previous four-volume series, the present two volumes of Chinese folk tales can be used either by students on their own as independent study materials, or in the classroom as supplementary readers. Although *Chinese Folk Tales* may be used independently of the former series, it is felt that best results will be achieved if used in coordination with the previous four volumes; for while characters used in *Chinese Folk Tales* will reinforce many of those learned in *Chinese Moral Tales* and *Chinese Customs and Traditions*, the majority of the polysyllabic terms and idioms do not overlap and will therefore help to further expand the student's vocabulary. Along these lines, the editors thus recommend students in a regular course of study first read *Chinese Moral Tales*, and then *Chinese Folk Tales*. Vol. I, *Chinese Customs and Traditions, Chinese Folk Tales*, Vol. II. and so forth; in an intensive course (e. g. 4 hours per day), it is recommended that one book from each series be studied for two hours per day.

The text of these volumes were written by the editors especially for this series. The pronunciation of all annotations is given in both Chinese Phonetic Symbols and Yale Romanization. Grammatical designations follow the *Dictionary of Spoken Chinese* published by Yale University. It should be noted, however, that the Yale system of grammatical analysis is suited only for spoken Chinese; when it is necessary to introduce certain literary terms

for the telling of a story, the editors have had to be
flexible in making grammatical designations. Four sec-
tions follow each text: a list of vocabulary; a list of
idiomatic expressions; sentence patterns; and exercises.
Previously unlearned characters are marked with an as-
terisk in the list of vocabulary.

Finally the editors would like to express their deepest
appreciation to Mr. Phillip Podgur who was of invaluable
assistance in preparing the annotations of these texts.

Hsi-chen　Wu
September, 1986

目　　次

第一課　砍柴[1]人遇仙[2]

　　從前，在中國南方的一個鄉村[3]裏，有一個年輕[4]的砍柴人，名叫王質。有一天，他和平常一樣，上山砍柴。在他砍柴的時候，忽然從深山裏傳來[5]一陣歌聲[6]。他心裏想：奇怪，那深山裏從來沒人去過，怎麼會有歌聲呢？我何不進[7]去看看，到底是怎麼一回事。

　　於是王質放下砍柴的工作，拿著斧頭[8]，一邊砍除路上的野草[9]，一邊往深山裏面走。也不知道究竟[10]走了多遠，他終於在一個荒僻[11]的大山[12]下面，發現[13]了一個山洞[14]。

　　王質把斧頭放在洞口，悄悄地[15]走進山洞。洞裏的地方很大，有兩個年紀很老的人，坐在石桌的兩邊下棋[16]。王質也是一個喜歡下棋的人，就站在旁邊很出神地[17]看。過了一會兒，有人端

— 1 —

出一盤鮮紅的水果，給下棋的人吃。那個人看見王質，也順手給了他一個。王質拿到手裏看看，那水果雖然很小，卻從來沒見過，也不知道怎麼吃法。他就學那兩個下棋的人，把它含在嘴裏，覺得滿口清香，肚子也不餓了。

　　後來，一盤棋下完了，一個下棋的人擡頭看見了王質，就說：「朋友，時間不早了，你為什麼還不回去？」

　　王質一聽，忽然想起自己今天的柴還沒砍完，就趕快走出山洞。他走到洞口一看，卻發現那斧頭的木頭把兒已經全爛掉，斧頭也銹得不成樣子了。他心裏很慌，趕快下山。到了山下回頭看看，山還是老樣子，可是村裏的情形卻完全變了。舊房子旁邊蓋起了很多新房子，路上來往的行人，他一個也不認識。他以為自己迷路了，後來看到一個老人，從他面前走過來。他就問那個老人：「老伯，你知道村子南邊王質的家在哪裏嗎？」

老人很吃驚地說：「小時候我聽祖父說，村子南邊有個叫王質的人，有一天上山砍柴，一去就沒有再回來，大家都說他成仙了。不知道你問他做什麼？」

王質聽了這些話，心裏很奇怪。可是他一直不明白，為什麼在山上只停留了看完一盤棋的時間，山下的世界竟有這樣大的變化。

古時候的人管斧頭把兒叫「柯」。後來，大家就稱王質遇仙的那座山為「爛柯山」。

I. 生字與生詞

1. 砍柴人 (ㄎㄢˇ ㄔㄞˊ ㄖㄣˊ; kǎn chái rén)
   N: (lit., a person who chops firewood) woodcutter
   *砍 (ㄎㄢˇ; kǎn)
       FV: to cut; to chop; to hack
   *柴 (ㄔㄞˊ; chái)
       N: firewood; faggots

2. *仙 (ㄒㄧㄢ; syān)
   N: fairy; (Taoist) immortal

3. 鄉村 (ㄒㄧㄤ ㄘㄨㄣ; syāngtswūn)
   N: village; rural area

4. 年輕 (ㄋㄧㄢˊ ㄑㄧㄥ; nyánchīng)
   SV: (of a person) young
       他的父親看起來還很年輕。
       His father still looks quite young.

5. 深山 (ㄕㄣ ㄕㄢ; shēn shān)
   PW: deep (within the) mountains
       他住在深山裏。
       He lives deep within the mountains.

6. 傳來 (ㄔㄨㄢˊ ㄌㄞˊ; chwán lái)
   RC: (of sound, news, etc.) to be carried here
       從外面傳來了他說話的聲音。
       He could be heard talking outside from in here.

7. 何不 (ㄏㄜˊ ㄅㄨˋ; hé bù)
   A: why not

你既然有這個想法，何不早說？

Since you feel this way, why didn't you say so earlier?

8. **斧頭**（ㄈㄨˇ ·ㄊㄡ; *fǔtou*）

N: ax; hatchet

*斧（ㄈㄨˇ; *fǔ*）

B: ax; hatchet

9. **野草**（ㄧㄝˇ ㄘㄠˇ; *yětsǎu*）

N: weeds

*野（ㄧㄝˇ; *yě*）

SV: 1) be wild; not domesticated; be uncultivated

野馬（ㄧㄝˇ ㄇㄚˇ; *yěmǎ*）

N: mustang

2) (of manners, etc.) be unrestrained or unruly

這個孩子很野。

This child is quite undisciplined.

10. **究竟**（ㄐㄧㄡˋ ㄐㄧㄥˋ; *jyòu jìng*）

A: (used in pressing for an exact answer) actually; exactly

他究竟是誰？

Who exactly is he?

究竟是怎麼一回事？

What in the world happened?

11. **終於**（ㄓㄨㄥ ㄩˊ; *jūngyú*）

A: finally; in the end

他終於走了。

He finally left.

12. 荒僻 (ㄏㄨㄤ ㄆㄧˋ; hwāngpì)

    SV: be remote and out-of-the-way

      他住在一個荒僻的鄉村。

      He lives in a remote and out-of-the-way village.

    *荒 (ㄏㄨㄤ; hwāng)

      SV: be desolate; be barren

        這個荒島上沒有居民。

        There are no inhabitants on this desolate island.

    *僻 (ㄆㄧˋ; pì)

      B: secluded; out-of-the-way

13. 發現 (ㄈㄚ ㄒㄧㄢˋ; fāsyàn)

    FV & N: to discover; to find; discovery; a find

      我發現他這個人很有辦法。

      I discovered that this person is quite resourceful.

14. 山洞 (ㄕㄢ ㄉㄨㄥˋ; shāndùng)

    N: mountain cave

    *洞 (ㄉㄨㄥˋ; dùng)

      N: hole

15. 悄悄地 (ㄑㄧㄠˇ ㄑㄧㄠˇ ·ㄉㄜ; chyǎu-chyǎu-de)

    A: quietly; silently and secretly

      他悄悄地出去了。

      He quietly went out.

    *悄 (ㄑㄧㄠˇ; chyǎu)

      B: quiet; silent

16. 下棋 (ㄒㄧㄚˋ ㄑㄧˊ; syàchí)

    VO: to play chess

他和朋友在下棋。

He and his friend are playing chess.

*棋 （ㄑㄧˊ; *chí*）

　　N: the game of (Chinese) chess, go, or similar games

棋子 （ㄑㄧˊ ㄗˇ; *chídz*）

　　N: chess piece

17. 出神地 （ㄔㄨ ㄕㄣˊ ˙ㄉㄜ; *chūshénde*）

　　A: absorbedly; with rapt attention

出神 （ㄔㄨ ㄕㄣˊ; *chūshén*）

　　FV: to be lost in thought; to be mesmerized

他坐在那裏，對著窗口出神。

He's sitting there facing the window lost in thought.

18. 端出 （ㄉㄨㄢ ㄔㄨ; *dwānchū*）

　　RC: to carry out (on a tray); to serve

他從廚房端出一盤菜。

He brought out a platter from the kitchen.

端 （ㄉㄨㄢ; *dwān*）

　　FV: to carry; to hold (something) with both hands (as a tray)

19. *盤 （ㄆㄢˊ; *pán*）

　　N & M: tray; platter; dish

20. 鮮紅 （ㄒㄧㄢ ㄏㄨㄥˊ; *syānhúng*）

　　SV: be bright red; be scarlet

她穿了一件鮮紅的衣服。

She's wearing a bright red dress.

*鮮 （ㄒㄧㄢ; *syān*）

　　1）B: (of color) bright

2) SV: be fresh

她買了一些鮮花。

She bought some fresh flowers.

21. 順手 (ㄕㄨㄣˋ ㄕㄡˇ; *shwùnshǒu*)

A: while one is at it; without extra trouble or effort

你出去的時候請順手把門關上。

Please close the door behind you on your way out.

22. 含 (ㄏㄢˊ; *hán*)

FV: to keep (in the mouth); to suck on

他嘴裏含著一塊糖。

He's sucking on a piece of candy.

23. 清香 (ㄑㄧㄥ ㄒㄧㄤ; *chīngsyāng*)

SV: be delicately fragrant

這些野花很清香。

These wild flowers have a delicate fragrance.

24. 肚子 (ㄉㄨˋ ˙ㄗ; *dùdz*)

N: stomach; belly

*肚 (ㄉㄨˋ; *dù*)

B: stomach; belly

25. *餓 (ㄜˋ; *è*)

SV: be hungry

26. 擡頭 (ㄊㄞˊ ㄊㄡˊ; *táitóu*)

VO: to raise one's head

*擡 (ㄊㄞˊ; *tái*)

FV: lift; raise

請你幫我把這張桌子擡到那邊去。

Please help me move this table there.

27. 趕快 (ㄍㄢˇ ㄎㄨㄞˋ; găn kwài)

    A: hasty; in a hurry

    *趕 (ㄍㄢˇ; găn)

    　　FV: 1) to drive or chase (away)

    　　　　把他趕出去！

    　　　　Chase him out!

    　　　　2) to hurry or rush (to do or make something)

    　　　　他要趕五點鐘的火車。

    　　　　He has to catch the five-o'clock train.

28. 把兒 (ㄅㄚˇ ㄦ; bàr)

    N: grip; handle (of a small object, such as a knife, kettle, broom, etc.)

29. 爛掉 (ㄌㄢˋ ·ㄉㄧㄠ; làndyau)

    RC: to rot away; to fall into decay

    *爛 (ㄌㄢˋ; làn)

    　　SV: be rotten; be decayed

    　　　　這些水果都爛了。

    　　　　All of this fruit is rotten.

    *掉 (ㄉㄧㄠˋ; dyàu)

    　　RE: off; out

    　　　　你衣服上染的紅色洗不掉了。

    　　　　The red stain on your clothing can't be washed out.

    　　FV: to fall; to drop; to lose

    　　　　你的錢掉了。

    　　　　You dropped your money.

30. *銹 (ㄒㄧㄡˋ; syòu)

    SV: be rusty; be corroded

這把刀銹了。

This knife is rusty.

N: rust; corrosion

31. *慌 (ㄏㄨㄤ; $hw\bar{a}ng$)

SV: be flustered; be panicked

別慌，慢慢做。

Don't panic! Take your time.

32. 蓋起 (ㄍㄞˋ ㄑㄧˇ; $g\grave{a}ich\check{i}$)

RC: to put up; to erect (a building)

*蓋 (ㄍㄞˋ; $g\grave{a}i$)

FV: 1) to build; to erect

他蓋了一所新房子。

He built a new house.

2) to cover; to place a lid on

B: cover; lid

蓋子 (ㄍㄞˋ ˙ㄗ; $g\grave{a}idz$)

N: cover; lid; cap; top

33. 迷路 (ㄇㄧˊ ㄌㄨˋ; $m\acute{i}l\grave{u}$)

VO: to get lost; to lose one's way

*迷 (ㄇㄧˊ; $m\acute{i}$)

FV: to lose (one's way)

SV: to be crazy about; to be very fond of

他很迷那個電影明星。

He's crazy about that movie star.

B: person who is crazy about something; fan;
enthusiast

他是個足球迷。

He's a soccer fiend.

34. 老伯 (ㄌㄠˇ ㄅㄛˊ; *lǎubwó*)

   N: uncle; a respectful term of address to an elderly man; a term of respect to a friend of one's father or the father of one's friend

35. 吃驚地 (ㄔ ㄐㄧㄥ ·ㄉㄜ; *chrjīngde*)

   A: in a startling or shocking way

   吃驚 (ㄔ ㄐㄧㄥ; *chrjīng*)

   VO: to be startled; to be taken aback; to be shocked

   他聽到那個消息，大吃一驚。

   He was flabbergasted when he heard that news.

36. 停留 (ㄊㄧㄥˊ ㄌㄧㄡˊ; *tínglyóu*)

   FV: to stay for a time; to stop over during a journey

   我在東京停留了一個月。

   I stopped over in Tokyo for a month.

37. 竟 (ㄐㄧㄥˋ; *jìng*)

   A: somewhat to one's surprise; rather unexpectedly

   世界上竟有這樣的人。

   To think that there's really such a person in the world!

38. 變化 (ㄅㄧㄢˋ ㄏㄨㄚˋ; *byànhwà*)

   N: change; transformation

   他的病沒有什麼變化。

   There's little change in his condition.

39. *柯 (ㄎㄜ; *kē*)

   N: 1) ax handle

   　　2) a Chinese family name

40. 爛柯山 (ㄌㄢˋ ㄎㄜ ㄕㄢ; *lànkēshān*)

   N: Mt. Lanke, name of a mountain located in what is

today's Chekiang province
(so called because it is the place where the handle
of Wang Chih's ax rotted away)

II. 句型

1. 一邊…一邊 (do something) while (doing something else); (do two different things) at the same time

他一邊看報一邊吃早飯。
He read the newspaper over breakfast.

2. 一…就沒有再 since...never again

他一回國就沒有再跟我們通過信。
He hasn't written to us since he returned to his motherland.

3. 管…叫 to call (someone a certain name)

他管我叫二叔。
He calls me Second Uncle.

4. 稱…為 to call (someone a certain name)

我們都稱他為天才。
We call him a genius.

III. 練習

1. 用下列詞語造句：

(1) 年輕

(2) 傳來

(3) 一邊…一邊
(4) 究竟
(5) 停留
(6) 順手
(7) 清香
(8) 一直
(9) 發現
(10) 迷路

2.回答下列問題：

(1) 王質是做什麼的？有一天他遇見了什麼奇事？
(2) 王質怎麼樣往深山裏走？他發現了什麼？
(3) 王質到洞裏以後看到了什麼？
(4) 有人端出來一盤什麼東西？王質怎麼吃那種東西？
(5) 王質吃了水果以後有什麼感覺？
(6) 一盤棋下完了之後，下棋的人跟王質說什麼？
(7) 王質走出洞口以後，發現了什麼事情？
(8) 王質回到村子以後，看見村子有什麼變化？
(9) 王質問老人的時候，老人為什麼吃驚？
(10) 王質為什麼沒有老？

第二課　春天的杜鵑[1]

　　在中國[2]四川省的西部，古時候有一個小國，叫做蜀國[3]。蜀國地方很小，國王杜宇[4]是一位英明[6]的君主[7]。他一心一意想把國家治理[8]好，使人民安居樂業。

　　有一年秋天，一連下了好幾十天雨，蜀國發生了大水災[9]。山上的大水不斷地往下流，平地的田園[10]都被水淹沒[11]，許多房屋也都淹了很深的水，不能住人了。

　　全國人民都很痛苦[12]，國王杜宇非常憂愁[13]。他對官員[14]們說：「現在全國都鬧[15]水災，你們有什麼辦法沒有？」

　　有些官員說：「水災就是天災，最好求老天爺[16]不要再下雨，大水就會慢慢地退[17]了。」

　　有些官員說：「最好加高河岸[18]，把大水擋

住，不讓它流到岸上來，就不會有水災了。」

一位叫開明的官員卻說：「照我看，都是因為我們西北的高山擋住了大水的去路，才造成了水災。只要把那座高山打通，讓大水能流出去，水災就不會有了。」

國王杜宇覺得開明所說的話最有道理，就派他全力去辦這件事。

開明奉了國王的命令，帶領很多年輕人到西北方的高山下面，開始工作。有些人挖土，有些人把挖出來的土挑走，大家都很努力。他們工作了很多天，終於把那座高山打通了，大水就從缺口往外流。沒有多久，大水就退光了。

國王杜宇看見大水退光了，心裏非常高興。可是他忽然想到：開明很有才能，又比我年輕，如果我把王位讓給他，他一定會把國家治理得很好，使人民生活得更快樂。

　　杜宇把自己的心事告訴開明，可是開明對
國王非常忠心，不肯接受王位。杜宇心裏想：
我在這裏，他不肯接受王位，如果我離開了，
國家大事沒人主持，他就沒法子不接受了。

　　於是杜宇偷偷地離開王宮了。

　　第二天，官員們沒見到國王，都很驚奇，
只有開明心裏明白。他非常難過，立刻帶人到
處去找國王。找了好幾天，都沒有找到，後來
他們找到一座山上，發現國王已經餓死在那裏
了。

　　大家都十分傷心，可是人死不能復生，傷
心也沒有用。他們只好在山上建造一個大墳，
安葬這位好國王。

　　第二年春天，杜宇的墳地上開出許多美麗
的白花，墳後的樹上，突然出現一隻人們從來
沒見過的鳥，在不停地叫。那隻鳥像是在懷念
什麼似的，叫得十分傷心，最後還吐出許多

血[42]，把墳地上的一些白花染[43]紅了。大家都說那隻鳥就是國王杜宇變的。他叫得那麼傷心，是因為懷念他所深愛的國家和人民。因此人們把那隻鳥稱為杜宇，又叫杜鵑，也把墳地上那些白花和紅花稱為杜鵑花。

I. 生字與生詞

1. 杜鵑 (ㄉㄨˋ ㄐㄩㄢ; *dùjywān*)
   N: 1) the cuckoo
   　　2) the azalea
   杜鵑花 (ㄉㄨˋ ㄐㄩㄢ ㄏㄨㄚ; *dùjywān hwā*)
   N: the azalea
   *杜 (ㄉㄨˋ; *dù*)
   N: a Chinese family name
   *鵑 (ㄐㄩㄢ; *jywān*)
   B: cuckoo

2. 四川省 (ㄙˋ ㄔㄨㄢ ㄕㄥˇ; *Sìchwān shěng*)
   N: Szechuan Province (located in south-central China,
   it is the most populous administrative division in
   the country)
   *川 (ㄔㄨㄢ; *chwān*)
   N: river

3. 蜀國 (ㄕㄨˇ ㄍㄨㄛˊ; *shǔgwó*)
   N: Shu, name of an ancient state
   *蜀 (ㄕㄨˇ; *shǔ*)
   N: 1) Shu, name of an ancient state located in what
   　　is today's Szechuan Province
   　　2) another name for Szechuan Province

4. 國王 (ㄍㄨㄛˊ ㄨㄤˊ; *gwówáng*)
   N: king; ruler

5. 杜宇 (ㄉㄨˋ ㄩˇ; *dùyǔ*)
   N: 1) Tu Yu, a descendant of the Yellow Emperor,

who ruled during the Chou Dynasty over the region now known as Szechuan Province

  2) another term for 杜鵑

*宇 (ㄩˇ; *yǔ*)

  B: space; universe

6. 英明 (ㄧㄥ ㄇㄧㄥˊ; *yīngmíng*)

SV: wise; enlightened (ruler)

他是一位英明的總統。

He is a very wise president.

英 (ㄧㄥ; *yīng*)

  SV: be bright; be brilliant

  英才 (ㄧㄥ ㄘㄞˊ; *yīngtsái*)

    N: person of outstanding ability

7. 君主 (ㄐㄩㄣ ㄓㄨˇ; *jyūnjǔ*)

N: monarch; sovereign

*君 (ㄐㄩㄣ; *jyūn*)

  B: sovereign; monarch; chief

8. 治理 (ㄓˋ ㄌㄧˇ; *jr̀lǐ*)

FV: to administer; to govern

這位君主有治理國家的才能。

This monarch has the gift of managing state affairs.

9. 水災 (ㄕㄨㄟˇ ㄗㄞ; *shwěidzāi*)

N: flood; inundation

*災 (ㄗㄞ; *dzāi*)

  B: calamity; disaster

  火災 (ㄏㄨㄛˇ ㄗㄞ; *hwǒdzāi*)

    N: conflagration; fire

天災（ㄊㄧㄢ ㄗㄞ; *tyāndzāi*）

N: natural disaster

10. 田園（ㄊㄧㄢˊ ㄩㄢˊ; *tyánywán*）

N: fields and gardens; countryside

11. 淹沒（ㄧㄢ ㄇㄛˋ; *yānmwò*）

FV: to submerge; to inundate

附近的鄉村都被大水淹沒了。

The nearby villages were inundated by the flood.

*淹（ㄧㄢ; *yān*）

FV: to submerge; to flood

水已經淹到二樓了。

It's already flooded up to the second floor.

12. 痛苦（ㄊㄨㄥˋ ㄎㄨˇ; *tùngkǔ*）

SV: be grievous; be miserable; be suffering

聽到那個不幸的消息，他很痛苦。

He took that bad news very hard.

N: pain; suffering; bitterness; agony

13. 憂愁（ㄧㄡ ㄔㄡˊ; *yōuchóu*）

SV: be distressed; be sad; be depressed

N: sorrow; saddness

*憂（ㄧㄡ; *yōu*）

B: sad; grieved

*愁（ㄔㄡˊ; *chóu*）

SV: be worried; be sorrowful; be distressed

FV: to worry; to worry about

你愁什麼呢？

What are you worrying about?

14. 官員 （ㄍㄨㄢ ㄩㄢˊ; *gwānywán*）

    N: official

15. *鬧 （ㄋㄠˋ; *nàu*）

    FV: 1) to suffer from; to be troubled by

        2) to make noise; to make a fuss

    請你們不要再鬧了好不好？

    Would you please cut out all the noise?

16. 老天爺 （ㄌㄠˇ ㄊㄧㄢ ㄧㄝˊ; *lǎutyānyé*）

    N: Heaven personified

      我的老天爺！

      Good Heavens!

  *爺 （ㄧㄝˊ; *yé*）

    B: 1) respectful form of address for an elderly man,

         official, god, etc.

      2) grandfather

    爺爺 （ㄧㄝˊ ·ㄧㄝ; *yéye*）

        N: grandfather

17. 退 （ㄊㄨㄟˋ; *twèi*）

    FV: 1) to recede; to withdraw; to move back

    敵軍已經退了。

    The enemy troops have already withdrawn.

    2) to return; to refund

    在百貨公司買的東西能退嗎？

    Can things bought at a department store be
returned?

18. 河岸 （ㄏㄜˊ ㄢˋ; *hé àn*）

    N: the bank of a river

  *岸 （ㄢˋ; *àn*）

    N: shore; bank; coast

水手們都上岸了。

The sailors all went ashore.

19. 擋住（ㄉㄤˇ ·ㄓㄨ; *dǎngju*)

RC: to block; to hold back

前面有車擋住了。

There's a car ahead blocking our way.

*擋（ㄉㄤˇ; *dǎng*)

FV: to block (the way, light, or view); to ward off (a blow)

請你別擋路。

Please don't block my way.

20. 開明（ㄎㄞ ㄇㄧㄥˊ; *kāimíng*)

N: K'aiming, Prime Minister under Tu Yu

21. 去路（ㄑㄩˋ ㄌㄨˋ; *chyùlù*)

N: outlet

22. 打通（ㄉㄚˇ ㄊㄨㄥ; *dǎtūng*)

FV: to open up (a passageway, throughway, etc.)

他把那兩個房間打通了。

He joined those two rooms (by tearing down a partioning wall, etc.).

23. *奉（ㄈㄥˋ; *fèng*)

FV: to receive; to obey (orders, etc.)

我是奉命行事。

I'm carrying out orders.

24. 命令（ㄇㄧㄥˋ ㄌㄧㄥˋ; *mìnglìng*)

N: order; command

25. *挖（ㄨㄚ; *wā*)

FV: to dig; to excavate

他往地下挖了三十公尺，發現一件古物。

He dug thirty meters down and found an ancient object.

26. *挑 (ㄊㄧㄠ; *tyāu*)

FV: to carry (on the shoulder with a pole)

27. 缺口 (ㄑㄩㄝ ㄎㄡˇ; *chywēkǒu*)

N: breach; gap

*缺 (ㄑㄩㄝ; *chywē*)

SV: be incomplete; be imperfect

28. 王位 (ㄨㄤˊ ㄨㄟˋ; *wángwèi*)

N: throne

29. 心事 (ㄒㄧㄣ ㄕˋ; *syīnshr̀*)

N: something weighing on one's mind

他今天好像有什麼心事似的。

He seems to have something on his mind today.

30. 忠心 (ㄓㄨㄥ ㄒㄧㄣ; *jūngsyīn*)

SV: be loyal; be devoted

他對國家很忠心。

He is very loyal to his country.

31. 接受 (ㄐㄧㄝ ㄕㄡˋ; *jyēshòu*)

FV: to accept

他接受一項很重要的任務。

He accepted an important assignment.

32. 主持 (ㄓㄨˇ ㄔˊ; *jǔchŕ*)

FV: to preside over; to have charge of

這個會議由誰主持？

Who is chairing this meeting?

33. 偷偷地 （ㄊㄡ ㄊㄡ ·ㄉㄜ; *tōutōude*)

A: stealthily; secretly; on the sly

他偷偷地跑出敎室去了。

He sneaked out of the classroom.

*偷 （ㄊㄡ; *tōu*)

FV: to steal; to make off with

他家裏很有錢，可是有時偷同學的東西。

His family is quite well off, but he sometimes steals things from his schoolmates.

34. 驚奇 （ㄐㄧㄥ ㄑㄧ; *jīngchí*)

SV: be surprised; be amazed

這件事的結果，使大家都很驚奇。

The result of this affair was a surprise to everyone.

35. *找 （ㄓㄠˇ; *jǎu*)

FV: to look for; to try to find; to seek

我們找個地方休息一會兒吧。

Let's look for a place to rest a while.

36. 傷心 （ㄕㄤ ㄒㄧㄣ; *shāngsyīn*)

SV: be heartbroken; be stricken with grief

別爲這件事情傷心。

Don't let this matter cause you such grief.

37. *墳 （ㄈㄣˊ; *fén*)

N: grave; tomb

墳地 （ㄈㄣˊ ㄉㄧˋ; *féndì*)

N: burial ground; graveyard

38. 安葬 （ㄢ ㄗㄤˋ; *āndzàng*)

FV: to bury (the dead); to make ceremonial burial arrangements and bury

他回家鄉去安葬他的母親。

He returned to his hometown to make funeral
arrangements for his mother.

*葬 (ㄗㄤˋ; *dzàng*)

FV: to bury

送葬 (ㄙㄨㄥˋ ㄗㄤˋ; *sùngdzàng*)

FV: to take part in a funeral procession

火葬 (ㄏㄨㄛˇ ㄗㄤˋ; *hwǒdzàng*)

N: cremation

39. 美麗 (ㄇㄟˇ ㄌㄧˋ; *měilì*)

SV: be beautiful

他送我一把美麗的花。

He gave me a bunch of beautiful flowers.

*麗 (ㄌㄧˋ; *lì*)

B: beautiful

40. 懷念 (ㄏㄨㄞˊ ㄋㄧㄢˋ; *hwáinyàn*)

FV: to cherish the memory of; to think of (with fond
memories)

他懷念他的老朋友。

He misses his old friend.

41. *吐 (ㄊㄨˋ; *tù*)

FV: 1) to spit out; to spew forth

2) to vomit; to throw up

他今天不舒服，吃的東西都吐出來了。

He doesn't feel well today; he threw up everything
he had eaten.

42. *血 (ㄒㄧㄝˇ; *syě*)

N: 1) blood

2)（ㄒㄩㄝˋ; *sywè*)

B: related by blood

血統（ㄒㄩㄝˋ ㄊㄨㄥˇ; *sywètǔng*)

N: blood lineage; extraction

43. *染（ㄖㄢˇ; *rǎn*)

FV: 1) to dye

她把那件衣服染成黃色。

She dyed that dress yellow.

2) to acquire (a bad habit, etc.); to contaminate;
to catch (a disease)

他染上很多壞習慣。

He's acquired a lot of bad habits lately.

II. 成語

1. 一心一意（ㄧˋ ㄒㄧㄣ ㄧˊ ㄧˋ; *yìsyīn yíyì*)

have one's mind set on; be bent on; be
wholeheartedly

他一心一意想發財。

He is determined to get rich.

2. 安居樂業（ㄢ ㄐㄩ ㄌㄜˋ ㄧㄝˋ; *ānjyū lèyè*)

to live and work in peace and contentment

老百姓的最大願望是可以安居樂業。

The greatest hope of the people is to live a happy,
secure life.

3. 人死不能復生（ㄖㄣˊ ㄙˇ ㄅㄨˋ ㄋㄥˊ ㄈㄨˋ ㄕㄥ; *rén sž bù néng*
fù shēng)

The dead cannot be brought back to life (an expression

commonly used when condoling the bereaved).

III. 句型

1. (都是)因為…才　(the result) is (totally) due to the
　　　　　　　　　　　fact that

都是因為你不聽我的話，你才落到這個地步。

You got yourself into such a position only because you didn't listen to me.

2. 如果…一定　if…certainly

如果你一直這樣努力，將來一定成功。

If you continue to be so diligent, you'll certainly succeed.

IV. 練習

1. 用下列詞語造句：

    (1) 一心一意

    (2) 偷偷地

    (3) 驚奇

    (4) 痛苦

    (5) 擋住

    (6) 因為…才

    (7) 接受

    (8) 主持

    (9) 傷心

    (10) 美麗

2. 回答下列問題：

(1) 蜀國的國王是個怎麼樣的君主？

(2) 有一年秋天，蜀國發生了什麼事，情形如何？

(3) 關於水災問題，官員們提出了什麼辦法？

(4) 開明的意見如何？

(5) 開明怎樣帶領年輕人把那座高山打通了？

(6) 國王杜宇把自己的什麼心事告訴開明了？

(7) 開明爲什麼不肯接受王位？後來國王怎麼辦了？

(8) 國王杜宇死後，官員們爲他做了什麼事？

(9) 第二年春天，國王杜宇的墳地上出現了什麼？

(10) 杜鵑爲什麼叫得那麼傷心？人們爲什麼管那隻鳥叫杜宇？

第三課　螺殼中的少女

　　謝端很小的時候，父母就去世了。他沒有什麼親人，是由鄰居們把他扶養長大的。到了十七、八歲的時候，他覺得應該自立了，就在村裏找到一塊空地，搭起一間小茅屋，自己住在裏面。

　　他每天早上出門，到田裏工作，傍晚回到自己的小茅屋裏，自己做飯吃。空閒的時候，他就幫左鄰右舍做些雜事。天天如此，生活很有規律。

　　鄰居們看謝端每天都這樣努力工作，回家後孤孤單單一個人，什麼事都得自己動手，就對他說：「阿端，你應該娶個媳婦兒，幫你做做家事，你才能安心工作。」

　　謝端笑著回答說：「我現在這樣窮，哪裏

會有人肯嫁給我，跟我吃苦呢？」

　　鄰居們對他說：「一個人只要有志氣，總有出頭的一天。像你這樣品行端正、工作努力的人，怎麼會沒有人肯嫁給你呢？」

　　雖然大家都這麼說，謝端也沒有把這件事放在心上，還是每天早出晚歸，過著單身漢的生活。

　　有一天，太陽快下山的時候，謝端做完田裏的工作，扛著鋤頭往家走。在半路上，他忽然發現路邊的水溝裏有一個大螺殼。

　　「咦！好大的一個螺殼。」

　　他走到水溝邊上，想把螺殼拿回家去。但是他發現那不是一個空螺殼，而是一隻活的田螺，於是他把田螺帶回家去，放在水缸裏養著。

　　一個星期以後，有一天，謝端從田裏回家，一進門就看見飯桌上擺著熱騰騰的飯菜。正好他覺得很餓，也不問飯菜是怎麼來的，就

都吃光了。

　　第二天，第三天，一連好幾天，都是這樣。謝端想這一定是好心的鄰居們同情他，替他做好飯菜，擺在桌子上。於是，他去向鄰居們道謝。鄰居們聽了，取笑他說：「你自己偷偷地娶了媳婦兒，不讓我們知道，還說是我們替你做飯呢！」

　　謝端覺得很奇怪。第二天，他提早回家，躲在小茅屋外面，偷偷地往裏面看。他看見一個長得很美的少女，從水缸裏出來，生火做飯。謝端馬上進去，問那個少女說：「你是什麼人，為什麼要替我做飯？」

　　少女被問得臉紅了，想往水缸裏跑。謝端卻擋住她的去路，不讓她過去。少女只好告訴他：「我是天上的仙女，玉皇大帝看你工作努力，品行端正，又熱心助人，所以命令我來幫助你，替你做飯，只是希望你能安心工作，積些錢，成家立業。現在祕密被你發現，我也不

能再留在這裏了。不過，我可以把這個空螺殼留給你，你用它裝米，就可以永遠有米。」

謝端苦苦地留她，少女始終不肯留下。這時候，天色忽然變黑，又颱風又下雨。那個少女就在風雨中升上天空不見了。

I. 生字與生詞

1. 螺殼 (ㄌㄨㄛˊ ㄎㄜˊ; *lwóké*)
   N: conch shell
   *螺 (ㄌㄨㄛˊ; *lwó*)
      N & B: spiral shellfish
         田螺 (ㄊㄧㄢˊ ㄌㄨㄛˊ; *tyánlwó*)
         N: garden snail
         螺絲 (ㄌㄨㄛˊ ㄙ; *lwósẓ*)
         N: screw
   *殼 (ㄎㄜˊ; *ké*)
      N: shell

2. 鄰居 (ㄌㄧㄣˊ ㄐㄩ; *línjyū*)
   N: neighbor

3. 扶養 (ㄈㄨˊ ㄧㄤˇ; *fúyǎng*)
   FV: to bring up (a child); to provide for
      他得扶養六個孩子。
      He has to raise six children.
   *扶 (ㄈㄨˊ; *fú*)
      B: help; give support
      FV: to support (something or someone) with the
         hand; to hold up

4. 自立 (ㄗˋ ㄌㄧˋ; *dz̀lì*)
   FV: to earn one's own living; to support oneself; to be
      financially independent
      他現在能自立了。
      He's now able to earn a living for himself.

5. 搭起 (ㄉㄚ ㄑㄧˇ; dāchǐ)

　　RC: to put up; to set up

　　*搭 (ㄉㄚ; dā)

　　　　FV: 1) to build; to set up

　　　　　　2) to take (a boat, plane, train, etc.)

　　　　　　他要搭下班飛機到日本去。

　　　　　　He'll take the next plane to go to Japan.

6. 茅屋 (ㄇㄠˊ ㄨ; máuwū)

　　N: thatched hut

　　*茅 (ㄇㄠˊ; máu)

　　　　N: cogon, a kind of tropical grass; thatch

7. 傍晚 (ㄅㄤ ㄨㄢˇ; bāngwǎn)

　　TW: early in the evening

　　*傍 (ㄅㄤ; bāng)

　　　　B: draw near (a certain time or place)

8. 空閒 (ㄎㄨㄥˋ ㄒㄧㄢˊ; kùngsyán)

　　SV: be free; be unoccupied

　　　　他每天都忙得很，沒有什麼空閒時間。

　　　　He's extremely busy every day and doesn't have
　　　　any spare time.

　　*閒 (ㄒㄧㄢˊ; syán)

　　　　SV: be unoccupied; to have free time

　　　　　　他現在很閒。

　　　　　　He has free time now.

9. 雜事 (ㄗㄚˊ ㄕˋ; dzáshr̀)

　　N: sundry work; miscellaneous affairs

　　　　辦公室裏的雜事太多。

There are too many sundry matters to handle at the office.

*雜 (ㄗㄚˊ; *dzá*)

SV: be mixed; miscellaneous

他的朋友很雜。

He has all kinds of friends (e. g. , some of them are upright, and some unprincipled).

10. 規律 (ㄍㄨㄟ ㄌㄩˋ; *gwēilyù*)

N: regular pattern; regularity

大自然的許多現象都很有規律。

Much phenomena in nature follow a regular pattern.

11. 努力 (ㄋㄨˇ ㄌㄧˋ; *nǔlì*)

AV & VO: with great effort; to try hard

只要肯努力，沒有不成功的。

If one is willing to work hard, one will never fail.

SV: be diligent; be industrious

他做事很努力。

He works diligently.

12. 孤孤單單 (ㄍㄨ ·ㄍㄨ ㄉㄢ ㄉㄢ; *gūgudāndān*)

SV: be solitary; be alone

*孤 (ㄍㄨ; *gū*)

B: solitary; alone

孤兒 (ㄍㄨ ㄦˊ; *gū ér*)

N: orphan

13. 動手 (ㄉㄨㄥˋ ㄕㄡˇ; *dùngshǒu*)

VO: 1) to start to do work

我們早點動手，今天一定可以做完。

Let's start working early, so that we can certainly finish it today.

2) to raise a hand to strike; to come to blows

14. *娶 (ㄑㄩˇ; *chyŭ*)

FV: (of a man) to marry

王先生已經四十歲了，還沒娶太太。

Mr. Wang is already forty, but he still hasn't taken a wife.

15. 媳婦兒 (ㄒㄧˊ ·ㄈㄨㄦ; *syífur*)

N: 1) wife

2) son's wife; daughter-in-law

*媳 (ㄒㄧˊ; *syí*)

B: daughter-in-law

兒媳 (ㄦˊ ㄒㄧˊ; *érsyí*)

N: son's wife; daughter-in-law

*婦 (ㄈㄨˋ; *fù*)

B: 1) wife

夫婦 (ㄈㄨ ㄈㄨˋ; *fūfù*)

N: husband and wife

2) woman

婦女 (ㄈㄨˋ ㄋㄩˇ; *fùnyŭ*)

N: woman; womankind

16. 安心 (ㄢ ㄒㄧㄣ; *ānsyīn*)

A: unworriedly

17. *窮 (ㄑㄩㄥˊ; *chyúng*)

SV: be poor; be poverty-stricken

他家裏很窮。

His family is destitute.

18. *嫁 (ㄐㄧㄚˋ; *jyà;*)

FV: (of a girl) to marry

19. 吃苦 (ㄔ ㄎㄨˇ; *chrku*)

VO: to suffer or endure hardship

年輕人應該能吃苦。

Young people should be able to bear hardships.

吃得苦中苦，方爲人上人。（諺）

He who spares himself no pains shall excel others.
(Proverb)

20. 志氣 (ㄓˋ ㄑㄧ; *jrchi*)

N: aspiration; ambition

他的志氣很大。

He has high aspirations.

21. 出頭 (ㄔㄨ ㄊㄡˊ; *chūtóu*)

VO: (of an undistinguished person) to be successful in
one's career; to free oneself from misery, poverty,
etc.

好人一定會出頭。

An upright person will be successful (in his career,
etc.) sooner or later.

22. 單身漢 (ㄉㄢ ㄕㄣ ㄏㄢˋ; *dānshēnhàn*)

N: bachelor

23. *扛 (ㄎㄤˊ; *káng*)

FV: to carry on one's shoulder(s)

他扛著一件很大的行李。

He's carrying a large piece of luggage on his
shoulders.

24. 鋤頭 （ㄔㄨˊ ·ㄊㄡ; *chútou*）

 N: hoe

 *鋤 （ㄔㄨˊ; *chú*）

 　B: hoe

 　FV: to hoe

 　　他在後院鋤草。

 　　He's in the back yard hoeing weeds.

25. 水溝 （ㄕㄨㄟˇ ㄍㄡ; *shwěigōu*）

 N: drainage ditch;　gutter

 *溝 （ㄍㄡ; *gōu*）

 　N: gutter;　drain

26. *咦 （ㄧˊ; *yí*）

 I: (indicating surprise or doubt) well;　why

27. 水缸 （ㄕㄨㄟˇ ㄍㄤ; *shwěigāng*）

 N: cistern;　water vat

 *缸 （ㄍㄤ; *gāng*）

 　N: jar;　crock;　vat

28. *擺 （ㄅㄞˇ; *bǎi*）

 FV: 1) to place;　to put

 　　不要把這些東西擺在桌子上。

 　　Don't put these things on the table.

 　　2) to arrange (things in order)

 　　吃飯了，快擺桌子吧。

 　　It's time to eat—hurry up and set the table.

29. 熱騰騰的 （ㄖㄜˋ ㄊㄥˊ ㄊㄥˊ ·ㄉㄜ; *rètēngtēngde*）

 SV: be steaming hot

 *騰 （ㄊㄥˊ; *tēng*）

 　FV: to steam

30. 同情 (ㄊㄨㄥˊ ㄑㄧㄥˊ; *túngchíng*)

> FV & N: to sympathize with; to show sympathy for; sympathy
>
> 她同情那些孤兒。
>
> She feels sorry for those orphans.

31. 道謝 (ㄉㄠˋ ㄒㄧㄝˋ; *dàusyè*)

> VO: to express one's thanks
>
> 請你替我向他道謝。
>
> Please thank him for me.

32. 取笑 (ㄑㄩˇ ㄒㄧㄠˋ; *chyǔsyàu*)

> FV: to make fun of; to tease
>
> 你別取笑他了。
>
> Stop teasing him.

33. 提早 (ㄊㄧˊ ㄗㄠˇ; *tídzǎu*)

> FV: (of a scheduled time) to move forward; to do (something) earlier than expected or planned
>
> 他已經決定要提早回國。
>
> He's already decided to return to his country ahead of schedule.

34. *躲 (ㄉㄨㄛˇ; *dwǒ*)

> FV: 1) (of a person) to hide
>
> 他躲在地下室裏。
>
> He's hiding in the basement.
>
> 2) to avoid; to dodge
>
> 你為什麼老躲著他？
>
> Why do you keep avoiding him?

35. 生火 (ㄕㄥ ㄏㄨㄛˇ; *shēnghwǒ*)

> VO: to make a fire

36. 玉皇大帝 (ㄩˋ ㄏㄨㄤˊ ㄉㄚˋ ㄉㄧˋ; yùhwángdàdì)

N: the Jade Emperor (the supreme ruler of Heaven in Taoism)

*帝 (ㄉㄧˋ; dì)

B: emperor; supreme ruler

上帝 (ㄕㄤˋ ㄉㄧˋ; shàngdì)

N: God

帝國 (ㄉㄧˋ ㄍㄨㄛˊ; dìgwó)

N: empire

37. *積 (ㄐㄧ; jī)

FV: to store up; to accumulate; to amass

他積了很多工作，到下個月才能做完。

His work has really piled up and he won't be able to finish it all until next month.

積少成多。（諺語）

Many a little makes a mickle. (Proverb)

38. 苦苦地 (ㄎㄨˇ ㄎㄨˇ ·ㄉㄜ; kǔkǔde)

A: pitifully and earnestly; strenuously

他苦苦地求我們一定要幫他這個忙。

He earnestly and insistently entreated us to give him a hand with this.

39. 始終 (ㄕˇ ㄓㄨㄥ; shǐjūng)

A: from beginning to end; all along

他進來以後，始終沒說一句話。

He hasn't said a word since he came in.

40. 颱風 (ㄍㄨㄚ ㄈㄥ; gwāfēng)

VO: be windy; the wind blows

已經颳了兩天風了。

It's been windy for two days.

*颳（ㄍㄨㄚ; *gwā*）

　　FV: (of the wind) to blow

II. 成語

1. 左鄰右舍（ㄗㄨㄛˇ ㄌㄧㄣˊ ㄧㄡˋ ㄕㄜˋ; *dzwǒlínyòushè*）

　　　　next-door neighbors

左鄰右舍都知道他是一個好人。

All the neighbors know he is a good person.

2. 天天如此（ㄊㄧㄢ ㄊㄧㄢ ㄖㄨˊ ㄘˇ; *tyāntyānrútsž*）

　　　　be this way every day

三年來我的工作都是一樣，天天如此。

For the past three years I have been doing the same
work, day in and day out.

3. 品行端正（ㄆㄧㄣˇ ㄒㄧㄥˋ ㄉㄨㄢ ㄓㄥˋ; *pǐnsyìngdwānjèng*）

　　　　having upright character and proper conduct

這位品行端正的青年終於找到一份好差事。

This well-behaved youth has finally got a good job.

4. 早出晚歸（ㄗㄠˇ ㄔㄨ ㄨㄢˇ ㄍㄨㄟ; *dzǎuchūwǎngwēi*）

　　　　go out early in the morning and return late
　　　　in the evening

像你這樣早出晚歸，整天努力工作，實在太辛苦了。

Going out early every morning, working hard all day,
and returning late in the evening as you do, is really
very exhausting.

5. 成家立業 (ㄔㄥˊ ㄐㄧㄚ ㄌㄧˋ ㄧㄝˋ; *chéngjyālìyè*)

　　　　get married and start one's career

這些孩子們都已經長大，各自成家立業了。

These children are all grown and each has a family and a business.

III. 句型

1. 只要…總有…的一天　so long as…will certainly…;

　　　　　　　　　sooner or later

只要你肯努力，總有成功的一天。

So long as you are willing to work hard, you will certainly be successful one day.

2. 像…這樣…的人，怎麼會…呢　how can such a…

　　　　　　　　　person like

像你這樣聰明的人，怎麼會學不會呢？

How can such a clever person as you be unable to master it?

IV. 練習

1. 用下列詞語造句：

　　(1) 自立

　　(2) 扶養

　　(3) 空閒

　　(4) 吃苦

　　(5) 努力

(6) 取笑

(7) 同情

(8) 提早

(9) 動手

(10) 始終

2. 回答下列問題：

(1) 謝端小的時候情形如何？他到了幾歲開始自立？

(2) 謝端每天生活的情形如何？

(3) 鄰居們看見謝端孤孤單單一個人，對他有什麼建議？

(4) 鄰居們認爲謝端是個什麼樣的人？

(5) 謝端在路上看見了一個什麼東西？他把它放在什麼地方了？

(6) 在一個星期之後，謝端有了什麼奇遇？

(7) 謝端向鄰居們道謝，他們怎麼說？

(8) 謝端提早回家，發現了什麼？

(9) 仙女爲什麼要替謝端做飯？

(10) 你想仙女爲什麼不能留下來？

第四課　千日酒[1]

　　從前有個叫劉玄石[2]的人，很喜歡喝酒，更喜歡喝好酒。他每天喝酒，飯可以不吃，酒卻不能不喝。有一天，一個朋友告訴他，中山[3]有一個賣酒的人，他所釀造[4]的一種酒特別好，特別香。他聽到這個消息之後，馬上就跑去買酒。

　　劉玄石到了中山，找到那個賣酒的人家，買了一壺[5]酒，付過[6]酒錢，就轉身往回走[7]。

　　他回到家裏，第一件事就是坐下來喝酒。他把酒倒在杯子裏[8]，喝了一口，的確非常香[9]。他一杯接著一杯地喝，沒多久，就把一壺酒喝光了。這時候，他已經醉得不省人事[10]，整個身體倒在地上了[11]。

　　他家裏的人走過來，看見他躺在地上[12]，一

動也不動。他們以為他得了什麼急病[13]，都很驚慌。有人喊他的名字[14]，有人搖動他的身體，但是一點用也沒有。

　　大家忙亂了很久，劉玄石始終一動也不動。他們沒有別的辦法，只好把他擡起來放在牀上，讓他躺得舒服一些[15]，希望他能慢慢地醒過來[16]。但是，劉玄石在牀上躺了好幾天，一直沒有醒，家裏的人都以為他一定已經死了，就去買了一口棺材[17][18]，把他放在裏面，埋在山上[19]。

　　時間一天一天地過去，很快就過了一千天。中山那個賣酒的人，忽然想起三年前劉玄石來買酒的事。原來劉玄石買去的那種酒，叫做「千日酒」。一個人不論酒量有多大，一次只能喝三杯，如果超過三杯[20]，就要醉倒一千天[21]，才能醒過來。劉玄石那天來買酒，匆匆忙忙[22]，一拿到酒，轉身就跑，當時賣酒的人來不及向他說明這種情形[23]。現在賣酒的人想起這件事情，很替劉玄石擔心[24]，於是馬上跑到劉玄石

的家裏。

　　賣酒的人到了劉家，知道劉玄石已經被埋在山上。他告訴劉家的人說，劉玄石並沒有死，只是醉倒一千天。劉家的人聽到之後，半信半疑[25]，就和賣酒的人一起上山，看看究竟是怎麼一回事。

　　大家到了山上的墳地，打開棺材。劉玄石也正好在這個時候醒過來，一邊揉[26]著眼睛[27]，一邊說：「好酒，好酒！讓我舒舒服服地睡了一大覺。」

　　聽到劉玄石的話，賣酒的人笑了，劉家的人也笑了。只有劉玄石在那裏把眼睛轉來轉去地看著，不知道大家在笑什麼。

I. 生字與生詞

1. 千日酒 (く। ⁊ 日ˋ 丩। ⴢˇ; chyānr̀jyǒu)

   N: Thousand-day Wine (which is said to put the person who drinks it into a drunken state for a thousand days)

2. 劉玄石 (ㄌ।ㄡˊ ㄒㄩㄢˊ ㄕˊ; lyóusywánshŕ)

   N: Liu Hsuan Shih, name of a legendary figure who was particularly fond of drink

   *玄 (ㄒㄩㄢˊ; sywán)

   SV: be abstruse; be absurd

   他說的話太玄了。

   What he said was very absurd.

3. 中山 (ㄓㄨㄥ ㄕㄢ; jūngshān)

   N: Chungshan, name of a county during the Han Dynasty located in what is today's Hopeh province

4. 釀造 (ㄋ।ㄤˋ ㄗㄠˋ; nyàngdzàu)

   FV: to make (wine); to brew (beer)

   這種酒是用米釀造的。

   This kind of wine is made from rice.

   *釀 (ㄋ।ㄤˋ; nyàng)

   FV: to make (wine); to brew (beer)

   這是我們自己釀的酒。

   We made this wine ourselves.

5. *壺 (ㄏㄨˊ; hú)

   N: kettle; jug; flask; pot

6. *付 (ㄈㄨˋ; fù)

   FV: to pay

他每月初付房錢。

He pays for the room at the beginning of every month.

7. 轉身 (ㄓㄨㄢˇ ㄕㄣ; *jwǎnshēn*)

VO: (of a person) to turn around; to face about

他一看見我，就轉身向外面走去。

As soon as he saw me, he turned around and started to walk out.

8. 杯子 (ㄅㄟ ㄗ; *bēidz*)

N: cup; glass

*杯 (ㄅㄟ; *bēi*)

B: cup; glass

酒杯 (ㄐㄧㄡˇ ㄅㄟ; *jyǒubēi*)

N: wine cup

M: cup; glass

請喝一杯茶。

Have a cup of tea.

9. 的確 (ㄉㄧˊ ㄑㄩㄝˋ; *díchywè*)

A: really; indeed

我的確不知道這件事。

I really don't know anything about this matter.

10. *醉 (ㄗㄨㄟˋ; *dzwèi*)

SV: be drunk

他已經醉了。

He's already drunk.

11. 身體 (ㄕㄣ ㄊㄧˇ; *shēntǐ*)

N: 1) body

2) health

他的身體很好。

He's very fit.

*體（ㄊㄧˇ; *tǐ*）

B: 1) body

人體（ㄖㄣˊ ㄊㄧˇ; *réntǐ*）

N: the human body

2) physical

體能（ㄊㄧˇ ㄋㄥˊ; *tǐnéng*）

N: physical fitness

3) style

字體（ㄗˋ ㄊㄧˇ; *dzìtǐ*）

N: style of calligraphy; type style

12. *躺（ㄊㄤˇ; *tǎng*）

FV: to lie (down)

王太太生病了，現在在牀上躺著。

Mrs. Wang is sick and is now lying in bed.

13. 急病（ㄐㄧˊ ㄅㄧㄥˋ; *jíbìng*）

N: acute disease; sudden, serious illness

14. 喊（ㄏㄢˇ; *hǎn*）

FV: to call out; to shout

他領著大家喊口號。

He led everyone in the shouting of slogans.

15. 舒服（ㄕㄨ ˙ㄈㄨ; *shūfu*）

SV: 1) be comfortable

這樣坐著很舒服。

Sitting in this way is very comfortable.

2) be well

我有點兒不舒服。

I don't feel very well.

*舒（ㄕㄨ; shū）

B: relax; at ease

舒舒服服地（ㄕㄨ ·ㄕㄨ ㄈㄨˊ ㄈㄨˊ ·ㄉㄜ; shūshufúfúde）

A: cozily; snugly; comfortably

16. *醒（ㄒㄧㄥˇ; syǐng）

FV: 1) to regain consciousness; to come to; to sober up

2) to wake up

他還沒醒呢。

He hasn't awakened yet.

17. 口（ㄎㄡˇ; kǒu）

M: (for certain objects that have a mouth-like opening, as coffins, bells, wells, etc.)

18. 棺材（ㄍㄨㄢ ·ㄘㄞ; gwāntsai）

N: coffin

*棺（ㄍㄨㄢ; gwān）

B: coffin

19. *埋（ㄇㄞˊ; mái）

FV: to bury

他把金子都埋在後院了。

He buried all his gold in the back yard.

B: cover up; bury

埋沒（ㄇㄞˊ ㄇㄛˋ; máimwò）

FV: to surpress (one's true ability); to stifle (talent)

這種教育制度埋沒了不少人才。

This type of educational system has stifled quite a few people of talent.

20. 超過 (ㄔㄠ ㄍㄨㄛˋ; *chāugwò*)

RC: to exceed; to surpass

他上個月花的錢超過預算了。

He spent more last month than he had budgeted.

*超 (ㄔㄠ; *chāu*)

FV: to exceed; to surpass

超車 (ㄔㄠ ㄔㄜ; *chāuchē*)

VO: to pass a motor vehicle

21. 醉倒 (ㄗㄨㄟˋ ㄉㄠˇ; *dzwèidǎu*)

RC: to pass out from too much drink; (to cause) to be lying unconscious from too much drink

這點兒酒醉不倒他。

Such a miniscule amount of liquor would not put him under the table.

*倒 (ㄉㄠˇ; *dǎu*)

RE: down

他被推倒在地上。

He was shoved to the ground.

FV: to fall down

他一回家就倒在牀上睡覺。

As soon as he got home he threw himself down on the bed and went to sleep.

22. 匆匆忙忙 (ㄘㄨㄥ ·ㄘㄨㄥ ㄇㄤˊ ㄇㄤˊ; *tsūngtsungmángmáng*)

SV & A: hastily; very hurried

*匆(怱) (ㄘㄨㄥ; *tsūng*)

B: hurriedly; hastily

匆忙 (ㄘㄨㄥ ㄇㄤˊ; *tsūngmáng*)

A & SV: in haste; hurriedly; be hasty

他做事很匆忙。

He works hastily.

23. 來不及 (ㄌㄞˊ ·ㄅㄨ ㄐㄧˊ; *láibují*)

RC: to not have enough time (to do something)

現在走已經來不及了。

Even if we leave now, we won't make it there in time.

24. 擔心 (ㄉㄢ ㄒㄧㄣ; *dānsyīn*)

VO: to worry; be worried; be anxious

不要擔心，我一定能成功。

Don't worry—I'll certainly succeed.

你擔什麼心？

Why should you worry? *or* What are you worrying about?

25. 半信半疑 (ㄅㄢˋ ㄒㄧㄣˋ ㄅㄢˋ ㄧˊ; *bànsyìnbànyí*)

IE: to half-believe, half-doubt; to have some suspicions

我對他說的話半信半疑。

I'm in doubt about what he said.

*疑 (ㄧˊ; *yí*)

B: suspect; doubt

疑問 (ㄧˊ ㄨㄣˋ; *yíwèn*)

N: doubt; question

26. *揉 (ㄖㄡˊ; *róu*)

FV: to rub; to knead

你的背還痛嗎？讓我給你揉一揉。

Does your back still ache? Let me rub it for you.

27. 眼睛 (ㄧㄢˇ ㄐㄧㄥ; *yǎnjīng*)

N: eyes

*睛 (ㄐㄧㄥ; *jīng*)

B: eye

II. 成語

1. 不省人事 (ㄅㄨˋ ㄒㄧㄥˇ ㄖㄣˊ ㄕˋ; *bùsyǐngrénshr̀*)

   　　be unconscious; be in a coma

   這個病人已經不省人事了。

   This patient has entered a coma.

2. 一動也不動 (ㄧˊ ㄉㄨㄥˋ ㄧㄝˇ ㄅㄨˋ ㄉㄨㄥˋ; *yídùngyěbúdùng*)

   　　not move an inch

   他坐在那兒半天了，一動也不動，不知道在想什麼。

   He's been sitting there a long time without moving an inch—I don't know what's on his mind.

III. 句型

1. O 可以不 V，O 卻不能不V (one) doesn't necessarily have to VO, but (one) certainly must VO

   書可以不讀，報紙卻不能不看。

   I don't necessarily have to study, but I certainly must read the newspaper.

2. 一 M 接著一 M 地 V V (something) one after another

   我一張接著一張地寫，一共寫了十張。

   Altogether I wrote ten pages, one after another.

3. 並沒有…只是　not really V... it's just that

   他並沒有生病，只是有點兒不舒服。

   He's not really sick, it's just that he's feeling a little under the weather.

4. V 來V 去　V back and forth; V over and over; V all around

他找來找去，也找不到地方停車。

He drove around and around but couldn't find a place
to park.

IV. 練習

1. 用下列各詞語造句：

　　(1) 匆匆忙忙

　　(2) 付

　　(3) 的確

　　(4) 醉

　　(5) 躺

　　(6) 不省人事

　　(7) 舒服

　　(8) 來不及

　　(9) 擔心

　　(10) V來V去

2. 回答下列各問題：

　　(1) 劉玄石是一個什麼樣的人？

　　(2) 劉玄石買了酒以後，一回家就做什麼？

　　(3) 劉玄石喝完了一壺酒以後，結果如何？

　　(4) 劉家的人看見劉玄石躺在地上，以為他怎麼樣了？

　　(5) 劉家的人沒有辦法讓劉玄石醒過來，只好怎麼辦？

　　(6) 過了多少時候，賣酒的人才想起來劉玄石買酒的事？

　　(7) 一個人喝「千日酒」超過三杯，會有什麼結果？

　　(8) 賣酒的人到了劉玄石的家裏以後，才知道了什麼？

　　(9) 賣酒的人和劉家的人到了山上以後，看到了什麼？

　　(10) 劉玄石醒過來以後說什麼？

⑾　大家聽到<u>劉玄石</u>的話有什麼反應？

⑿　你喜歡喝酒嗎？為什麼？

第五課　巧木匠魯班

　　兩千多年前，中國有一個巧木匠，名叫魯班。魯班的手藝巧妙無比。他做出來的東西不但非常精美，而且常有意想不到的用處。

　　他是東方魯國的人。楚國人為了要攻打宋國，請他製造雲梯。他把雲梯做好之後，楚國人卻沒有使用。他心裏很不高興，就全家搬到西北的敦煌去了。

　　魯班一家人到敦煌不久，涼州方面有人慕名前來，請他用木頭製造一座寶塔。

　　魯班一個人到了涼州，開始製造寶塔。一般的寶塔都是用磚做的，用木頭做寶塔這還是第一次，做起來非常費力，需要很長時間才能完成。魯班身在涼州，心裏無時不在想念住在敦煌的妻子。於是他用木頭做了一隻會飛的

鳶，每天晚上乘木鳶偷偷地飛回敦煌家裏，第二天天亮前又飛到涼州，繼續造塔。

過些時候，魯班的妻子懷孕了，肚子一天比一天大。魯班的父親很生氣，就罵她說：「我兒子在涼州作事，離家那麼遠，很久沒有回來過，你竟然懷孕了，真是可恥！」

魯班的妻子受了冤枉，很不甘心，就把魯班每晚乘木鳶回家的情形告訴他的父親。

魯班的父親知道這件事之後，心裏很好奇，他想找個機會，乘木鳶到天空飛行一次。

有一天晚上，魯班回家之後，把木鳶放在院子裏。魯班的父親看見了，就悄悄地坐在木鳶上，飛上天空。他在空中緊緊地抓住木鳶，心裏又高興又害怕，高興的是他終於在天空飛行了，害怕的是他不知道怎樣叫木鳶停住，恐怕永遠不能回家了。

木鳶在天空飛行很久，飛到中國南方一個城市的上空，才落到地面上。那個城市的人從

來沒見過會飛的木鳶，以為從天空落下一個怪
物，很多人就圍上去，殺死魯班的父親，並且
把木鳶打壞。

　　魯班聽到這個不幸的消息，馬上又做了一
隻木鳶，飛到那個城市，把父親的遺體運回敦
煌。魯班決心要替父親報仇，他刻了一座木
像，把它立在敦煌城南。那座木像的一隻手，
正指著那個南方的城市。

　　從這個時候起，那個南方城市一連三年不
下雨。當地人民想盡了辦法，也消除不了旱災。
他們多方打聽，才知道是因為得罪了魯班。他
們馬上推舉代表到敦煌去，向魯班請罪，還替
魯班的父親修了一座大墳，請求魯班原諒他們
。

　　那些代表態度非常誠懇，感動了魯班。魯
班拿起斧頭，把木像指向南方的那隻手砍斷。
這樣一來，那個南方城市又下雨了，旱災消除
了，人民生活也就恢復正常。

I. 生字與生詞

1. *巧 (ㄑㄧㄠˇ; *chyǎu*)

    SV: be skillful; be ingenious

    她的手很巧。

    She is very skillful with her hands.

2. 木匠 (ㄇㄨˋ ·ㄐㄧㄤ; *mùjyang*)

    N: carpenter

    *匠 (ㄐㄧㄤˋ; *jyàng*)

    B: craftsman; artisan

    鐵匠 (ㄊㄧㄝˇ ·ㄐㄧㄤ; *tyějyang*)

    N: blacksmith

3. 魯班 (ㄌㄨˇ ㄅㄢ; *lǔbān*)

    N: Lu Pan, name of a skilled carpenter who flourished during the Spring and Autumn Period

    *魯 (ㄌㄨˇ; *lǔ*)

    N: 1) a Chinese family name

    2) name of an ancient state

    3) alternative (one-word) name for Shantung Province

4. 手藝 (ㄕㄡˇ ㄧˋ; *shǒuyì*)

    N: craftsmanship; workmanship

    *藝 (ㄧˋ; *yì*)

    B: 1) skill

    2) art

    藝術 (ㄧˋ ㄕㄨˋ; *yìshù*)

    N: art

藝術家（ㄧˋ ㄕㄨˋ ㄐㄧㄚ; yìshùjyā）

N: artist

5. 巧妙無比（ㄑㄧㄠˇ ㄇㄧㄠˋ ㄨˊ ㄅㄧˇ; chyǎumyàuwúbǐ）

IE: skillful beyond comparison

他的手藝，眞是巧妙無比。

His craftmanship is skillful beyond comparison.

*妙（ㄇㄧㄠˋ; myàu）

SV: be ingenious; be clever

他的主意很妙。

He has an excellent idea.

6. 精美（ㄐㄧㄥ ㄇㄟˇ; jīngměi）

SV: be exquisite; be elegant

這件家具十分精美。

This piece of furniture is exquisite.

7. 魯國（ㄌㄨˇ ㄍㄨㄛˊ; lǔgwó）

N: the State of Lu, an ancient kingdom during the Spring and Autumn Period, located in what is today's Shantung Province; homeland of Confucius

8. 楚國（ㄔㄨˇ ㄍㄨㄛˊ; chǔgwó）

N: the State of Chu, an ancient kingdom during the Spring and Autumn Period, located in what are today's Hupeh and Hunan Provinces

*楚（ㄔㄨˇ; chǔ）

N: 1) name of an ancient state

2) a Chinese family name

9. 攻打（ㄍㄨㄥ ㄉㄚˇ; gūngdǎ）

FV: to attack; to assault

那個大國時常攻打鄰近的小國。

That powerful country often attacks its weaker neighbors.

10. 宋國 (ㄙㄨㄥˋ ㄍㄨㄛˊ; *sùnggwó*)

N: the State of Sung, an ancient kingdom during the Spring and Autumn Period, located in what is today's Honan Province

*宋 (ㄙㄨㄥˋ; *sùng*)

N: 1) name of an ancient state
2) a Chinese family name
3) name of a Chinese dynasty

11. 雲梯 (ㄩㄣˊ ㄊㄧ; *yúntī*)

N: a scaling ladder

*梯 (ㄊㄧ; *tī*)

B: ladder

梯子 (ㄊㄧ ˙ㄗ; *tīdz*)

N: ladder

樓梯 (ㄌㄡˊ ㄊㄧ; *lóutī*)

N: stairs

12. 敦煌 (ㄉㄨㄣ ㄏㄨㄤˊ; *dwūnhwáng*)

N: Tunhuang, a town in Kansu Province now famous for its nearby caves, which are a treasure-trove of Buddhist scriptures and works of art

*敦 (ㄉㄨㄣ; *dwūn*)

B: honest; sincere

*煌 (ㄏㄨㄤˊ; *hwáng*)

B: bright and brilliant

13. 涼州 (ㄌㄧㄤˊ ㄓㄡ; *lyángjōu*)

N: Liangchou, name of a place located in what is today's Kansu Province

*涼 (ㄌㄧㄤˊ; *lyáng*)

　　SV: be cool; be cold

　　　　天氣忽然涼了。

　　　　The weather has suddenly turned cold.

*州 (ㄓㄡ; *jōu*)

　　N: 1) (in former times) an administrative region

　　　　2) state (of the United States)

14. 慕名 (ㄇㄨˋ ㄇㄧㄥˊ; *mùmíng*)

　　VO: to admire (someone) because of his fame

　　　　他因爲慕你的名才來看你的。

　　　　He came to visit because of your great reputation.

*慕 (ㄇㄨˋ; *mù*)

　　FV & B: admire; longing

15. 寶塔 (ㄅㄠˇ ㄊㄚˇ; *bǎutǎ*)

　　N: pagoda

*塔 (ㄊㄚˇ; *tǎ*)

　　N: tower

　　　燈塔 (ㄉㄥ ㄊㄚˇ; *dēngtǎ*)

　　　　N: lighthouse

16. *磚 (ㄓㄨㄢ; *jwān*)

　　N: bricks

　　　　他的房子是用紅磚蓋的。

　　　　His house is built of red bricks.

17. *飛 (ㄈㄟ; *fēi*)

　　FV: 1) to fly (as a bird)

　　　　飛來了一隻小鳥。

A small bird flew to here.

2) to fly (travel by plane)

他明天飛日本。

He is flying to Japan tomorrow.

飛機 (ㄈㄟ ㄐㄧ; *fēijī*)

N: airplane

18. 鳶 (ㄩㄢ; *ywān*)

N: kite (either the bird or the wooden-framed object flown in the wind)

19. *乘 (ㄔㄥˊ; *chéng*)

FV: to ride

乘客 (ㄔㄥˊ ㄎㄜˋ; *chéngkè*)

N: passenger

20. 天亮 (ㄊㄧㄢ ㄌㄧㄤˋ; *tyānlyàng*)

A & N: (at) daybreak

我們天亮就得走。

We must leave at daybreak.

21. 懷孕 (ㄏㄨㄞˊ ㄩㄣˋ; *hwáiyùn*)

FV: be pregnant

她已經懷孕三個多月了。

She is already three months pregnant.

*孕 (ㄩㄣˋ; *yùn*)

B: pregnancy

22. 可恥 (ㄎㄜˇ ㄔˇ; *kěchǐ*)

SV: be shameful; be disgraceful

他的行為很可恥。

His conduct is disgraceful.

*恥 （彳; *chǐ*）

　　B: shame; disgrace

23. 冤枉 （ㄩㄢ ㄨㄤˇ; *ywānwǎng*）

　　FV: to wrongly accuse; to treat unjustly

　　　　我們不要冤枉好人。

　　　　We shouldn't wrong the innocent.

*冤 （ㄩㄢ; *ywān*）

　　B & SV: (be) wronged; (be) unjustly treated

*枉 （ㄨㄤˇ; *wǎng*）

　　B: wrong; injustice; no avail

24. 甘心 （ㄍㄢ ㄒㄧㄣ; *gānsyīn*）

　　SV: be without regret; be pleased; be content

　　　　要是他做我們的頭兒，我很不甘心。

　　　　I'll be very dissatisfied if he becomes our boss.

25. 抓住 （ㄓㄨㄚ ·ㄓㄨ; *jwāju*）

　　RC: (lit. & fig.) to grasp firmly; to catch hold of

　　　　鳥飛了，我們沒抓住。

　　　　The bird flew away and we couldn't catch it.

　　　　他聽課的時候老抓不住要點。

　　　　He always seems to miss the main points when he
　　　　listens to a lecture.

*抓 （ㄓㄨㄚ; *jwā*）

　　FV: 1) to grasp; to seize

　　　　　他抓了一把糖果就跑了。

　　　　　He grabbed a handful of candy and ran
　　　　　away.

　　　　2) to arrest; to catch

警察正在抓小偷。

The police are arresting the thief.

26. 上空 (ㄕㄤˋ ㄎㄨㄥ; *shàngkūng*)

N: the sky above a place

27. 怪物 (ㄍㄨㄞˋ ㄨˋ; *gwàiwù*)

N: monster; strange creature

28. 遺體 (ㄧˊ ㄊㄧˇ; *yítī*)

N: the remains (of a dead person); corpse

29. 運回 (ㄩㄣˋ ㄏㄨㄟˊ; *yùnhwéi*)

RC: to transport back

他的東西都先運回臺北了。

All of his things have been shipped back to Taipei beforehand.

30. 報仇 (ㄅㄠˋ ㄔㄡˊ; *bàuchóu*)

VO: to get revenge; to avenge

君子報仇，三年不晚。（俗）

To a gentleman, even three years is not a long time to wait in order to get revenge. (*Common Saying*)

*仇 (ㄔㄡˊ; *chóu*)

N: hatred; grudge

仇人 (ㄔㄡˊ ㄖㄣˊ; *chóurén*)

N: (personal) enemy

31. 木像 (ㄇㄨˋ ㄒㄧㄤˋ; *mùsyàng*)

N: carved wooden figure

32. *指 (ㄓˇ; *jǐ*)

FV: (lit. & fig.) to point at

B: guide; counsel; direct

指教 (ㄓˇ ㄐㄧㄠˋ; *jřjyàu*)

FV: (used in a polite formula when asking for critical comments, opinions, etc.) to give advice, comments, or suggestions

請指教。

Kindly offer me your suggestions. (a polite formula)

33. 旱災 (ㄏㄢˋ ㄗㄞ; *hàndzāi*)

N: drought

*旱 (ㄏㄢˋ; *hàn*)

B: drought

SV: be dried up (from lack of rain)

34: 得罪 (ㄉㄜˊ ·ㄗㄨㄟ; *dédzwei*)

FV: to offend; to displease

他不敢說老實話，怕得罪人。

He doesn't dare to tell the truth because he's afraid of offending someone.

35. 推舉 (ㄊㄨㄟ ㄐㄩˇ; *twēijyǔ*)

FV: to elect; to choose

我們推舉他作代表。

We elected him to be our representative.

36. 代表 (ㄉㄞˋ ㄅㄧㄠˇ; *dàibyǎu*)

N & FV: representative; to represent

我代表我們學校參加市運會。

I'm representing our school in the city-wide athletic meet.

37. 請罪 (ㄑㄧㄥˇ ㄗㄨㄟˋ; chǐngdzwèi)

VO: to confess guilt and ask for lenient consideration

38. 原諒 (ㄩㄢˊ ㄌㄧㄤˋ; ywánlyàng)

FV: to forgive; to excuse

他向你請罪，請你原諒他。

He confessed his wrongdoing to you, and asked you to forgive him.

*諒 (ㄌㄧㄤˋ; lyàng)

B: forgive

諒解 (ㄌㄧㄤˋ ㄐㄧㄝˇ; lyàngjyě)

FV & N: to forgive; forgiveness; understanding

39. 誠懇 (ㄔㄥˊ ㄎㄣˇ; chéngkěn)

SV: be sincere

他對朋友很誠懇。

He treats his friends with sincerity.

*誠 (ㄔㄥˊ; chéng)

B: sincere; honest

*懇 (ㄎㄣˇ; kěn)

B: earnest; sincere

40. 砍斷 (ㄎㄢˇ ㄉㄨㄢˋ; kǎndwàn)

RC: to cut off; to chop off

他把樹枝砍斷了。

He chopped off the branch.

41. 恢復 (ㄏㄨㄟ ㄈㄨˋ; hwēifù)

FV: to return to (an original state or condition); to recover

他的健康已經恢復了。

He's recovered his health.

*恢 (ㄏㄨㄟ; *hwēi*)

    B: return; restore

42. 正常 (ㄓㄥˋ ㄔㄤˊ; *jèngcháng*)

    SV: be normal

        他有一點兒不正常。

    He has a few loose screws. *or* He's a bit off his rocker.

II. 成語

1. 意想不到 (ㄧˋ ㄒㄧㄤˇ ㄅㄨˋ ㄉㄠˋ; *yìsyǎngbúdàu*)

        unexpected; beyond (one's) expectation.

他這種做法真使人意想不到。

His way of handling this matter was quite beyond everyone's expectation.

2. 無時不在 (ㄨˊ ㄕˊ ㄅㄨˋ ㄗㄞˋ; *wúshŕbúdzài*)

        every minute; constantly; all the time

這幾個學生無時不在練習說中國話。

These several students are practicing their spoken Chinese all the time.

3. 想盡了辦法 (ㄒㄧㄤˇ ㄐㄧㄣˋ ·ㄌㄜ ㄅㄢˋ ㄈㄚˇ; *syǎngjìnlebànfǎ*)

        leave no stone unturned

他父親想盡了辦法，讓他受最好的教育。

His father left no stone unturned to have his son receive the best education possible.

4. 多方打聽 (ㄉㄨㄛ ㄈㄤ ㄉㄚˇ ·ㄊㄧㄥ; *dwōfāngdǎting*)

make broad inquiries

經過多方打聽，我們才知道你住在這兒。

After asking around, we finally found out you lived here.

III. 句型

1. 不但…而且　　not only… but also

　　王小姐不但聰明，而且美麗。

　　Miss Wang is not only intelligent, but also beautiful.

2. 又…又　　both… and

　　他聽到那個消息以後，又傷心又著急。

　　Upon hearing that news, he was both saddened and worried.

IV. 練習

1. 用下列各詞語造句：

　　(1) 用處

　　(2) 攻打

　　(3) 天亮

　　(4) 不但…而且

　　(5) 一天比一天

　　(6) 又…又

　　(7) 可恥

　　(8) 甘心

　　(9) 原諒

　　(10) 恢復

2. 回答下列問題：

　　(1) 魯班是做什麼的？他的手藝如何？

(2) 魯班原來是哪國人？後來爲什麼搬到敦煌去了？

(3) 魯班到涼州去做什麼？

(4) 魯班爲什麼想回敦煌去？他是乘坐什麼交通工具回去的？

(5) 魯班的父親怎麼樣才知道他兒子天天回家？

(6) 魯班的父親爲什麼也想飛到天上去玩玩？

(7) 魯班的父親飛到天空以後感覺如何？

(8) 魯班聽到父親被殺死的消息以後，他決心要做什麼？

(9) 那個南方城市爲什麼一連三年都不下雨？結果發生了什麼災害？

(10) 魯班爲什麼原諒了那個南方城市的人？

(11) 那個南方城市人民的生活是怎樣才恢復正常的？

第六課　水仙花[1]

　　從前，在<u>中國</u>南方的一個鄉村，有兄弟二人，父母已經去世[2]，只剩下他們兩個人，相依為命。他們雖然不十分富有[4]，但是彼此[5]友愛[6]，生活過得很快樂。後來，哥哥結婚[7]了，嫂嫂[8]進門以後[9]，就不願意弟弟和他們同住，認為家裏多了一個弟弟，又不方便又多花錢，她吵著要分家[11]。

　　做哥哥的本來不願意分家，可是嫂嫂天天吵鬧，非分家不可，他就只好和弟弟分家了。嫂嫂又教哥哥把家裏的房子、田地和貴重[12]財物[13]都分給自己，只把一間小茅屋、一塊荒地和一些不大值錢[14]的東西分給弟弟。

　　弟弟年紀輕，什麼都不懂，不能跟哥哥嫂嫂計較[15]。他只好離開他們，一個人搬[16]出去，住

— 77 —

在那間小茅屋裏，想法子耕種那塊荒地。

可是那塊荒地裏全是沙子，什麼也不能種。弟弟沒有辦法生活，就把分家時得到的一些比較值錢的東西，拿去賣掉，勉強過活。

過了幾個月之後，弟弟的東西都賣光了，生活又成問題。他只好跑回老家，向哥哥借錢。恰巧那天哥哥不在家，嫂嫂看見他，就好像看見一個不認識的人，把他趕出家門，還罵他說：「我們已經分家，彼此斷絕關係了，你還來找我們做什麼？」

這時候，忠厚老實的弟弟肚子餓得要命，想起死去的父母，就放聲大哭。弟弟這一哭，竟然驚動了天上的玉皇大帝。玉皇大帝給當地的土地公下令，送給弟弟一些水仙花的種子，要他種在荒地的沙土裏。

弟弟在荒地裏撒下水仙花種子，天天澆水，水仙花生長得很快。到了冬天快過新年的時候，整個荒地開滿了芳香可愛的水仙花。當

地人們都來向弟弟買花，拿回家去，做為過年的擺設兒[34]。

　　幾年之後，弟弟靠賣水仙花[35]賺了很多錢[36]，漸漸成了[37]當地的富人。相反地，他的哥哥和嫂嫂卻越來越窮了。弟弟不記恨[38]，看到哥哥嫂嫂生活很苦，就時常送錢去接濟[39]他們，使他們過著安適[40]的生活。

　　嫂嫂受了弟弟的感動[41]，心地也變為[42]善良[43]了。她不但對弟弟十分親切[44]，對其他的人也很友善[45]，時常幫助境況[46]不如她的人。

I. 生字與生詞

1. 水仙花 (ㄕㄨㄟˇ ㄒㄧㄢ ㄏㄨㄚ; *shwěisyānhwā*)
   N: the narcissus

2. 去世 (ㄑㄩˋ ㄕˋ; *chyùshr̀*)
   VO: (of a person) to depart from this world; to pass away
   他父親在去年去世了。
   His father passed away last year.

3. 剩下 (ㄕㄥˋ ·ㄒㄧㄚ; *shèngsya*)
   RC: be left (over); to remain
   還剩下二十塊錢。
   There's still twenty dollars left.

   *剩 (ㄕㄥˋ; *shèng*)
   FV: be left; to remain

4. 富有 (ㄈㄨˋ ㄧㄡˇ; *fùyǒu*)
   SV: be rich; be wealthy

5. 彼此 (ㄅㄧˇ ㄘˇ; *bǐtsž*)
   A: each other; one another
   他們彼此不說話。
   They don't speak to each other.

   *彼 (ㄅㄧˇ; *bǐ*)
   B: that; those

6. 友愛 (ㄧㄡˇ ㄞˋ; *yǒuài*)
   SV & N: be friendly; friendly affection; fraternal love

7. 結婚 (ㄐㄧㄝˊ ㄏㄨㄣ; *jyéhwūn*)
   VO: to marry; to get or be married

他結過兩次婚了。

He has been married twice.

*婚（ㄏㄨㄣ; *hwūn*）

B: marriage

婚禮（ㄏㄨㄣ ㄌㄧˇ; *hwūnlǐ*）

N: wedding (ceremony)

8. 嫂嫂（ㄙㄠˇ ·ㄙㄠ; *sǎusau*）

N: sister-in-law (older brother's wife)

*嫂（ㄙㄠˇ; *sǎu*）

B: sister-in-law (older brother's wife)

嫂子（ㄙㄠˇ ·ㄗ; *sǎudz*）

N: ＝嫂嫂

9. 進門（ㄐㄧㄣˋ ㄇㄣˊ; *jìnmén*）

VO: (of a girl) to enter a family (by marriage)

10. *吵（ㄔㄠˇ; *chǎu*）

FV: to quarrel; to squabble

昨天他們為一件小事吵起來了。

They squabbled over a trifling matter yesterday.

吵鬧（ㄔㄠˇ ㄋㄠˋ; *chǎunàu*）

FV: 1) to wrangle; to kick up a row

2) to make a lot of noise.

有很多小孩子在外頭吵鬧。

There are a lot of children outside making a lot of noise.

11. 分家（ㄈㄣ ㄐㄧㄚ; *fēnjyā*）

VO: (usually said of brothers who adhere to the traditional Chinese custom of sons and parents living under one roof) to divide up family property and set up separate households

他們弟兄三人已經分家了。

The three brothers have divided up the family
property and now live under different roofs.

12. 貴重 (ㄍㄨㄟˋ ㄓㄨㄥˋ; *gwèijùng*)

　　SV: be valuable; be precious

　　他們家裏沒有貴重東西。

　　They don't have anything of value in their house.

13. 財物 (ㄘㄞˊ ㄨˋ; *tsáiwù*)

　　N: property; belongings

14. 值錢 (ㄓˊ ㄑㄧㄢˊ; *jŕchyán*)

　　SV: be valuable

　　這張畫很值錢。

　　This painting is quite valuable.

　　VO: be worth (a certain amount of) money

　　這塊寶石值多少錢？

　　How much is this gem worth?

　　*值 (ㄓˊ; *jŕ*)

　　　　FV: be worth (a certain amount of money)

　　　　B: value

　　　　　　價值 (ㄐㄧㄚˋ ㄓˊ; *jyàjŕ*)

　　　　　　　　N: value

15. 計較 (ㄐㄧˋ ㄐㄧㄠˋ; *jìjyàu*)

　　FV: to fuss about; to haggle over

　　他以國家的利益爲重，從來不計較個人的得失。

　　He puts the interests of his country first and has
　　never given a thought to personal gain or loss.

16. *搬 (ㄅㄢ; *bān*)

　　FV: to move (house, office, etc.)

那個房客早就搬走了。

That boarder moved out long ago.

17. 耕種 (ㄍㄥ ㄓㄨㄥˋ; gēngjùng)

　　FV: to till; to cultivate

　　　這塊土地不能耕種。

　　　This plot of land cannot be tilled.

　*耕 (ㄍㄥ; gēng)

　　　B & FV: (to) plow; (to) till

　　　　他們用機器耕田。

　　　　They use machines to till the land.

18. 賣掉 (ㄇㄞˋ ㄉㄧㄠˋ; màidyàu)

　　RC: to sell (off)

　　　他把他的汽車賣掉了。

　　　He sold his car.

19. 勉強 (ㄇㄧㄢˇ ㄑㄧㄤˇ; myǎnchyǎng)

　　A: barely

　　　他的考試勉強通過了。

　　　He passed the exam by the skin of his teeth.

　　　這些食物勉強夠吃一天。

　　　There is barely enough food for one day.

　*勉 (ㄇㄧㄢˇ; myǎn)

　　　B: strive; exert oneself

20. 光 (ㄍㄨㄤ; gwāng)

　　RE: be used up; be all gone

　　　他把飯吃光了。

　　　He ate every grain of the rice.

21. 成問題 (ㄔㄥˊ ㄨㄣˋ ㄊㄧˊ; chéngwèntí)

　　IE: be a problem; be open to question

他到<u>美國</u>去念書，英文不成問題。

His ability in English will present no problem when he goes to the United States to study.

22. 恰巧（ㄑㄧㄚˋ ㄑㄧㄠˇ; *chyàchyǎu*）

A: it happens to; by chance

他送給我的書恰巧是我想要的。

The book he gave me just happened to be the one I wanted.

*恰（ㄑㄧㄚˋ; *chyà*）

B: just; exactly

恰好（ㄑㄧㄚˋ ㄏㄠˇ; *chyàhǎu*）

A: by luck; as luck would have it

我正要去看他，恰好他就來了。

As luck would have it, he came just as I was going to visit him.

23. *罵（ㄇㄚˋ; *mà*）

FV: to scold; to verbally abuse; to call (someone) names

他半夜才回家，被他父親罵了。

When he came home in the middle of the night, his father gave him a good scolding.

24. 斷絕（ㄉㄨㄢˋ ㄐㄩㄝˊ; *dwànjywé*）

FV: to break off; to sever

他跟<u>王</u>小姐已經斷絕來往了。

He and Miss Wang are no longer seeing each othre.

25. 忠厚（ㄓㄨㄥ ㄏㄡˋ; *jūnghòu*）

SV: be sincere and tolerant; be honest and generous

他爲人忠厚，很多人喜歡跟他做朋友。

He's sincere and kind toward others, and many people like to make friends with him.

*厚（ㄏㄡˋ；hòu）

SV: 1) be tolerant; be generous; be magnanimous

他待人很厚。

He's very generous toward people.

2) be thick (in dimension)

26. 老實（ㄌㄠˇ ㄕˊ；lǎushŕ）

SV: be honest

李先生是個老實人。

Mr. Li is an honest man.

27. 放聲大哭（ㄈㄤˋ ㄕㄥ ㄉㄚˋ ㄎㄨ；fàngshēngdàkū）

IE: cry loudly and bitterly

他一聽到這個消息，就放聲大哭。

He began wailing upon hearing the news.

*哭（ㄎㄨ；kū）

FV: to cry

28. 驚動（ㄐㄧㄥ ㄉㄨㄥˋ；jīngdùng）

FV: to disturb; to arouse（a person）

他在睡覺，別驚動他。

He's sleeping—don't disturb him.

29. 土地公（ㄊㄨˇ ㄉㄧˋ ㄍㄨㄥ；tǔdìgūng）

N: the local earth god

30. 種子（ㄓㄨㄥˇ ㄗˇ；jǔngdž）

N: seed

31. *撒（ㄙㄚˇ；sǎ）

FV: to scatter; to disperse; to spread

他在田裏撒了農藥。

He dusted the fields with pesticide.

32. 澆水 (ㄐㄧㄠ ㄕㄨㄟˇ; *jyāushwěi*)

VO: to pour water on; to water

這些花要每天澆水。

These flowers should be watered every day.

*澆 (ㄐㄧㄠ; *jyāu*)

FV: to pour or sprinkle (water) on

我每天早上澆花。

I water the flowers every morning.

33. 芳香 (ㄈㄤ ㄒㄧㄤ; *fāngsyāng*)

SV: be fragrant; be aromatic

*芳 (ㄈㄤ; *fāng*)

B: fragrant; sweet-smelling

34. 擺設兒 (ㄅㄞˇ ㄕㄜˋ ㄦ; *bǎishèr*)

N: articles or ornaments for interior decorations

35. *靠 (ㄎㄠˋ; *kàu*)

CV: to rely on; to depend on

他靠教書吃飯。

He makes a living by teaching.

FV: 1) to lean on or against

你別往牆上靠。

Don't lean against the wall.

2) be dependent on

在家靠父母，出外靠朋友。（諺）

When at home, count on one's parents, and when

abroad, on one's friends. (Proverb)

36. *賺 （ㄓㄨㄢˋ; *jwàn*）

FV: to earn or make (money)

你一個月賺多少錢？

How much do you earn a month?

37. 漸漸 （ㄐㄧㄢˋ ㄐㄧㄢˋ; *jyànjyàn*）

A: little by little; gradually

他的病漸漸好了。

He is gradually recovering from his illness.

38. 記恨 （ㄐㄧˋ ㄏㄣˋ; *jìhèn*）

FV: to hold a grudge against

他從來不記恨別人。

He never holds a grudge against others.

*恨 （ㄏㄣˋ; *hèn*）

FV: to hate

你還恨他嗎？

Do you still hate him?

39. 接濟 （ㄐㄧㄝ ㄐㄧˋ; *jyējì*）

FV: to give financial or material assistance to; to supply with emergency aid or relief

他經常接濟窮朋友。

He regularly comes to the aid of his needy friends.

40. 安適 （ㄢ ㄕˋ; *ānshì*）

SV: be comfortable

他覺得住在家裏最安適。

He believes that living at home affords the greatest ease and comfort.

41. 感動 (ㄍㄢˇ ㄉㄨㄥˋ: *gǎndùng*)

   FV: to move or touch (emotionally)

   他的話感動了我們。

   We were moved by his words.

42. 心地 (ㄒㄧㄣ ㄉㄧˋ; *syīndì*)

   N: a person's true character or moral nature

43. 善良 (ㄕㄢˋ ㄌㄧㄤˊ; *shànlyáng*)

   SV: be good and honest; be kindhearted

   這個孩子生性很善良。

   This child is kindhearted by nature.

44. 親切 (ㄑㄧㄣ ㄑㄧㄝˋ; *chīnchyè*)

   SV: be cordial; be kind

   張先生的態度很親切。

   Mr. Chang displayed a very cordial attitude.

45. 友善 (ㄧㄡˇ ㄕㄢˋ; *yǒushàn*)

   SV: be friendly; be amiable

   他對我很友善。

   He's very friendly to me.

46. 境況 (ㄐㄧㄥˋ ㄎㄨㄤˋ; *jìngkwàng*)

   N: condition; circumstances

II. 成語

相依為命 (ㄒㄧㄤ ㄧ ㄨㄟˊ ㄇㄧㄥˋ; *syāngyīwéimìng*)

   　　　to depend on each other for survival

他跟他的祖母相依為命。

He and his grandmother depend on each other for a
living.

III. 句型

1. 非…不可　absolutely must or have to
   他爲了得到獎學金，非用功不可。
   He simply must study hard in order to get a scholarship.

2. SV-得要命　SV- to the extreme
   我餓得要命，趕快開飯！
   I'm starving—hurry up and serve the meal!
   我累得要命，先休息一下。
   I'm exhausted—let's take a rest first.

3. 越來越…　getting more and more…
   天氣越來越熱了。
   The weather is getting hotter and hotter.

IV. 練習

1. 用下列詞語造句：
   (1) 剩下
   (2) 彼此
   (3) 結婚
   (4) 吵鬧
   (5) 貴重
   (6) 值錢
   (7) 計較

(8) 非…不可

(9) 恰巧

(10) 越來越…

2. 回答下列問題：

(1) 這兄弟二人住在一起，最初的情形怎麼樣？

(2) 哥哥跟弟弟為什麼分了家？

(3) 哥哥分到了什麼？弟弟呢？

(4) 弟弟搬到什麼地方去住了？

(5) 弟弟分到的是什麼地，能不能種東西？

(6) 弟弟自己怎麼樣過活？

(7) 弟弟為什麼回到老家去？

(8) 嫂嫂看到了弟弟，怎樣對待他？

(9) 弟弟為什麼放聲大哭？

(10) 弟弟的哭聲驚動了誰？

(11) 玉皇大帝怎樣幫助弟弟？

(12) 弟弟的荒地裏種了什麼東西？

(13) 人們買水仙花做什麼？

(14) 弟弟怎麼會變成富人了？哥哥嫂嫂呢？

(15) 弟弟怎樣對待他的哥哥嫂嫂？

(16) 最後嫂嫂變成什麼樣的人了？她怎樣對待旁人？

第七課　董仙杏林

　　董奉是一位很有名的醫生，他的醫術非常高明。不論什麼病，只要經他醫治，沒有醫不好的。有一次，他去遠方拜訪一位朋友。可是，當他到達的時候，看到朋友家裏的人都很悲傷，大家正忙著辦事情。原來他的朋友已經在前一天去世了。董奉進去之後，看看朋友的臉色，再給他把脈，然後對朋友家裏的人說：「不要緊，還有救活的希望。」

　　董奉從藥箱裏拿出三個小藥丸，放在死去的朋友的嘴裏，然後用冷水灌下去。過了不久，他的朋友果然活過來了。

　　董奉為人看病，從來不收費用，只告訴病人說：「如果你的病好了，請你在我這座山上種一棵杏樹就行了。」

　　因為經董奉治過病的人，都很快就恢復了
健康，所以不出幾年的時間，董奉所住的那座
山上，給人種起了幾萬棵杏樹，成了一片茂盛[15]
的杏林。每年春天二、三月，滿山都是粉紅色[16]
的杏花，真是美麗極了。

　　董奉除了用杏子和杏仁為人治病之外，還
用多餘的杏子跟山下的人們交換穀子。他所定[17][18]
下的交換方式很特別，想要杏子的人只須帶來
一些穀子，放進指定的穀倉裏，就可以自行採[19]
摘同等價值的杏子帶回去。如果有貪心的人，[20][21]
想額外多採一些杏子，或偷摘杏子，就會有兩[22]
隻老虎出來，一前一後，逼著他非得把不應得[23][24]
到的杏子留下不可。不然的話，老虎是不會放
過他的。據說那兩隻老虎也是因為生病被董奉
治好，才來替他看守杏林的。

　　董奉的杏樹多，結的杏子也多，換來的穀
子在穀倉裏堆得滿滿的。他把自己吃不完的穀[25]
子送給山下的窮人，使他們不致挨餓。此外，[26]

如果別的地方發生水災、旱災，收成不好，他也叫人把穀子送往災區，救濟[28]難民[29]。

　　因此，遠遠近近的人都把董奉看做活神仙，他們把他居住的地方稱做「董仙杏林」。現在的中國人，也仍然用「春滿杏林」這句話，稱讚醫術和醫德[30]都好的醫生。

I. 生字與生詞

1. 董仙 (ㄉㄨㄥˇ ㄒㄧㄢ; *dǔngsyān*)

   N: Immortal Tung, deified name of Tung Feng

   *董 (ㄉㄨㄥˇ; *dǔng*)

   N: a Chinese family name

2. 杏林 (ㄒㄧㄥˋ ㄌㄧㄣˊ; *syìnglín*)

   N: lit., apricot grove—a term used in praise of a capable and benevolent doctor or of the medical profession in general

   *杏 (ㄒㄧㄥˋ; *syìng*)

   B: Chinese apricot

   > 杏子 (ㄒㄧㄥˋ ˙ㄗ; *syìngdz*)
   >
   > N: the Chinese apricot (the fruit)

   > 杏樹 (ㄒㄧㄥˋ ㄕㄨˋ; *syìngshù*)
   >
   > N: the Chinese apricot tree

   > 杏仁 (ㄒㄧㄥˋ ㄖㄣˊ; *syìngrén*)
   >
   > N: the Chinese almond

3. 醫生 (ㄧ ㄕㄥ; *yīshēng*)

   N: physician; medical doctor

4. 醫術 (ㄧ ㄕㄨˋ; *yīshù*)

   N: medical skill; art of healing

5. 醫治 (ㄧ ㄓˋ; *yījr*)

   FV: to treat; to cure

   > 這種病無法醫治。
   >
   > This disease is incurable.

6. 拜訪 (ㄅㄞˋ ㄈㄤˇ; *bàifǎng*)

FV: to call on; to pay a visit to

他拜訪朋友去了。

He's gone to pay a visit to his friend.

*拜 (ㄅㄞˋ; *bài*)

B: show respect by bowing, kowtowing, etc.

7. 悲傷 (ㄅㄟ ㄕㄤ; *bēishāng*)

SV: be sad; be sorrowful; be mournful

大家都不知道他為什麼這樣悲傷。

No one knows why he is so sad.

*悲 (ㄅㄟ; *bēi*)

B: grieved; sorrowful

8. 臉色 (ㄌㄧㄢˇ ㄙㄜˋ; *lyǎnsè*)

N: 1) complexion; look

今天他的臉色不太好。

He doesn't look very well today.

2) facial expression

看他的臉色,我就知道發生事情了。

I could tell by the expression on his face that something bad had happened.

9. 把脈 (ㄅㄚˇ ㄇㄞˋ; *bǎmài*)

VO: to take (someone's) pulse

*脈 (ㄇㄞˋ; *mài*) (ㄇㄛˋ; *mwò*)

N: pulse

10. 救活 (ㄐㄧㄡˋ ㄏㄨㄛˊ; *jyòuhwó*)

FV: to save the life of someone who is on the verge of death

11. 藥箱（ㄧㄠˋ ㄒㄧㄤ；*yàusyāng*）

N: doctor's bag; medicine kit; medicine chest

***藥**（ㄧㄠˋ；*yàu*）

N: medicine; drug

***箱**（ㄒㄧㄤ；*syāng*）

B: chest; box; trunk

箱子（ㄒㄧㄤ ·ㄗ；*syāngdz*）

N: chest; box; trunk

12. 藥丸（ㄧㄠˋ ㄨㄢˊ；*yàuwán*）

N: (medicinal) pill

***丸**（ㄨㄢˊ；*wán*）

B: small ball

肉丸子（ㄖㄡˋ ㄨㄢˊ ·ㄗ；*ròuwándz*）

N: meatball

13. 灌下去（ㄍㄨㄢˋ ㄒㄧㄚˋ ·ㄑㄩ；*gwànsyàchyu*）

RC: to pour or force (a liquid) down someone's throat

孩子不肯吃藥，就得灌下去。

The child refuses to take the medicine, so you'll have to pour it down his throat.

***灌**（ㄍㄨㄢˋ；*gwàn*）

FV: to direct the flow of liquid (into something)

14. 健康（ㄐㄧㄢˋ ㄎㄤ；*jyànkāng*）

N & SV: health; be healthy

他的身體很健康。

He's very healthy.

15. 茂盛（ㄇㄠˋ ㄕㄥˋ；*màushèng*）

SV: (of plant life) be luxuriant; be flourishing; be exuberant

這些花開得很茂盛。

These flowers have produced exuberant blossoms.

*茂 (ㄇㄠˋ; *màu*)

B: luxuriant; profuse

16. 粉紅色 (ㄈㄣˇ ㄏㄨㄥˊ ㄙㄜˋ; *fěn húng sè*)

N: pink color

她愛穿粉紅色的衣服。

She likes to dress in pink.

17. 交換 (ㄐㄧㄠ ㄏㄨㄢˋ; *jyāuhwàn*)

FV: to exchange; to trade

他們兩個人交換了名片。

Those two exchanged calling cards.

18. *穀 (ㄍㄨˇ; *gǔ*)

B: grains; cereals

穀子 (ㄍㄨˇ ·ㄗ; *gǔdz*)

N: 1) millets

2) unhusked rice

19. 穀倉 (ㄍㄨˇ ㄘㄤ; *gǔtsāng*)

N: granary

*倉 (ㄘㄤ; *tsāng*)

N: a storage place; a barn

20. 採摘 (ㄘㄞˇ ㄓㄞ; *tsǎijāi*) (ㄘㄞˇ ㄓㄜˊ; *tsǎijé*)

FV: to pick

*摘 (ㄓㄞ; *jāi*) (ㄓㄜˊ; *jé*)

FV: to pick; to gather

請你不要摘這些花。

Please don't pick these flowers.

21. 貪心 (ㄊㄢ ㄒㄧㄣ; *tānsyīn*)

　　SV: be greedy; be avaricious

　　　他這個人很貪心。

　　　This person is quite greedy.

　*貪 (ㄊㄢ; *tān*)

　　SV: be greedy; be covetous

　　FV: to covet; to have an insatiable desire for

　　　　他好貪小便宜。

　　　　He loves to gain petty advantages over others.

　　　　不要貪小失大。

　　　　Don't covet a little only to lose a lot.

22. 額外 (ㄜˊ ㄨㄞˋ; *éwài*)

　　A: extra; additional

　　　你得額外再給他一點兒錢。

　　　You must give him a little extra money.

　*額 (ㄜˊ; *é*)

　　B: quota; specified amount

23. 老虎 (ㄌㄠˇ ㄏㄨˇ; *lǎuhǔ*)

　　N: the tiger

　*虎 (ㄏㄨˇ; *hǔ*)

　　B: tiger

24. *逼 (ㄅㄧ; *bī*)

　　FV: to force; to compel

　　　他逼我還他錢。

　　　He forced me to pay back his money.

25. *堆 (ㄉㄨㄟ; *dwēi*)

　　FV: to pile; to heap

他把書都堆在地上了。

He piled all the books on the floor.

26. 挨餓 (ㄞ ㄜˋ; āi è) (ㄞˊ ㄜˋ; ái è)

VO: to suffer from hunger; to go hungry

他的生活很苦，但是還不至於挨餓。

He leads a hard life, but it's not to the point whe
he is starving.

*挨 (ㄞ; āi)

FV: 1) to suffer from (a beating, hunger, criticism
etc.)

他時常挨罵。

He often gets a scolding.

2) be close to (physically); be next to

這兩所房子挨得很近。

These two buildings are very close together

27. 收成 (ㄕㄡ ㄔㄥˊ; shōuchéng)

N: harvest

今年的收成很好。

The harvest this year was very good.

28. 救濟 (ㄐㄧㄡˋ ㄐㄧˋ; jyòujì)

FV & N: to provide relief for; relief

這些窮人需要救濟。

Relief needs to be provided for these poor people.

29. 難民 (ㄋㄢˊ ㄇㄧㄣˊ; nànmín)

N: refugee

30. 醫德 (ㄧ ㄉㄜˊ; yīdé)

N: medical ethics

II. 成語

春滿杏林 (ㄔㄨㄣ ㄇㄢˇ ㄒㄧㄥˋ ㄌㄧㄣˊ; *chwūn mǎn syìng lín*)
lit., it's springtime in the apricot grove—
phrase used in praise of a capable doctor who
accepts no payment from the needy

III. 句型

1. 除了…之外 besides; in addition to
他除了學英文之外，還學日文。
In addition to English, he's also learning Japanese.

2. 只須…就 only needs to…(then)
他每天只須來上班三個鐘頭就可以了。
It's enough for him to just come to the office three hours
every day.

IV. 練習

1. 用下列詞語造句：

(1) 悲傷
(2) 救活
(3) 醫治
(4) 恢復
(5) 茂盛
(6) 交換
(7) 貪心

(8) 不論
(9) 除了…之外
(10) 救濟

2. 回答下列問題：

(1) 董奉爲什麼成了一位有名的醫生？
(2) 董奉是怎樣把他的朋友救活的？
(3) 董奉爲人看病不收錢，他要病人怎麼報答他？
(4) 杏林是誰造成的？
(5) 董奉用多餘的杏子做什麼？
(6) 董奉定下了什麼樣的交換方式？
(7) 如果有貪心的人多拿了杏子，會有什麼結果？
(8) 那兩隻老虎爲什麼替董奉看守杏林？
(9) 董奉把自己吃不完的穀子送給什麼人？
(10) 「春滿杏林」這句話是用來讚美什麼人的？

第八課　螞蟻報恩[1][2]

　　從前有一個姓王的讀書人，整理好了行裝[4]，預備進京趕考[5]。他拜別父母[6]，離開家，走了沒有多遠，看見一條小水溝裏，漂浮著一片[7]竹葉。竹葉上有一大羣螞蟻，因為找不到地面，回不了窩[8]，在竹葉上來來去去地亂轉。四面都是水，牠們沒有辦法上岸。姓王的讀書人拿起一枝蘆葦[9]，把一頭搭在那片竹葉上，另一頭搭在溝邊，引導[10]螞蟻上岸。直到那一大羣螞蟻全都上了岸，他才繼續前進[11]。

　　王姓讀書人到了京城，參加考試。這一年出的題目[12]，恰巧是他最熟悉的[13]。他作完文章[14]，自己覺得很得意[15]。文章交上去以後，才想到自己在匆忙之中，好像把題目上的一個「太」字少寫了一點，變成一個「大」字了。

按照當時的規定，不論文章寫得多好，如果裏邊有別字，就一定不能錄取，何況錯的又是題目裏的字呢？他雖然非常後悔，但是已經無法挽回了。

後來，考官在看卷子的時候，桌上突然出現一隻螞蟻。他正想動手把牠趕走，那隻螞蟻卻很快地鑽到試卷堆裏去了。當時考官也沒有留意這件事，把試卷一本一本地看下去。當他看到王姓讀書人那份試卷的時候，那隻螞蟻恰好停留在「大」字的中間，使那個字看起來就和「太」字一樣。考官一看，這篇文章作得的確非常好，就把他取做第一名，並且召見了他，想看看他的儀表和談吐如何。

王姓讀書人聽說考官要召見他，心想一定是自己不小心寫錯了字，要受考官的斥責了。他提心弔膽地去見考官，並且老老實實地承認自己太粗心了，把「太」字少寫了一點。

考官卻非常驚奇地說：「我看得很仔細，你

的試卷上並沒有別字啊。」說著，他把那份試卷取出來，果然找不出什麼錯字。

王姓讀書人正在驚疑的時候，那「太」字中間的一點突然移動起來。考官一看，原來是一隻螞蟻，他想用衣袖輕輕地把牠趕開，那隻螞蟻卻仍然伏在原處不動。

考官覺得奇怪，他問王姓考生說：「看起來，這隻螞蟻伏在這個字上，並不是一種巧合，一定還有特別的緣故。你想想看，有沒有發生過什麼跟螞蟻有關的事情？」

王姓考生想了一想，就把在路上救起一羣螞蟻的經過，詳細說了一遍。

考官聽了，認為他不但文章做得好，而且仁愛為懷，將來一定是個好官，就破例仍舊取他為第一名。

I. 生字與生詞

1. 螞蟻 (ㄇㄚˇ ㄧˇ; *măyĭ*)

   N: the ant

   *螞 (ㄇㄚˇ; *mă*)

   　B: (used in combination with the names of certain insects)

   *蟻 (ㄧˇ; *yĭ*)

   　B: ant

2. 報恩 (ㄅㄠˋ ㄣ; *bàu ēn*)

   VO: to pay a debt of gratitude

   　報恩是一種美德。

   　It is a virtue to repay a debt of gratitude.

   *恩 (ㄣ; *ēn*)

   　B: favor; kindness

3. 整理 (ㄓㄥˇ ㄌㄧˇ; *jěnglǐ*)

   FV: to put in order; to straighten up

   　他正在整理書房。

   　He's straightening up the study.

4. 行裝 (ㄒㄧㄥˊ ㄓㄨㄤ; *syíngjwāng*)

   N: luggage

5. 趕考 (ㄍㄢˇ ㄎㄠˇ; *gănkău*)

   VO: to take the civil service examination

6. 拜別 (ㄅㄞˋ ㄅㄧㄝˊ; *bàibyé*)

   FV: to take formal leave of (one's parents, elders, etc.) by doing obeisance; to say farewell to

7. 漂浮 (ㄆㄧㄠ ㄈㄨˊ; *pyāufú*)

   FV: to float

水面上漂浮著許多木頭。

There are many logs floating on the water.

*漂 (ㄆㄧㄠ; *pyāu*)

　　FV: to float (on water); to drift about (on water)

*浮 (ㄈㄨˊ; *fú*)

　　FV: to float (on or in a liquid); to surface (from
　　under the water)

　　過一會兒它就會浮上來了。

　　In a moment it will float to the surface.

8. *窩 (ㄨㄛ; *wō*)

　　N: a nest, burrow, hive, coop, or other similar home of
　　animals, birds, or insects

9. 蘆葦 (ㄌㄨˊ ㄨㄟˇ; *lúwěi*)

　　N: reeds; rushes

*蘆 (ㄌㄨˊ; *lú*)

　　B: reed

*葦 (ㄨㄟˇ; *wěi*)

　　B: reed

10. 引導 (ㄧㄣˇ ㄉㄠ; *yǐndǎu*)

　　FV: to guide; to lead

　　他引導客人參觀工廠。

　　He conducted the visitors on a tour of the factory.

*引 (ㄧㄣˇ; *yǐn*)

　　B & FV: to guide; to lead

11. 繼續 (ㄐㄧˋ ㄒㄩˋ; *jìsyù*)

　　A & FV: continuously; to continue; to go on

請您繼續說下去。

Please continue (with what you were saying).

12. 題目 (ㄊㄧˊ ㄇㄨˋ; *tímù*)

N: topic; subject

13. 熟悉 (ㄕㄡˊ ㄒㄧ; *shóusyī*)

SV: be familiar with; be knowledgeable about

我對這裏的情況還不太熟悉。

I'm still not very familiar with the situation here.

*熟 (ㄕㄡˊ; *shóu*) (ㄕㄨˊ; *shú*)

SV: 1) be familiar with; to know well

這個地方我也不熟。

I also don't know my way around this place.

2) be cooked; be done

飯已經熟了。

This rice is done.

14. 文章 (ㄨㄣˊ ㄓㄤ; *wénjāng*)

N: a composition; an article; an essay

15. 得意 (ㄉㄜˊ ㄧˋ; *déyì*)

SV: be proud of, or satisfied with oneself or something that one has done

他最近很得意。

Recently he has been very proud of his accomplishments.

16. 按照 (ㄢˋ ㄓㄠˋ; *ànjàu*)

CV: according to

按照學校的規定，你至少要選三門課。

According to school regulations, you must register for at least three courses.

*按 (ㄢˋ; *àn*)

CV: according to

我們要按法律辦理。

We have to do it according to the law.

17. 規定 (ㄍㄨㄟ ㄉㄧㄥˋ; *gwēidìng*)

N: regulation; rule

FV: to stipulate; to have a rule or regulation

學校規定不許學生抽烟。

The school has a regulation prohibiting students from smoking.

18. 別字 (ㄅㄧㄝˊ ㄗˋ; *byédz*)

N: a word which is written or pronounced incorrectly

19. 錄取 (ㄌㄨˋ ㄑㄩˇ; *lùchyǔ*)

FV: to admit (an applicant); to select (a candidate); to pass (an examinee)

這次入學考試錄取了一百名學生。

One hundred students passed the entrance examination this time.

*錄 (ㄌㄨˋ; *lù*)

B: to record; to write down

記錄 (ㄐㄧˋ ㄌㄨˋ; *jìlù*)

N: 1) a record; minutes; proceedings

2) (sports, etc.) record

他跳高打破了全國記錄。

He broke the national high-jump record.

FV: to make a written record of

誰記錄王先生的演講？

Who will take notes of Mr. Wang's speech?

20. 後悔 (ㄏㄡˋ ㄏㄨㄟˇ; *hòuhwěi*)

FV & SV: to regret; be sorry

如果你不聽我的話，將來出了問題，後悔可來不及了。

If something goes wrong because you don't take my advice, it will be too late to be sorry about it then.

*悔 (ㄏㄨㄟˇ; *hwěi*)

B: regret

21. 挽回 (ㄨㄢˇ ㄏㄨㄟˊ; *wǎnhwéi*)

FV: to retrieve; to remedy (a situation, loss, etc.)

那件事情已經沒有辦法挽回了。

That matter is already beyond help.

*挽 (ㄨㄢˇ; *wǎn*)

B: retrieve; remedy

22. 考官 (ㄎㄠˇ ㄍㄨㄢ; *kǎugwān*)

N: an examiner (under the civil service examination system in former times)

23. 卷子 (ㄐㄩㄢˋ ·ㄗ; *jywàndz*)

N: an examination paper

*卷 (ㄐㄩㄢˋ; *jywàn*)

B: examination paper; file

試卷 (ㄕˋ ㄐㄩㄢˋ; *shrìjywàn*)

N: test paper; examination paper

24. 突然 (ㄊㄨˊ ㄖㄢˊ; *túrán*)

A: suddenly

他沒有告訴我們就突然走了。

He left suddenly without telling us.

*突（ㄊㄨˊ; *tú*）

 B: sudden

25. 出現（ㄔㄨ ㄒㄧㄢˋ; *chūsyàn*）

 FV: to appear; to come into view

  昨天晚上天空出現了不明飛行物。

  A UFO appeared in the sky last night.

26. *鑽（ㄗㄨㄢ; *dzwān*）

 FV: to worm into; to pierce; to go into or through

  你敢鑽到山洞裏去看看嗎？

  Do you dare go into the cavern and take a look?

27. *篇（ㄆㄧㄢ; *pyān*）

 M: (for articles, essays, and similar formal writings)

28. 召見（ㄓㄠˋ ㄐㄧㄢˋ; *jàujyàn*）

 FV: to summon; to call in (a subordinate, etc. for an audience, interview, etc.)

  總統召見工商界的代表。

  The President gave an audience to representatives of industrial and commercial circles.

29. 儀表（ㄧˊ ㄅㄧㄠˇ; *yíbyǎu*）

 N: personal appearance; looks

 *儀（ㄧˊ; *yí*）

  B: 1) appearance; bearing

   2) ceremony; rite

    儀式（ㄧˊ ㄕˋ; *yíshr̀*）

     N: ceremony; ceremonial proceedings

30. 談吐（ㄊㄢˊ ㄊㄨˇ; *tántǔ*）

 N: style, manner and wording of what one says

31. 斥責 (ㄔˋ ㄗㄜˊ; *chìdzé*)

N & FV: a reprimand; a rebuke; to reprimand; to rebuke

他受了老板的斥責，心裏非常難過。

He was given a good reprimanding by his boss and feels very bad.

*斥 (ㄔˋ; *chìr*)

B: reprimand; scolding

斥罵 (ㄔˋ ㄇㄚˋ; *chìrmà*)

FV: to upbraid; to bawl out

32. 提心弔膽 (ㄊㄧˊ ㄒㄧㄣ ㄉㄧㄠˋ ㄉㄢˇ; *tísyīndyàudǎn*)

IE: have one's heart in one's mouth; be breathless with anxiety; be on tenderhooks

他每天都提心弔膽，怕把事情做錯。

He has been on tenderhooks every day for fear that he would handle a matter incorrectly.

*弔 (ㄉㄧㄠˋ; *dyàu*)

FV: to suspend, hang, lift, or hoist (with string, rope, cable, etc.)

要先把汽車弔起來才能修理。

The car must be hoisted up before it can be repaired.

*膽 (ㄉㄢˇ; *dǎn*)

N: the gall bladder

B: courage

膽子 (ㄉㄢˇ ·ㄗ; *dǎndz*)

N: courage; nerve

他的膽子很大！

He's really got a lot of nerve!

33. 承認 （ㄔㄥˊ ㄖㄣˋ; chéngrèn）

FV: to admit; to acknowledge

他承認他錯了。

He admits that he was wrong.

*承 （ㄔㄥˊ; chéng）

B: admit

34. 粗心 （ㄘㄨ ㄒㄧㄣ; tsūsyīn）

SV: be careless; be negligent

你做事不能太粗心。

You mustn't be too careless in doing your job.

*粗 （ㄘㄨ; tsū）

SV: 1) be coarse; be rough; be vulgar

他常說粗話。

He often uses vulgar language.

2) be thick (in diameter)

這棵樹很粗。

This tree has a thick trunk.

35. 仔細 （ㄗˇ ㄒㄧˋ; džsyì）

SV: be attentive to every detail; be meticulous

他做事很仔細。

He does his work meticulously.

*仔 （ㄗˇ; dž）

B: very small thing

36. 驚疑 （ㄐㄧㄥ ㄧˊ; jīngyí）

SV: be surprised and bewildered

大家對他的話都覺得十分驚疑。

Everyone was completely bewildered and apprehensive by what he said.

37. 移動 (ㄧˊ ㄉㄨㄥˋ; *yídùng*)

FV: to move; to shift

冷氣團在向南移動。

A cold air mass is moving southward.

38. 衣袖 (ㄧ ㄒㄧㄡˋ; *yīsyòu*)

N: sleeve (of a shirt, robe, etc.)

*袖 (ㄒㄧㄡˋ; *syòu*)

B: sleeve

袖子 (ㄒㄧㄡˋ ˙ㄗ; *syòudz*)

N: sleeve(s)

39. *伏 (ㄈㄨˊ; *fú*)

FV: 1) to hide

2) to lie (face down); to bend over

他伏在桌上睡著了。

He's resting his head on the table, napping.

40. 巧合 (ㄑㄧㄠˇ ㄏㄜˊ; *chyǎuhé*)

N: a coincidence

現實生活中有許多巧合。

There are many coincidences in real life.

41. 破例 (ㄆㄛˋ ㄌㄧˋ; *pwòlì*)

VO: to make an exception; to break a rule

我們要按照規定做，不能破例。

We have to go by the book, and cannot make any exceptions.

II. 成語

1. 進京趕考 (ㄐㄧㄣˋ ㄐㄧㄥ ㄍㄢˇ ㄎㄠˇ; *jìnjīng gǎnkǎu*)
   (in traditional China) go to the capital and take the civil service examination

2. 仁愛為懷 (ㄖㄣˊ ㄞˋ ㄨㄟˊ ㄏㄨㄞˊ; *rén ài wéi hwái*)
   kindhearted; have the heart of a humanitarian

   這位老先生仁愛爲懷，收養了很多小動物。

   This elderly man is very kindhearted and has adopted many small animals.

III. 句型

直到…才　until…(then); not…until

他直到五十歲才結婚。

He didn't get married until he was fifty.

IV. 練習

1. 用下列詞語造句：

   (1) 整理
   (2) 鑽
   (3) 引導
   (4) 繼續
   (5) 得意
   (6) 規定
   (7) 後悔

(8) 出現

(9) 熟悉

(10) 承認

2. 回答下列問題：

(1) 姓王的讀書人要到哪裏去？

(2) 他在路上看見水溝裏有什麼東西？

(3) 他怎樣救了那些螞蟻？

(4) 考試的題目怎麼樣？他覺得自己考得怎麼樣？

(5) 他把文章交上去以後，才想到了什麼？

(6) 按照當時的規定，文章上寫別字會有怎樣的結果？

(7) 考官在看卷子的時候，桌子上出現了一隻什麼動物？那隻動物後來鑽到哪裏去了？

(8) 考官看卷子的時候，螞蟻停留在哪裏？

(9) 考官為什麼把王姓讀書人取做第一名？

(10) 考官為什麼要召見王姓讀書人？

(11) 王姓讀書人被召見以前，心裏怎麼想？

(12) 王姓讀書人承認自己的錯誤，可是考官認為如何？

(13) 考官看見螞蟻伏在原處不動，他對王姓讀書人說些什麼？

(14) 考官為什麼最後還是把王姓讀書人取為第一名？

第九課　兩兄弟尋寶[1]

　　很久很久以前，在<u>中國</u>北方的一個鄉村裏，流行著這樣的一個傳說[3]：在村外一座高山的頂上[4]，有一把金鑰匙[5]，誰能拿到那把金鑰匙，誰就可以打開天下所有的寶庫[6]，要什麼有什麼，無論吃的、穿的、住的、用的，一輩子都不用愁了。

　　在那座山下有兩戶人家，由兩兄弟居住著。老大聽到這個消息以後，馬上偷偷地準備好一些乾糧[8]，連夜[9]上山，想先一步找到金鑰匙。那座山又陡[10]又高，到處都是亂石和野草，非常難走。老大為了尋寶，也顧不得什麼危險[11]和困難[13]，跌跌撞撞[14]，好不容易才到了山頂上。可是山頂上，除了野草，什麼都沒有。他找了半天，並沒有發現金鑰匙，只看到草叢裏有一[15]

把生銹的鋤頭。他心裏想：不知道是哪個上山找金鑰匙的人，丟下一把鋤頭在這裏。於是，老大很失望地空手下山去了。

幾天以後，老二才聽到這個傳說，他也馬上上山尋寶。到了山頂上，他也找不到金鑰匙，只看到那把生銹的鋤頭。不過，他心裏想：金鑰匙找不到，就帶這把鋤頭回去，總比空跑一趟[16]好些。所以他就順手把鋤頭拿回家去了。

回到家裏以後，老二就把生銹的鋤頭洗擦[17]乾淨。他用那把鋤頭開了幾塊荒地，種上一些小麥[18]和蔬菜[19]。

到了第二年，他不但有很豐富[20]的食物，還用多餘的產品[21]換錢。

第三年，他養了些牛[22]、羊[23]、雞[24]、豬。

到了第五年，老二蓋了新房子，又娶了妻子[25]，日子過得越來越好了。

老大看弟弟這樣發達[26]，心裏怎麼想也想不

通。有一天，他到老二家，問弟弟說：「老
二，聽說你得到山頂上的金鑰匙了，是不是真
有這回事啊？」

老二說：「是啊！」

老大以為弟弟真的找到了金鑰匙，就要求
弟弟拿出來給他看看。老二卻走到屋角，拿起
那把已經被用得發亮的銹鋤頭，對他說：

「金鑰匙，沒處找；鐵鋤頭，就是寶。」

老大這才明白，弟弟的發達，完全是用鋤
頭辛勤工作的成果。

從此以後，老二的話成了村民們的寶訓。
作父母的都用這句話，來教訓他們的子女：
「金鑰匙，沒處找；鐵鋤頭，就是寶。」

I. 生字與生詞

1. 尋寶 (ㄒㄩㄣˊ ㄅㄠˇ; *syúnbǎu*)

   VO: to search for treasure

   他到非洲去尋寶。

   He went to Africa in search of treasure.

   *尋 (ㄒㄩㄣˊ; *syún*)

   B: search; seek

   尋找 (ㄒㄩㄣˊ ㄓㄠˇ; *syúnjǎu*)

   FV: to search for; to look for

   他在尋找他的錢包。

   He's looking for his wallet.

2. 流行 (ㄌㄧㄡˊ ㄒㄧㄥˊ; *lyóusyíng*)

   FV & SV: to circulate; to become prevalent; be in vogue;
   be popular; be fashionable

   現在流行一種很奇怪的病。

   There's a very strange disease spreading around
   right now.

   這首歌很流行。

   This song is very popular.

3. 傳說 (ㄔㄨㄢˊ ㄕㄨㄛ; *chwánshwō*)

   N: 1) legend; lore

      2) a rumor; hearsay

   FV: to spread a rumor; it is said that

   傳說他已經發財了。

   It's said that he has come into a lot of money.

4. 頂上 (ㄉㄧㄥˇ ·ㄕㄤ; *dǐngshang*)

   PW: on the top

房頂上有一隻鳥。

There's a bird on the roof.

*頂（ㄉㄧㄥˇ; *dǐng*)

　　N & B: top part (of something)

　　　　頭頂（ㄊㄡˊ ㄉㄧㄥˇ; *tóu dǐng*)

　　　　　　N: the crown of the head

5. 金鑰匙（ㄐㄧㄣ ㄧㄠˋ ·ㄕ; *jīnyàushr*)

　N: golden key

*鑰（ㄧㄠˋ; *yàu*)

　B: key

*匙（·ㄕ; *shr*)

　B: key

　（ㄔˊ; *chŕ*)

　B: spoon

　M: spoonful

　　　茶匙（ㄔㄚˊ ㄔˊ; *cháchŕ*)

　　　　N: teaspoon

6. 寶庫（ㄅㄠˇ ㄎㄨˋ; *bǎukù*)

　N: treasure house

　　圖書館是知識的寶庫。

　　The library is a treasure house of knowledge.

*庫（ㄎㄨˋ; *kù*)

　B: place for storing things

　　書庫（ㄕㄨ ㄎㄨˋ; *shūkù*)

　　　N: library stacks

　　車庫（ㄔㄜ ㄎㄨˋ; *chēkù*)

　　　N: garage

7. 一輩子（ㄧˊ ㄅㄟˋ ·ㄗ; *yibèidz*)

　A & N: all one's life; a lifetime

他一輩子沒結婚。

He remained single all his life.

*輩 (ㄅㄟˋ; *bèi*)

B: lifetime; very long time

M: generation

他比我大兩輩。

He's two generations my senior.

8. 乾糧 (ㄍㄢ ㄌㄧㄤˊ; *gānlyáng*)

N: dry provisions

*乾 (ㄍㄢ; *gān*)

N: dried food

牛肉乾 (ㄋㄧㄡˊ ㄖㄡˋ ㄍㄢ; *nyóuròugān*)

N: jerked beef

SV: be dry; be dried out or up

衣服都乾了。

The clothes are all dry.

乾杯 (ㄍㄢ ㄅㄟ; *gānbēi*)

IE: Bottoms up!

乾淨 (ㄍㄢ ·ㄐㄧㄥ; *gānjing*)

SV: be clean; be neat and tidy

你的手還沒有洗乾淨。

Your hands are still dirty (even though you have just washed them).

*糧 (ㄌㄧㄤˊ; *lyáng*)

N: provisions; food

9. 連夜 (ㄌㄧㄢˊ ㄧㄝˋ; *lyányè*)

A: 1) that very night

2) all through the night

他接到父親的長途電話，就連夜趕到台北。

After receiving a long-distance call from his father, he hurried to Taipei and arrived there before the night was over.

10. *陡 (ㄉㄡˇ; *dǒu*)

SV: be steep

這個樓梯很陡。

This stairway is quite steep.

11. 顧不得 (ㄍㄨˋ ·ㄅㄨ ㄉㄜˊ; *gùbudé*)

RC: to ignore or disregard (one thing for the sake of attending to something else)

他忙得顧不得吃飯。

He was so busy that he didn't think of eating.

*顧 (ㄍㄨˋ; *gù*)

FV: to take care of; to attend to; to think of

你別只顧自己。

Don't just think of yourself.

12. 危險 (ㄨㄟˊ ㄒㄧㄢˇ; *wéisyǎn*)

N & SV: danger; be dangerous

下大雨的時候開車很危險。

It's very dangerous driving in a downpour.

13. 困難 (ㄎㄨㄣˋ ㄋㄢˊ; *kwùnnán*)

N & SV: difficulty; (of situations or circumstances) be difficult

你如果有什麼困難，請告訴我。

If you get into a bind, please let me know.

*困 (ㄎㄨㄣˋ; *kwùn*)

B: distress

FV: be trapped; be stranded

他們被困在那個島上了。

They were marooned on that island.

14. 跌跌撞撞 (ㄉㄧㄝˊ ・ㄉㄧㄝ ㄓㄨㄤˋ ㄓㄨㄤˋ; *dyédye jwàngjwàng*)

IE: to stagger along; to walk unsteadily

他喝醉了，一路上跌跌撞撞，終於走回家來。

He was drunk, and, staggering all the way, finally made it home.

*跌 (ㄉㄧㄝˊ; *dyé*)

FV: 1) to stumble; to fall down

他跌傷了。

He fell and hurt himself.

2) (of prices) to drop; to fall

價錢跌了。

It's gone down in price.

*撞 (ㄓㄨㄤˋ; *jwàng*)

FV: to bump into; to collide with; to hit

他倒車的時候撞上牆了。

When he backed up the car, he hit a wall.

15. 草叢 (ㄘㄠˇ ㄘㄨㄥˊ; *tsǎutsúng*)

N: a thick growth of grass; a patch of grass

*叢 (ㄘㄨㄥˊ; *tsúng*)

B: bushes; shrubs

16. 空跑一趟 (ㄎㄨㄥ ㄆㄠˇ ㄧˊ ㄊㄤˋ; *kūngpǎu yitàng*)

IE: to go someplace for nothing

我去拜訪王先生，他不在家，結果空跑一趟。

It just happened that Mr. Wang was not at home when I went to visit him, so my trip was in vain.

*趟 (ㄊㄤˋ; *tàng*)

M: round trip; time

17. *擦 (ㄘㄚ; *tsā*)

FV: to wipe or clean (with a rag, cloth, etc.)

吃完飯，她就擦了桌子。

She wiped the table after the meal.

18. 小麥 (ㄒㄧㄠˇ ㄇㄞˋ; *syǎumài*)

N: wheat

*麥 (ㄇㄞˋ; *mài*)

B: wheat

大麥 (ㄉㄚˋ ㄇㄞˋ; *dàmài*)

N: barley

19. 蔬菜 (ㄕㄨ ㄘㄞˋ; *shūtsài*)

N: vegetables

*蔬 (ㄕㄨ; *shū*)

B: vegetables

20. 豐富 (ㄈㄥ ㄈㄨˋ; *fēngfù*)

SV: be abundant; be full; be broad; be rich in content

他的歷史知識很豐富。

He has a broad knowledge of history.

21. 食物 (ㄕˊ ㄨˋ, *shŕwù*)

N: food; edibles; provisions

*羊 (ㄧㄤˊ; *yáng*)

N: sheep

公羊 (ㄍㄨㄥ ㄧㄤˊ; *gūngyáng*)

N: ram

母羊 (ㄇㄨˇ ㄧㄤˊ; *mǔyáng*)

N: ewe

23. *雞 (ㄐㄧ; *jī*)

N: chicken

公雞 (《ㄨㄥ ㄐㄧ; *gūngjī*)
　　N: rooster
母雞 (ㄇㄨˇ ㄐㄧ; *mǔjī*)
　　N: hen

24. *豬 (ㄓㄨ; *jū*)
　　N: pig; swine
公豬 (《ㄨㄥ ㄓㄨ; *gūngjū*)
　　N: boar
母豬 (ㄇㄨˇ ㄓㄨ; *mǔjū*)
　　N: sow

25. 妻子 (ㄑㄧ ㄗˇ; *chīdž*)
　　N: wife
*妻 (ㄑㄧ; *chī*)
　　B & N: wife

26. 發達 (ㄈㄚ ㄉㄚˊ; *fādá*)
　　SV: be developed; be flourishing
　　　　他的事業很發達。
　　　　His business is prospering.

　　N: a well-developed state (of business, communications,
　　　　etc.)
　　　　交通的發達節省了許多旅途上的時間。
　　　　The well-developed state of transportation can save
　　　　people much time in traveling.

27. 想不通 (ㄒㄧㄤˇ ·ㄅㄨ ㄊㄨㄥ; *syǎngbutūng*)
　　RC: can't figure it out; be unable to see the light; be
　　　　unable to come up with an answer
　　　　我實在想不通這個道理。
　　　　I really can't figure out the logic behind this.

28. 屋角 (ㄨ ㄐㄩㄠˇ; *wūjyǎu*)

N: the corner of a room

29. 辛勤 (ㄒㄧㄣ ㄑㄧㄣˊ; *syīnchín*)

SV: be hardworking; be industrious

他很辛勤，終於獲得成功。

He's very hardworking and has finally achieved success.

*勤 (ㄑㄧㄣˊ; *chín*)

SV: be diligent; be industrious

30. 成果 (ㄔㄥˊ ㄍㄨㄛˇ; *chénggwǒ*)

N: achievement; positive result

這是他們共同努力的成果。

This is the fruit of their combined efforts.

31. 寶訓 (ㄅㄠˇ ㄒㄩㄣˋ; *bǎusyùn*)

N: valuable teachings

32. 教訓 (ㄐㄧㄠˋ ㄒㄩㄣˋ; *jyàusyùn*)

FV & N: to admonish; to lecture; admonition

他在教訓兒子。

He's giving his son a talking to.

II. 成語

從此以後 (ㄘㄨㄥˊ ㄘˇ ㄧˇ ㄏㄡˋ; *tsúngtsž yǐhòu*)

from this time on; henceforth

他說他從此以後不再抽煙了。

He said that from now on he wouldn't smoke another cigarette.

從此以後，他沒有再來過。

He hasn't been back since then.

III. 句型

V₁什麼　V₂什麼　　V₂ whatever V₁

在百貨公司裏要什麼有什麼。

Everything one desires can be had in a department store

他演什麼像什麼。

He becomes the characters he portrays.

你做什麼我吃什麼。

I'll eat whatever you cook.

IV. 練習

1. 用下列詞語造句：

   (1) 流行

   (2) 危險

   (3) 困難

   (4) 乾淨

   (5) 擦

   (6) 豐富

   (7) 顧不得

   (8) 發達

   (9) 危險

  (10) 教訓

2. 回答下列問題：

(1) 在中國北方的一個鄉村裏，流行著一個什麼樣的傳說？

(2) 如果一個人得到那把金鑰匙，會有什麼好處？

(3) 老大聽到這個消息以後，馬上做什麼了？

(4) 那座山為什麼非常難走？

(5) 老大在山上找到了什麼？

(6) 老大看見鋤頭，他心裏怎麼想？

(7) 老二為什麼把鋤頭拿回家去了？

(8) 老二回家以後，用那把鋤頭做了什麼？

(9) 第二年，老二得到什麼成果？第三年呢？

(10) 老二到了什麼時候才娶妻子？

(11) 老二的寶是什麼？

(12) 老二是靠什麼發達起來的？

第十課　好鼻師

　　很久很久以前有一個人，嗅覺特別靈敏，他只要用鼻子聞一聞，不論多遠的地方，也不論什麼東西，都能聞得出來。而且，他只要用鼻子聞一聞空氣，就能預知晴雨。因此，大家都稱他為「好鼻師」。

　　因為這位好鼻師能預先知道晴雨，他的鄰居們每次要出門、種田、曬穀，或曬衣服等等，都要先問問好鼻師，然後才做決定。經他指點以後，大家做事都很順利，減少了困難，也減少了損失。他們對好鼻師都十分感謝。

　　後來，這種情形被天上的玉皇大帝知道了。玉皇大帝認為天氣晴雨是天機，如果事先隨便泄漏，以後人們就不會再敬天了。他非常生氣，把掌管下雨的海龍王召到天上，問他知

道不知道地上有好鼻師這個人。

海龍王向玉皇大帝[16]報告說：「以前我降雨[17]的時候，地上的人事先都不知道。但是最近有了那個好鼻師，人們聽了他的話，事先就知道[18]什麼時候下雨，什麼時候放晴，因此已經有人開始不敬天，也不拜天了！」

玉皇大帝聽了，就對海龍王說：「天機不可泄漏[19]啊！你應該設法[20]防止[21]這種事情繼續發生，同時對好鼻師這個人，也由你加以處置[22]。」

「是！」海龍王接受了玉皇大帝的命令。

究竟要怎樣處置好鼻師呢？海龍王想來想去，一直沒有什麼好主意[23]。直到後來，他看到自己嘴邊兩條又大又長的鬍鬚[24]，忽然靈機一動，自言自語地說：「有了，就這麼辦！」

於是，海龍王把自己的兩條大鬚，從天上伸[25]到地面來。地上的人們看到兩條從來沒見過的東西，像柱子[26]一般從天上垂[27]下來，都十分驚慌，不知如何是好。這時候，好鼻師卻從容[28]地

對大家說：「我告訴你們，這是海龍王的大
鬚，沒有什麼可怕的。我們不但不要怕，而且
可以攀住它往上爬，一直爬到天上去。」

　　好鼻師一邊這樣說，一邊攀住那柱子一般
的龍鬚，努力往上爬。

　　可是，他這樣做正中了海龍王的計謀。海
龍王看見好鼻師攀住自己的鬍鬚往上爬，就突
然把鬍鬚一捲，又用力搖了幾搖。好鼻師心一
慌，兩手鬆開，整個人就從半空中掉下來，摔
得粉身碎骨。

　　有人說，現在地上的螞蟻，就是好鼻師摔
得粉碎的身體變成的，所以螞蟻才會有那麼靈
敏的嗅覺。

I. 生字與生詞

1. 好鼻師 (ㄏㄠˇ ㄅㄧˊ ㄕ; *hǎubíshī*)

   N: (in the southern Fukien dialect) a person with an exceptionally keen sense of smell

   *鼻 (ㄅㄧˊ; *bí*)

   　B: nose

   　　鼻子 (ㄅㄧˊ ˙ㄗ; *bídz*)

   　　　N: nose

2. 嗅覺 (ㄒㄧㄡˋ ㄐㄩㄝˊ; *syòujywé*)

   N: sense of smell

   *嗅 (ㄒㄧㄡˋ; *syòu*)

   　B & FV: smell; scent; sniff

3. 靈敏 (ㄌㄧㄥˊ ㄇㄧㄣˇ; *língmǐn*)

   SV: be keen; be acute; be sensitive

   　他的思想很靈敏，反應也很快。

   　He has a very perceptive mind and is quick in making responses.

   *靈 (ㄌㄧㄥˊ; *líng*)

   　SV: be keen; be responsive

   　　他的耳朵很靈。

   　　He has very sharp ears.

   　B: spirit; soul

   　　神靈 (ㄕㄣˊ ㄌㄧㄥˊ; *shénlíng*)

   　　　N: spirits; gods; deities

   *敏 (ㄇㄧㄣˇ; *mǐn*)

   　B: keen; clever

4. *聞 (ㄨㄣˊ; *wén*)

　　FV: to smell; to sniff

　　　我聞不出來這兩種酒有什麼不同。

　　　I can't smell the difference between these two wines.

5. 預知 (ㄩˋ ㄓ; *yùjr̄*)

　　FV: to know beforehand or in advance

6. 晴雨 (ㄑㄧㄥˊ ㄩˇ; *chíngyǔ*)

　　N & SV: rain or shine; be rainy or clear

　　*晴 (ㄑㄧㄥˊ; *chíng*)

　　　SV: (of the sky or weather) be clear

　　　　現在天晴了。

　　　　The weather has cleared up.

　　　放晴 (ㄈㄤˋ ㄑㄧㄥˊ; *fàngchíng*)

　　　　　FV: (of the weather) to become clear; to
　　　　　　　clear up

7. *曬 (ㄕㄞˋ; *shài*)

　　FV: to dry in the sun; to expose to the sun

　　　他整天在外面工作，曬得很黑。

　　　He works outdoors all day and has developed a deep
　　　tan.

8 順利 (ㄕㄨㄣˋ ㄌㄧˋ; *shwùnlì*)

　　N & SV: without difficulty; smoothly; be going well

　　　　他的工作進行得很順利。

　　　　His work is proceeding smoothly.

9. 減少 (ㄐㄧㄢˇ ㄕㄠˇ; *jyǎnshǎu*)

　　FV: to reduce; to decrease; to lessen

　　　今年汽車出產量比以前減少了。

Compared to that of past years, car production this year has decreased.

10. 損失 (ㄙㄨㄣˇ ㄕ; *swǔnshŕ*)

N: loss; damage

我們的損失不算嚴重。

Our losses are not serious.

FV: to suffer the loss of; to lose

上次戰爭中，兩國都損失了很多人力和財力。

Both countries suffered great loss of life and property during the last war.

*損 (ㄙㄨㄣˇ; *swǔn*)

B: damage; harm

11. 天機 (ㄊㄧㄢ ㄐㄧ; *tyānjī*)

N: the secrets of Heaven

12. 泄漏 (ㄒㄧㄝˋ ㄌㄡˋ; *syèlòu*)

FV: to divulge; to reveal; to let out (a secret)

是誰把那個消息泄漏了？

Who disclosed that information?

*泄 (ㄒㄧㄝˋ; *syè*)

B: 1) divulge; let out (a secret, etc.)

2) leak; (of steam, water, etc.) let off or out

*漏 (ㄌㄡˋ; *lòu*)

FV: (lit. or fig.) to leak

那個房子一下雨就漏。

That house leaks whenever it rains.

13. *敬 (ㄐㄧㄥˋ; *jìng*)

FV: to show or pay respect to; to worship

敬神（ㄐㄧㄥˋ ㄕㄣˊ; jìngshén)
VO: to worship a god

14. 掌管（ㄓㄤˇ ㄍㄨㄢˇ; jǎnggwǎn)
FV: to be in charge of; to be responsible for managing; to run

李先生掌管這家公司的財務。

Mr. Li administers the finances of this company.

*掌（ㄓㄤˇ; jǎng)
FV: to be in charge of

掌權（ㄓㄤˇ ㄑㄩㄢˊ; jǎngchywán)
VO: to wield power; to exercise control

15. 海龍王（ㄏㄞˇ ㄌㄨㄥˊ ㄨㄤˊ; hǎilúngwáng)
N: (in Chinese mythology) the Dragon King, ruler of the seas

*龍（ㄌㄨㄥˊ; lúng)
N: dragon
B: dragon-like

水龍頭（ㄕㄨㄟˇ ㄌㄨㄥˊ ·ㄊㄡ; shwěi lúngtou)
N: water faucet; spigot

16. 報告（ㄅㄠˋ ㄍㄠˋ; bàugàu)
FV & N: to report; to make known; a report

我要把這件事的經過情形向上級報告。

I want to report the details of this matter to the higher authorities.

17. 降雨（ㄐㄧㄤˋ ㄩˇ; jyàngyǔ)
VO: 1) (of a god) to send down rain
2) to rain

*降（ㄐㄧㄤˋ; jyàng)
B: send down
FV: to descend; to fall; to drop

飛機降落了。

The plane has landed.

18. 事先 (ㄕˋ ㄒㄧㄢ; *shr̀syān*)

A: prior; in advance; beforehand

他結婚了，事先我們一點兒都不知道。

He got married and we knew nothing about it beforehand.

19. *啊 (·ㄚ; *a*)

P: final particle indicating an interjection, interrogative, etc.

20. 設法 (ㄕㄜˋ ㄈㄚˇ; *shèfǎ*)

VO: to try (to); to think of a way (to)

這件事一定要請你設法幫忙。

I must ask you to try to help me in this matter.

21. 防止 (ㄈㄤˊ ㄓˇ; *fángjř*)

FV: to prevent; to avoid; to guard against

爲了防止傳染病，人人都得打預防針。

In order to prevent the spread of contagious diseases, everyone must be innoculated.

*防 (ㄈㄤˊ; *fáng*)

FV: to guard against; to take precautions against

預防 (ㄩˋ ㄈㄤˊ; *yùfáng*)

FV: to take precautions against

22. 處置 (ㄔㄨˇ ㄓˋ; *chǔjř*)

FV: 1) to punish

2) to deal with; to handle

這件事情他處置得很好。

He dealt with this matter very well.

*置 (ㄓˋ; *jř*)

B: place; put (in position)

位置（ㄨㄟˋ ㄓˋ; *wèijr̀*）

　　N: place; position

23. 主意（ㄓㄨˇ ㄧˋ; *jǔyì*）（ㄓㄨˇ ㄧˋ; *júyì*）

　　N: idea; plan

　　　他又改變主意了。

　　　He's changed his mind again.

24. 鬍鬚（ㄏㄨˊ ㄒㄩ; *húsyū*）

　　N: beard

　*鬍（ㄏㄨˊ; *hú*）

　　　B: beard; moustache

　　　　鬍子（ㄏㄨˊ ˙ㄗ; *húdz*）

　　　　　N: beard

　*鬚（ㄒㄩ; *syū*）

　　　B: beard

　　　　龍鬚（ㄌㄨㄥˊ ㄒㄩ; *lúngsyū*）

　　　　　N: long whiskers of a dragon

25. *伸（ㄕㄣ; *shēn*）

　　FV: to extend or stretch out (a part of the body)

　　　你把手伸出來給大夫看看。

　　　Extend your hand to let the doctor take a look at it.

26. 柱子（ㄓㄨˇ ˙ㄗ; *jùdz*）

　　N: pillar; column; post

　*柱（ㄓㄨˋ; *jù*）

　　　B: pillar; column; post

27. *垂（ㄔㄨㄟˊ; *chwéi*）

　　FV: to droop; to hang down; to suspend

　　　他垂著頭，不說話。

　　　He lowered his head and didn't speak.

28. 從容地 (ㄘㄨㄥ ㄖㄨㄥˊ ·ㄉㄜ; *tsūng rúng de*)

A: at ease; leisurely; unhurriedly

我們還有很多時間，可以從容地做這件事。

We still have a lot of time, so we can take our time doing this.

29. 攀住 (ㄆㄢ ·ㄓㄨ; *pānju*)

RC: to grip (something) firmly

小孩子攀住樹身往上爬。

The child gripped the tree firmly and shinned up it.

*攀 (ㄆㄢ; *pān*)

FV: to grip

30. *它 (ㄊㄚ; *tā*)

PN: it

31. *中 (ㄓㄨㄥˋ; *jùng*)

FV: to fall into (a trap, etc.)

你要小心，別中了他的計謀。

You must be careful—don't fall into his trap.

32. 計謀 (ㄐㄧˋ ㄇㄡˊ; *jìmóu*)

N: trap; scheme; strategem

*謀 (ㄇㄡˊ; *móu*)

B: plot; ruse

FV: to plan to; to seek

謀生 (ㄇㄡˊ ㄕㄥ; *móushēng*)

VO: to make a living

為了謀生，我們都得做事。

We all have to work in order to make a living.

謀事在人，成事在天。（諺）

Man proposes, God disposes. (*proverb*)

33. *捲 (ㄐㄩㄢˇ; *jwǎn*)

    FV: to roll (up)

    他把袖子捲起來，開始洗盤子。

    He rolled up his sleeves and began washing the dishes.

34. *搖 (ㄧㄠˊ; *yáu*)

    FV: to shake; to rock; to move to and fro

    我跟他說了半天，他還是搖頭。

    I spoke to him for a long time, but he kept shaking his head (in disagreement, refusal, etc.).

35. 鬆開 (ㄙㄨㄥ ㄎㄞ; *sūngkāi*)

    FV: (lit. or fig.) to loosen up; to let go

    *鬆 (ㄙㄨㄥ; *sūng*)

    　　SV: be loose; not tight

    　　這個螺絲鬆了。

    　　This screw is loose.

36. *摔 (ㄕㄨㄞ; *shwāi*)

    FV: to (cause to) fall; to (cause to) be thrown down

37. 粉身碎骨 (ㄈㄣˇ ㄕㄣ ㄙㄨㄟˋ ㄍㄨˇ; *fěnshēn swèigǔ*)

    IE: (of a person) be badly mangled; be badly mutilated

    他從懸崖上跌下來，摔得粉身碎骨。

    He fell from the cliff and his body was badly mutilated.

    *碎 (ㄙㄨㄟˋ; *swèi*)

    FV: to break into bits and pieces

*骨 (ㄍㄨˇ; *gǔ*)(ㄍㄨˊ; *gú*)

    B: bone

      骨頭 (ㄍㄨˇ ˙ㄊㄡ; *gǔtou*)

        N: bone

II. 成語

1. 靈機一動 (ㄌㄧㄥˊ ㄐㄧ ㄧ ㄉㄨㄥˋ; *língjī yídùng*)

      have a sudden inspiration; have a brainstorm

他靈機一動，發明了這個小玩意兒。

He had a brainstorm and invented this little knickknack.

2. 自言自語 (ㄗˋ ㄧㄢˊ ㄗˋ ㄩˇ; *dzìyándzìyǔ*)

      to talk to oneself; to think aloud

他在自言自語。

He's talking to himself.

3. 不知如何是好 (ㄅㄨˋ ㄓ ㄖㄨˊ ㄏㄜˊ ㄕˋ ㄏㄠˇ; *bùjī rúhé sh hǎu*)

      know not what is best to do

她忽然發現皮包不見了，不知如何是好。

She suddenly discovered that her handbag was missing and didn't know what to do.

III. 練習

1. 用下列詞語造句：

  (1) 聞

  (2) 預先

  (3) 囑

(4) 順利

(5) 減少

(6) 損失

(7) 報告

(8) 設法

(9) 靈敏

(10) 泄漏

2. 回答下列問題：

(1) 好鼻師有什麼特別的能力？

(2) 鄰居們做哪些事情的時候都先問好鼻師 ？ 他們爲什麼感謝他？

(3) 玉皇大帝爲什麼召見海龍王？

(4) 海龍王說人們爲什麼不拜天了？

(5) 玉皇大帝讓海龍王去做什麼事情？

(6) 人們看到兩條龍鬚以後，有什麼反應？

(7) 好鼻師看見人們驚慌，他說什麼？

(8) 好鼻師爬到天上去了沒有？爲什麼？

(9) 好鼻師摔到地上，結果如何？

(10) 人們說螞蟻爲什麼會有那麼靈敏的嗅覺？

第十一課　草鞋橋

從前有一個賣草鞋的人，住在一個小茅屋裏，自己做草鞋自己賣，倒也無憂無慮，生活得很好。他家門前有一條河，河邊有一隻小渡船，沒有船夫，要過河的人必須自己把船划到對岸。可是河心的水流很急，過河的人一不小心，渡船就會翻，自己也掉到水裏，斷送了生命，尤其是夜裏，更常常發生這種慘事。

那個賣草鞋的人，在深夜裏本來睡得好好的，時常被落水人的慘叫聲驚醒，他又沒法子去救，心裏非常難過。於是他立下一個心願，將來有錢了，一定要在這條河上造一座橋，使來往的人都能平安過河。但是他每天賣草鞋的錢，除了維持生活之外，餘下的很有限，也不知道哪年哪月才能積夠造橋的費用，可以說

是「心有餘而力不足」。

　　可是事有湊巧。有一天，賣草鞋的人不小心，手被錐子刺傷，腫了一大塊。他沒有錢去看醫生，就在附近草地上找些草藥，自己敷在傷口。在尋找草藥的時候，他無意中發現一個瓦盆，倒放在地上。他想，把這個瓦盆帶回去，裝飼料餵雞倒也不錯。於是，他就把瓦盆拿回家去了。當天晚上，他裝了一盆飼料給雞吃，到了第二天，卻看到還是滿滿的一盆飼料。他以為雞不喜歡吃盆裏的飼料，就用瓦盆來裝雞蛋。他在盆裏放了三個雞蛋，第二天早上卻發現那裏面有滿滿的一盆雞蛋。他十分驚奇，又試著在盆裏放些錢，第二天早上就發現有一滿盆的錢。因此，他知道這個瓦盆是一件寶物，就拿錢去換銀子和金子，放在裏面，慢慢地就變出許多銀子和金子。有了許多銀子和金子之後，他想自己可以實現造橋的心願了。

　　賣草鞋的人請來全村的人，對他們說：

「因為小渡船不安全，過河的人時常落水淹死[25]。現在我想在這裏造一座橋，使來往的人都能平安過河。由我出錢買材料[26]，希望大家出力造橋。」

大家異口同聲地說：「只要有材料，我們都願意出力，早日造好這座橋。」

賣草鞋的人說：「那太好了！請村長出來[27]領導，我們選一個好日子動工[28]。」

於是，他拿出許多金子銀子，請人去買造橋的石材[29]。

材料有了，全村的人都在村長領導之下開始工作。造橋的工作進行得非常順利，只是大家心裏一直有個疑問：賣草鞋的人怎麼會忽然有那麼多金子銀子呢？

不過，這個疑問很快就得到解答了[30]。因為在新橋完工那一天，賣草鞋的人就把家裏的瓦盆拿出來，告訴全村的人說：「不瞞各位說[31]，我們今天能完成這座大橋，全靠這個瓦盆。如

果沒有這個瓦盆，我也不會有這筆造橋的錢。」

於是他把得到瓦盆的經過，和瓦盆的神奇作用，很詳細地向大家報告。

　　他報告完了，就抱著瓦盆，第一個走上橋面，領著大家過橋。就在他走到橋中間的時候，那個瓦盆忽然從他手上掉進河心，消失在急流裏面了。

　　後來，那個賣草鞋的人仍舊做草鞋賣草鞋，過著和從前一樣的生活，絕口不提自己出錢造橋的事情。在他去世以後，大家為了紀念他，就把他住的小茅屋改建成一座廟，叫做「草鞋廟」，並且稱那座橋為「草鞋橋」。

I. 生字與生詞

1. 草鞋（ㄘㄠˇ ㄒㄧㄝˊ; *tsǎusyé*）

   N: straw sandals

   *鞋（ㄒㄧㄝˊ; *syé*）

   N: shoe

2. 橋（ㄑㄧㄠˊ; *chyáu*）

   N: bridge

   船到橋頭自然直。（俗）

   (lit.) The boat will naturally follow a straight course when it approaches the bridge. —A problem will take care of itself when the time comes. (*Common Saying*)

3. 無憂無慮（ㄨˊ ㄧㄡ ㄨˊ ㄌㄩˋ; *wú yōu wú lyù*）

   IF: without a worry or care in the world; carefree

   孩子們應該是無憂無慮的。

   Children should be without a worry or care in the world.

   *慮（ㄌㄩˋ; *lyù*）

   B: worry; anxiety; concern

   人無遠慮，必有近憂。（孔子）

   He who is unconcerned about the future will soon have cause to regret the present. (*Confucius*)

4. 渡船（ㄉㄨˋ ㄔㄨㄢˊ; *dùchwán*）

   N: ferryboat

   *渡（ㄉㄨˋ; *dù*）

   B: cross (a river, ocean, etc.)

5. *划（ㄏㄨㄚˊ; *hwá*）

FV: to row

我們划船去吧！

Let's go boating!

6. *翻 (ㄈㄢ; *fān*)

FV: to capsize; to overturn; to turn upside down

小船在河裏翻了。

The small boat capsized on the river.

7. 斷送 (ㄉㄨㄢˋ ㄙㄨㄥˋ; *dwànsùng*)

FV: to forfeit (one's life, fortune, future, etc.)

他犯的錯誤很嚴重，可能斷送了自己的前途。

The mistake he made was very serious and it may ruin his future.

8. 尤其 (ㄧㄡˊ ㄑㄧˊ; *yóuchí*)

A: especially

這裏常下雨，尤其在多天。

It often rains here, especially in winter.

*尤 (ㄧㄡˊ; *yóu*)

B: especially

9. 慘事 (ㄘㄢˇ ㄕˋ; *tsǎnshr*)

N: tragic affair or matter

*慘 (ㄘㄢˇ; *tsǎn*)

SV: be miserable; be pitiful; be tragic

10. 驚醒 (ㄐㄧㄥ ㄒㄧㄥˇ; *jīngsyǐng*)

FV: to wake up; to rouse suddenly from sleep

半夜的雨聲把我們都驚醒了。

We were suddenly awakened in the middle of the night by the sound of rain.

11. 心願 (ㄒㄧㄣ ㄩㄢˋ; *syīnywàn*)

N: wish; desire

這樣總算了卻我一件心願。

This finally serves to fulfill one of my desires.

12. 維持 (ㄨㄟˊ ㄔˊ; *wéichŕ*)

FV: to maintain; to keep; to preserve

我們最好維持現狀。

We'd better let things go as they are.

*持 (ㄔˊ; *chŕ*)

B: support; maintain; hold

13. 湊巧 (ㄘㄡˋ ㄑㄧㄠˇ; *tsòuchyǎu*)

A: by chance; as luck would have it

我昨天去看他，湊巧他不在家。

Yesterday I went to visit him, but as luck would have it, he wasn't at home.

*湊 (ㄘㄡˋ; *tsòu*)

FV: to gather together

我們湊些錢幫助他吧。

Let's take up a collection to help him out.

14. 錐子 (ㄓㄨㄟ ˙ㄗ; *jwēidz*)

N: awl

*錐 (ㄓㄨㄟ; *jwēi*)

B: awl; awl-like object

15. 刺傷 (ㄘˋ ㄕㄤ; *tsz̀shāng*)

FV: to wound by stabbing or piercing

竹片刺傷了他的手。

He pricked his hand on a slit of bamboo.

*刺 (ㄘˋ; *tsz̀*)

FV: to stab; to pierce; to prick

寒風刺骨。

The cold wind pierces the bone.

　　N: thorn; splinter

16. *腫 (ㄓㄨㄥˇ; *jǔng*)

　　FV: to swell up; to become swollen

　　他的手腫起來了。

　　His hand is swollen.

17. *敷 (ㄈㄨ; *fū*)

　　FV: to apply (powder, medication, etc.)

　　醫生在他的傷口上敷了藥。

　　The doctor put some medical ointment on his cut.

18. 無意中 (ㄨˊ ㄧˋ ㄓㄨㄥ; *wúyìjūng*)

　　A: inadvertently; accidentally

　　我無意中在圖書館裏發現了這本書。

　　I found this book in the library by accident.

19. 瓦盆 (ㄨㄚˇ ㄆㄣˊ; *wǎpén*)

　　N: earthenware basin

　　*瓦 (ㄨㄚˇ; *wǎ*)

　　　　N & AT: roof tile; earthenware

　　*盆 (ㄆㄣˊ; *pén*)

　　　　N: basin; tub; pot

20. 飼料 (ㄙˋ ㄌㄧㄠˋ; *sìlyàu*)

　　N: feed; fodder

　　*飼 (ㄙˋ; *sì*)

　　　　B: rear; raise

21. *餵 (ㄨㄟˋ; *wèi*)

　　FV: to feed

　　　　小孩子哭了，應該餵他了。

　　　　The baby is crying; you should feed him now.

22. 雞蛋 (ㄐㄧ ㄉㄢˋ; *jīdàn*)

　　N: chicken egg

　*蛋 (ㄉㄢˋ; *dàn*)

　　　N: egg

23. 寶物 (ㄅㄠˇ ㄨˋ; *bǎuwù*)

　　N: treasure

24. 實現 (ㄕˊ ㄒㄧㄢˋ; *shŕsyàn*)

　　FV: to come true; to materialize

　　　他的理想都實現了。

　　　All his ideals have been realized.

25. 淹死 (ㄧㄢ ㄙˇ; *yānsž*)

　　RC: to drown

　　　淹死的都是會游水的。（諺）

　　　Those who drown are usually good swimmers.
　　　(*Proverb*)

26. 材料 (ㄘㄞˊ ㄌㄧㄠˋ; *tsáilyàu*)

　　N: material (for building, cooking, writing, study, etc.)

27. 村長 (ㄘㄨㄣ ㄓㄤˇ; *tswūnjǎng*)

　　N: village chief

28. 動工 (ㄉㄨㄥˋ ㄍㄨㄥ; *dùnggūng*)

　　VO: to begin construction; to start building

　　　新的圖書館大樓明天動工。

　　　Construction of the new library complex will begin
　　　tomorrow.

29. 石材 (ㄕˊ ㄘㄞˊ; *shŕtsái*)

　　N: rocks and boulders for building

30. 解答 (ㄐㄧㄝˇ ㄉㄚˊ; *jyědá*)

N: answer; solution; resolution

這個問題的解答只有少數人知道。

Only a very few people know the answer to this question.

FV: to explain; to answer

他還沒有解答我們提出的問題。

He still hasn't answered our question.

*解 (ㄐㄧㄝˇ; *jyě*)

B: explain

31. *瞞 (ㄇㄢˊ; *mán*)

FV: to hide the truth from; to deceive (someone) by keeping something from him

他瞞著母親去游泳。

He went swimming and kept the fact from his mother.

32. 神奇 (ㄕㄣˊ ㄑㄧˊ; *shénchí*)

SV: be magical; be miraculous

據說那位老先生有一種神奇的能力，可以預知未來的事情。

I've heard that that elderly gentleman has the miraculous ability of precognition.

33. 改建 (ㄍㄞˇ ㄐㄧㄢˋ; *gǎijyàn*)

FV: to demolish and rebuild; to reconstruct; to remodel

他們把小茅屋改建成樓房。

They tore down the thatched hut and built a storied building in its place.

34. *廟 (ㄇㄧㄠˋ; *myàu*)

N: temple; shrine; monastery

II. 成語

1. 心有餘而力不足 (ㄒㄧㄣ ㄧㄡˇ ㄩˊ ㄦˊ ㄌㄧˋ ㄅㄨˋ ㄗㄨˊ; *syīn yǒu yú ér lì bù dzú*)

> the spirit is willing but the flesh is weak; the heart is more than willing, but ability is wanting

我很想借給他一些錢，但是我自己的錢也不多，實在是心有餘而力不足。

I'd really like to lend him some money, but I'm short of cash myself—I'm more than willing, but I just don't have the necessary means to do so.

2. 異口同聲 (ㄧˋ ㄎㄡˇ ㄊㄨㄥˊ ㄕㄥ; *yì kǒu túng shēng*)

> with one voice; in unison; unanimously

他說要游泳過河，我們異口同聲地反對。

He said he wanted to swim across the river, but we unanimously objected.

3. 絕口不提 (ㄐㄩㄝˊ ㄎㄡˇ ㄅㄨˋ ㄊㄧˊ; *jywé kǒu bù tí*)

> to avoid all mention of

他絕口不提他的過去。

He never talks about his past.

III. 練習

1. 用下列詞語造句：
   (1) 實現
   (2) 湊巧

(3) 神奇

(4) 心願

(5) 維持

(6) 斷送

(7) 順利

(8) 無意中

(9) 無憂無慮

(10) 異口同聲

2. 回答下列問題：

(1) 賣草鞋的人的生活如何？

(2) 他家門前那條小河裏，爲什麼常常有人淹死？

(3) 他深夜裏常常被什麼聲音驚醒？

(4) 他立了一個什麼心願？

(5) 他是怎麼發現那個瓦盆的？

(6) 那個瓦盆有什麼神奇的作用？

(7) 賣草鞋的人靠什麼實現了他造橋的心願？

(8) 他對全村的人說些什麼？

(9) 他請誰出來領導造橋？

(10) 村民心裏有什麼疑問？

(11) 他們的疑問得到了什麼解答？

(12) 那個瓦盆最後到哪裏去了？

第十二課　重九[1]登高[2]

後漢時代，有一個叫費長房[3]的年輕人，因為看到許多人在生病的時候非常痛苦，就立志學醫。他離開家鄉汝南[5]，前往長安[6]。長安是當時全國最大的城市，也是人才[7]集中[8]的地方。

他到了長安，住在一家客店[9]裏。客店外面，有一位老人擺著一個藥攤子[10]。老人每天在那裏為人看病和賣藥。他看病不要錢，藥價又很便宜，經他看過病，吃了他的藥，病很快就好了。大家一傳十，十傳百，都知道他的醫術高明[11]。因此，每天來請老人看病的人川流不息。

費長房看到這種情形，決定向這位老人學醫。一天，趁著老人收攤子[12]的時候，他向老人跪下[13]磕頭[14]說：「老先生，我想拜您為師，學習

醫術，請您收我做學生。」

　　老人看費長房的樣子很聰明，人又老實，就把他帶到自己住的山洞裏，教他讀醫書，也有時帶他上山採藥，或到長安各處為人治病。

　　老人很用心地指導，費長房也很用心地學習。

　　時間像流水一般，不覺過了五年。有一天，老人對這個學生說：「長房，你跟我學醫，整整五年了。現在你已經學成，可以下山自己開業，為人看病了。」

　　費長房捨不得離開老人，願意留在山上服侍老人。老人卻告訴他說：「替眾人治病比服侍一個老人更重要，你還是下山去吧。」

　　費長房下山以後，就回到家鄉，為人治病。因為他是名師的高徒，醫術超羣，不久就像他師父一樣，成了有名的醫生。

　　到費長房快五十歲的時候，他覺得自己年紀大了，應該把醫術傳授給年輕的人。後來，

他看中了一個叫桓景²⁶的青年，就收他做學生，把自己的醫術傳授給他。

　　有一年，過了中秋以後，費長房對桓景説：「本村附近地方最近流行一種急性²⁷傳染病²⁸，不論人或動物，染上這種病，就有生命危險。你趕快告訴大家，要他們在最近幾天到高山上去躲一躲，等這一陣傳染病過去再回來。」

　　居民們聽從桓景的指示²⁹，都帶著食物和藥包，到山上避難³⁰。

　　過了兩三天，人們下山回來的時候，果然³¹看見村子裏到處是死的雞、鴨、豬、羊³²，景象³³悽慘³⁴而可怕。

　　大家驚叫著：「真可怕！幸虧³⁵我們都聽了桓景的話，躲到山上去，不然也都沒命了。」

　　他們登山避難的那一天，正是陰曆九月九³⁶日。以後每逢³⁷這一天，那一帶的人都去登山。後來，其他各地的人也都這樣做，重九登高便逐漸³⁸成為一種全國性的習俗³⁹。

I. 生字與生詞

1. **重九** (ㄔㄨㄥˊ ㄐㄧㄡˇ; *chúngjyǒu*)

   N: Double Nine (the ninth day of the ninth month of the lunar year)

2. **登高** (ㄉㄥ ㄍㄠ; *dēnggāu*)

   VO: to climb a height

   *登 (ㄉㄥ; *dēng*)

   FV: to climb; to ascend

   登山 (ㄉㄥ ㄕㄢ; *dēngshān*)

   VO: to climb mountains; to go mountain climbing

   我們參加了學校的登山社。

   We're members of the school's mountaineering club.

   登陸 (ㄉㄥ ㄌㄨˋ; *dēnglù*)

   VO: to land

   登臺 (ㄉㄥ ㄊㄞˊ; *dēngtái*)

   VO: (of an actor, lecturer, etc.) to go on stage

   他昨天第一次登臺唱歌。

   He sang on stage for the first time yesterday.

3. **費長房** (ㄈㄟˋ ㄔㄤˊ ㄈㄤˊ; *fèichángfáng*)

   N: Fei Ch'ang-fang

4. **立志** (ㄌㄧˋ ㄓˋ; *lìjì*)

   VO: be determined to accomplish an objective in life

他立志做教師。

He is determined to become a teacher.

5. 汝南 (ㄖㄨˇ ㄋㄢˊ; *rǔnán*)

N: Junan, name of a prefecture in former times located in what is today's Honan province

*汝 (ㄖㄨˇ; *rǔ*)

PN: thou; thee

6. 長安 (ㄔㄤˊ ㄢ; *cháng-ān*)

N: Changan, capital of China for 970 years at various times between the 3rd century B.C. and the 10th century A.D.; now called Sian, which is the capital of Shensi province

7. 人才 (ㄖㄣˊ ㄘㄞˊ; *réntsái*)

N: a person of ability; a talented person

8. 集中 (ㄐㄧˊ ㄓㄨㄥ; *jíjūng*)

FV: to concentrate; to focus

他不能集中精神看書。

He can't keep his mind on his reading.

9. 客店 (ㄎㄜˋ ㄉㄧㄢˋ; *kèdyàn*)

N: inn; hotel; lodge

10. 藥攤子 (ㄧㄠˋ ㄊㄢ ·ㄗ; *yàutāndz*)

N: medicine stand

*攤 (ㄊㄢ; *tān*)

B: stand; stall; booth

我在報攤子上買了一份晚報。

I bought a copy of the evening paper at the newsstand.

FV: to spread out (for display, etc.)

他把畫攤在桌子上。

He spread out the painting on the table.

11. 高明 (《ㄠ ㄇㄧㄥˊ; *gāumíng*)

SV: of excellent quality; be brilliant; be intelligent

那位木工的手藝很高明。

That carpenter's craftsmanship is superb.

12. 收攤子 (ㄕㄡ ㄊㄢ ·ㄗ; *shōutāndz*)

VO: (of a street vendor) to wind up the day's business

13. 跪下 (《ㄨㄟˋ ·ㄒㄧㄚ; *gwèisya*)

RC: to kneel down; to go down on one's knees

他父親叫他跪下。

His father told him to get down on his knees.

*跪 (《ㄨㄟˋ; *gwèi*)

FV: to kneel

我的腿跪麻了。

My leg fell asleep from kneeling.

14. 磕頭 (ㄎㄜ ㄊㄡˊ; *kētóu*)

VO: to kowtow

他給奶奶磕頭拜年。

He kowtowed to his grandmother to wish her a Happy New Year.

*磕 (ㄎㄜ; *kē*)

FV: to knock (against); to bump

15. 聰明 (ㄘㄨㄥ ·ㄇㄧㄥ; *tsūngming*)

SV: be intelligent; be smart; be clever

他是個又聰明又用功的好學生。

He's a good student, both intelligent and hard working.

*聰 （ㄘㄨㄥ; *tsūng*）
　　B: astute; clever

16. 採藥 （ㄘㄞˇ ㄧㄠˋ; *tsǎiyàu*）
　　VO: to gather medicinal herbs

17. 指導 （ㄓˇ ㄉㄠˇ; *jřdǎu*）
　　FV: to guide; to advise
　　王先生指導他的論文。
　　Mr. Wang advises him on his thesis.

18. 學成 （ㄒㄩㄝˊ ㄔㄥˊ; *sywéchéng*）
　　RC: to complete (one's) studies
　　他去年六月學成回國。
　　In June of last year he completed his studies and went back to his homeland.

19. 開業 （ㄎㄞ ㄧㄝˋ; *kāiyè*）
　　VO: to start or open a business
　　他的書店昨天開業。
　　His bookstore opened yesterday.

20. 捨不得 （ㄕㄜˇ ˙ㄅㄨ ˙ㄉㄜ; *shěbude*）
　　RC: be reluctant (to do or part with something)
　　她捨不得花錢。
　　She hates to spend money.

　　*捨 （ㄕㄜˇ; *shě*）
　　　　FV: to give up; to part with
　　　　不要捨近求遠。
　　　　Do not seek far and wide for that which lays close at hand.

21. 服侍 （ㄈㄨˊ ˙ㄕ; *fúshr*）
　　FV: to wait on; to serve; to attend on

他一直很盡心地服侍他的母親。

He has always done his utmost to attend on his mother.

*侍 (ㄕˋ; *shr̀*)

　　B: serve; wait upon

22. 高徒 (ㄍㄠ ㄊㄨˊ; *gāutú*)

N: excellent student

　　名師出高徒。（諺）

　　A famous teacher often fosters outstanding disciples. (Proverb)

23. 超羣 (ㄔㄠ ㄑㄩㄣˊ; *chāuchyún*)

VO: to surpass all others

　　他的技術超羣。

　　His skills are head and shoulders above all others.

24. 傳授 (ㄔㄨㄢˊ ㄕㄡˋ; *chwánshòu*)

FV: to pass on (knowledge, skills, etc.); to teach

　　他開班傳授中國功夫。

　　He started a class to teach Chinese kungfu.

*授 (ㄕㄡˋ; *shòu*)

　　B: teach; instruct

25. 看中 (ㄎㄢˋ ㄓㄨㄥˋ; *kànjùng*)

RC: to have a liking for; to take a fancy to; to be interested in (someone or something which was selected from a group)

　　我看中了那件紅色的毛衣。

　　I particulary like that red sweater.

26. 桓景 (ㄏㄨㄢˊ ㄐㄧㄥˇ; *hwánjǐng*)

N: Huan Ching, disciple of Fei Ch'ang-fang

桓（ㄏㄨㄢˊ；*hwán*）

    N: 1) a Chinese family name

       2) a tree with leaves like a willow and white back

27. 急性（ㄐㄧˊ ㄒㄧㄥˋ；*jísying*）

    AT: acute (disease); quick-acting

28. 傳染病（ㄔㄨㄢˊ ㄖㄢˇ ㄅㄧㄥˋ；*chwánrǎnbìng*）

    N: a contagious disease

29. 指示（ㄓˇ ㄕˋ；*jǐshr̀*）

    N: instructions (from a superior to a subordinate)

    FV: to point out; to instruct; to indicate

      請你指示一個方法。

      Would you please suggest a solution?

30. 避難（ㄅㄧˋ ㄋㄢˋ；*bìnàn*）

    VO: to seek refuge

      他們逃往南方避難。

      They fled south seeking refuge.

  *避（ㄅㄧˋ；*bì*）

    FV: to avoid; to evade

      我們在樹下避雨。

      We took shelter from the rain under the tree.

31. 果然（ㄍㄨㄛˇ ㄖㄢˊ；*gwǒrán*）

    A: sure enough; as expected

      他果然成功了。

      Just as expected, he succeeded.

32. 鴨（ㄧㄚ；*yā*）

    N & B: duck

鴨子 (丨ㄚ ˙ㄗ; *yādz*)

N: duck

33. 景象 (ㄐ丨ㄥˇ ㄒ丨ㄤˋ; *jǐngsyàng*)

N: sight; scene; spectacle

34. 淒慘 (ㄑ丨 ㄘㄢˇ; *chītsǎn*)

SV: be tragic; be heart-rending; be wretched

災民的生活十分淒慘。

The vicitims of the disaster lead a really miserable existence.

*淒 (ㄑ丨; *chī*)

B: wretched; miserable

35. 幸虧 (ㄒ丨ㄥˋ ㄎㄨㄟ; *syìngkwēi*)

A: fortunately; luckily

幸虧你來幫忙。

Fortunately you came to lend a hand.

*虧 (ㄎㄨㄟ; *kwēi*)

A: fortunately; thanks to

虧你告訴我。

Fortunately you told me.

FV: to lose; to be short; to have a deficit

去年他的公司虧了不少錢。

His company lost a lot of money last year.

36. 陰曆 (丨ㄣ ㄌ丨ˋ; *yīnlì*)

N: the lunar calendar.

*陰 (丨ㄣ; *yīn*)

B: lunar

SV: be cloudy

天陰了。

The sky has become **overcast**.

*曆 (ㄌㄧˋ; *lì*)

　　B: calendar

　　陽曆 (ㄧㄤˊ ㄌㄧˋ; *yánglì*)

　　　　N: the solar calendar; the Gregorian calendar

37. 每逢 (ㄇㄟˇ ㄈㄥˊ; *měiféng*)

A: every time it comes to be

每逢佳節倍思親。

One thinks of his dear ones espcially on festive occassions.

*逢 (ㄈㄥˊ; *féng*)

　　B: meet; come again

38. 逐漸 (ㄓㄨˊ ㄐㄧㄢˋ; *júyàn*)

A: gradually; by degrees

從明天起，天氣會逐漸轉好。

Staring from tomorrow, the weather will gradually get better.

*逐 (ㄓㄨˊ; *jú*)

　　B: one by one

39. 習俗 (ㄒㄧˊ ㄙㄨˊ; *syísú*)

N: social custom

*俗 (ㄙㄨˊ; *sú*)

　　B: social custom

　　SV: be common; be everyday; be vulgar

　　俗氣 (ㄙㄨˊ ˙ㄑㄧ; *súchi*)

　　　　SV: be vulgar; be in poor taste

II. 成語

1. 一傳十十傳百 (ㄧ ㄔㄨㄢˊ ㄕˊ, ㄕˊ ㄔㄨㄢˊ ㄅㄞˇ; *yìchwánshŕ shŕchwánbǎi*)

   (of rumors, gossip, etc.) to circulate quickly; spread like wildfire

2. 川流不息 (ㄔㄨㄢ ㄌㄧㄡˊ ㄅㄨˋ ㄒㄧˊ; *chwānlyóu bùsyí*)

   flowing past in an endless stream

   在上下班時間，馬路上的汽車川流不息。

   During the rush hour, cars move along the road in a never-ending stream.

III. 句型

1. 又…又　　not only…but also; both…and

   他長得又高又胖。

   He is both tall and fat.

   這家商店賣的東西又便宜又好。

   The things in this store are both cheap and of good quality.

2. V.-V.　　(reduplicated verb pattern: indicates the doing of something a little bit or for a little while)

   讓我來試一試。

   Let me give it a try.

   你去看一看誰來了。

   Go and see who has come.

IV. 練習

1. 用下列各詞語造句：

　(1) 立志

　(2) 高明

　(3) 集中

　(4) 便宜

　(5) 服侍

　(6) 指導

　(7) 幸虧

　(8) 果然

　(9) 景象

　(10) 捨不得

2. 回答下列問題：

　(1) 費長房爲什麼立志學醫？

　(2) 他爲什麼要到長安去學醫？

　(3) 找那位老人看病的人爲什麼那麼多？

　(4) 老人如何把醫術傳授給費長房？

　(5) 費長房跟老人學了幾年？

　(6) 老人爲什麼不把費長房留在山上服侍自己？

　(7) 費長房學成後到什麼地方行醫？

　(8) 費長房什麼時候決定把醫術傳授給年輕人？

　(9) 他爲什麼做這個決定？

　(10) 費長房勸村民上山去做什麼？

　(11) 村民聽從他的指示了嗎？

　(12) 村民回來的時候，看到什麼景象？

　(13) 村民登山的那天是陰曆幾月幾日？

　(14) 九月九日是什麼節？

第十三課　第一棵山芭蕉

　　從前，在臺灣中部一座很高的山裏，住著一批布農族的山地人。這一族的男子經常出外打獵，婦女就在家的附近種田。

　　有一對夫妻，丈夫名叫沙歐拉，妻子名叫加利蘭。沙歐拉雖然性情不好，卻是個打獵的好手。別人打獵，都要三、五個人集合在一起，才敢出去。沙歐拉卻喜歡獨自一個人，帶著弓箭到山裏打獵。加利蘭的甜甜的臉上，有一對明亮的眼睛，顯得又溫柔、又美麗。

　　他們本來是一對很理想的夫妻，只是沙歐拉有一個成見，只喜歡男孩子，不喜歡女孩子。結婚之後，他就對妻子說：「你一定要生男孩子，不要生女孩子。」

　　可是，在他們結婚一年之後，加利蘭第一

胎就生下一個女孩子。沙歐拉暴跳如雷，要把女兒丟掉，經過妻子苦苦哀求，才決定把她送人了事。以後，加利蘭又接連生了幾個女孩子，每次都在沙歐拉盛怒之下，送給旁人了。

後來，加利蘭又懷孕了。她恐怕生下來又是一個女孩子，不知道怎麼辦才好。正好這時候家裏的食物吃完了，沙歐拉必須去遠地打獵，就背著弓箭和獵刀出門去了。

過了幾天，加利蘭果然又生下一個女孩子。她捨不得再送人，也不敢留在家裏，就趁著丈夫不在家的時候，把女兒偷偷地寄養在鄰居家裏。

時間過得很快，十五年之後，這個小女孩已長成一個美麗可愛的少女了。加利蘭想，女兒已經長得這麼大，又這麼可愛，做爸爸的難道還會不要她嗎？所以她就在丈夫沙歐拉一次外出快要回來的時候，把女兒先接回家，打扮得漂漂亮亮的，等待爸爸回來。

　　不久，沙歐拉回到家裏，一看到女兒，就問：「她是誰家的女孩子？」

　　加利蘭說：「她是我們自己的女兒，這幾年一直寄養在鄰居家裏，現在她回來了，你就讓她留在自己家裏幫忙好不好？」

　　沙歐拉知道了這個事實，心裏還是很不高興，就向妻子說：「你既然要留她在家裏幫忙，就叫她先幫我到河邊提一桶水回來。」

　　其實，那時候天氣乾旱，很久不下雨了，河裏一滴水也沒有。女兒聽見爸爸這樣說，不敢不去提水，只好拿著水桶到河邊去找水。但是河牀是乾的，一滴水也沒有，叫她到那裏去找水呢？

　　她找不到水，就不敢回家去。這時候，太陽快要下山了，她在絕望中向空中伸出雙手，嘴裏也在自言自語，不知道說些什麼。就在暮色蒼茫中，她的整個身體忽然變成一棵青綠可愛的山芭蕉了。

　　據老年人說，這就是臺灣山地的第一棵山芭蕉。

I. 生字與生詞

1. *棵 (ㄎㄜ; *kē*)

   M: (for trees, plants, vegetables, etc.)

   他買了兩棵白菜。

   He bought two heads of Chinese cabbage.

2. 山芭蕉 (ㄕㄢ ㄅㄚ ㄐㄧㄠ; *shānbājyāu*)

   N: the wild plantain

   *芭 (ㄅㄚ; *bā*)

   　B: plantain

   *蕉 (ㄐㄧㄠ; *jyāu*)

   　B: any of several broadleaf plants

   　　香蕉 (ㄒㄧㄤ ㄐㄧㄠ; *syāngjyāu*)

   　　　N: banana

3. *批 (ㄆㄧ; *pī*)

   M: 1) group (of people)

   　　2) batch; lot

   　　第一批新書到了。

   　　The first batch of new books has arrived.

4. 布農族 (ㄅㄨ ㄋㄨㄥ ㄗㄨ; *bùnúngdzú*)

   N: the Bunu tribe (of aborigines on Taiwan)

   *農 (ㄋㄨㄥ; *núng*)

   　B: agriculture; farming

5. 山地人 (ㄕㄢ ㄉㄧ ㄖㄣ; *sāndìrén*)

   N: natives; aborigines

6. 經常 (ㄐㄧㄥ ㄔㄤ; *jīngcháng*)

   A: regularly; frequently; often; from time to time

我們經常去看他。

We visit him regularly.

7. 打獵 (ㄉㄚˇ ㄌㄧㄝˋ; *dǎlyè*)

VO: to go hunting

他上山打獵去了。

He has gone to the mountains to hunt.

8. 丈夫 (ㄓㄤˋ ˙ㄈㄨ; *jàngfu*)

N: husband

*丈 (ㄓㄤˋ; *jàng*)

B: husband

姊丈 (ㄐㄧㄝˇ ㄓㄤˋ; *jyějàng*)

N: brother-in-law (husband of one's elder sister)

M: ten Chinese feet (=141 inches)

9. 沙歐拉 (ㄕㄚ ㄡ ㄌㄚ; *shā ōu lā*)

N: Sha O-la

*拉 (ㄌㄚ; *lā*)

FV: to pull; to drag; to tug

別拉我的衣服。

Don't tug at my clothes.

10. 加利蘭 (ㄐㄧㄚ ㄌㄧˋ ㄌㄢˊ; *jyā lì lán*)

N: Chia Li-lan

*蘭 (ㄌㄢˊ; *lán*)

B: orchid

蘭花 (ㄌㄢˊ ㄏㄨㄚ; *lánhwā*)

N: the orchid

11. 性情 (ㄒㄧㄥˋ ˙ㄑㄧㄥ; *syìngching*)

N: temperament; disposition

12. 好手 (ㄏㄠˇ ㄕㄡˇ; *hǎushǒu*)

N: a good hand; an expert; a master; a professional; a person accomplished in a skill

他是個棒球好手。

He's a top baseball player.

13. 弓箭 (ㄍㄨㄥ ㄐㄧㄢˋ; *gūngjyàn*)

N: bow and arrow

*弓 (ㄍㄨㄥ; *gūng*)

N: bow

*箭 (ㄐㄧㄢˋ; *jyàn*)

N: arrow

14. *甜 (ㄊㄧㄢˊ; *tyán*)

SV: be sweet.

她長得雖然不十分漂亮，但是很甜。

Although she is not very beautiful, she is very sweet.

15. 明亮 (ㄇㄧㄥˊ ㄌㄧㄤˋ; *mínglyàng*)

SV: be bright; be shining; be well-lit

這個房間的燈光很明亮。

This room is brightly lit.

16. 溫柔 (ㄨㄣ ㄖㄡˊ; *wēnróu*)

SV: (of disposition) be gentle

我喜歡性情溫柔的女孩。

I like girls with a gentle disposition.

*柔 (ㄖㄡˊ; *róu*)

SV: 1) be gentle; be mild

2) (of light, color, sound, fabric, etc.) be soft; (of objects) be flexible or supple

17. 成見 (ㄔㄥˊ ㄐㄧㄢˋ; chéngjyàn)

N: prejudice; stubborn, preconceived idea (that someone or something is bad)

他對我有成見。

He's prejudiced against me.

18. *胎 (ㄊㄞ; tāi)

N & B: 1) birth

2) foetus; embryo

19. 暴跳如雷 (ㄅㄠˋ ㄊㄧㄠˋ ㄖㄨˊ ㄌㄟˊ; bàutyàurúléi)

IE: to stamp and roar with anger; to fly into a thunderous rage

他氣得暴跳如雷。

He stamped and roared with anger.

*暴 (ㄅㄠˋ; bàu)

SV: be sudden and violent

*雷 (ㄌㄟˊ; léi)

N: thunder

20. 丟掉 (ㄉㄧㄡ ˙ㄉㄧㄠ; dyōudyau)

RC: to throw away; to discard

把這些舊東西都丟掉。

Throw away all these old things.

*丟 (ㄉㄧㄡ; dyōu)

FV: 1) to throw; to toss

請你把球丟過來。

Please toss me the ball.

2) to lose (as through carelessness)

我的筆丟了。

I lost my pen.

21. 苦苦哀求（ ㄎㄨˇ ㄎㄨˇ ㄞ ㄑㄧㄡˊ; *kǔkǔ āichyóu*）

　　IE: begging piteously; imploring strenuously

　　　我們用不著向他苦苦哀求。

　　　We do not need to throw ourselves at his feet.

　　　苦苦 （ㄎㄨˇ ㄎㄨˇ; *kǔkǔ*）

　　　　A: piteously

　　　哀求 （ㄞ ㄑㄧㄡˊ; *āichyóu*）

　　　　FV: to entreat; to implore

　　*哀 （ㄞ; *āi*）

　　　B: sorrowful

22. 了事 （ㄌㄧㄠˇ ㄕˋ; *lyǎushr̀*）

　　VO: to settle or dispose of a matter

　　　我們不應該草草了事。

　　　We shouldn't handle this matter in a cursory way.

23. 接連 （ㄐㄧㄝ ㄌㄧㄢˊ; *jyēlyán*）

　　A: in a row; in succession

　　　客人接連來到。

　　　The guests arrived one after another.

24. 盛怒 （ㄕㄥˋ ㄋㄨˋ; *shèngnù*）

　　N: great anger; fury

　　*怒 （ㄋㄨˋ; *nù*）

　　　B: anger

　　　他的怒氣未消。

　　　He's still angry. (lit., His anger hasn't subsided.)

25. 獵刀 （ㄌㄧㄝˋ ㄉㄠ; *lyèdāu*）

　　N: hunting knife

26. *趁 (ㄔㄣˋ; *chèn*)

CV: while (there's an opportunity); **during**

我們趁這個機會跟他說一說。

Let's take this opportunity to tell him about it.

27. 寄養 (ㄐㄧˋ ㄧㄤˇ; *jìyǎng*)

FV: to entrust the upbringing of one's child to the care of somebody

他的妻子去世後，他把兒女寄養在妹妹家。

After his wife passed away, he placed his children in his younger sister's home for upbringing.

28. 難道 (ㄋㄢˊ ㄉㄠˋ; *nándàu*)

A: (used in rhetorical questions to add emphasis) could it be that; is it possible that

難道你連十塊錢都沒有？

Do you mean you don't even have ten dollars?

難道你還不明白嗎？

How can you still not understand?

29. 打扮 (ㄉㄚˇ ˙ㄅㄢ; *dǎban*)

FV: to dress up (including facial make-up)

她這樣一打扮，比平常好看多了。

Thus dressed up, she looks much prettier.

*扮 (ㄅㄢˋ; *bàn*)

B: dress up

FV: to be dressed up as; to play the part of (a character in a play, etc.)

在這個戲裏，他扮一個老漁夫。

He plays the part of an old fisherman in this play.

30. 幫忙 (ㄅㄤ ㄇㄤˊ; *bāngmáng*)

    VO: to give or lend a hand; to help; to do (someone) a favor

      請你幫個忙。

      Please give me a hand.

    *幫 (ㄅㄤ; *bāng*)

      FV: to help; to assist

      我們明天要幫他搬家。

      We're going to help him move tomorrow.

31. 既然 (ㄐㄧˋ ㄖㄢˊ; *jìrán*)

    A: since; now that; this being the case

      她既然不肯跟你一塊兒去，你多說也沒有用。

      Since she's not willing to go with you, further talk will be useless.

    *既 (ㄐㄧˋ; *jì*)

      B: since

32. *桶 (ㄊㄨㄥˇ; *tǔng*)

    N: bucket; keg; barrel

33. 乾旱 (ㄍㄢ ㄏㄢˋ; *gānhàn*)

    SV: (of weather or soil) be dry; be arid

      三個月沒下雨了，乾旱得很嚴重。

      It hasn't rained for three month—its really a severe drought.

34. *滴 (ㄉㄧ; *dī*)

    M: drop (of any liquid)

    FV: to drip

      別把水滴到地上。

      Don't drip any water on the floor.

35. 河牀 (ㄏㄜˊ ㄔㄨㄤˊ; héchwáng)

N: riverbed

*牀 (ㄔㄨㄤˊ; chwáng)

N: bed

36. 下山 (ㄒㄧㄚˋ ㄕㄢ; syàshān)

VO: (of the sun) to set

37. 絕望 (ㄐㄩㄝˊ ㄨㄤˋ; jywéwàng)

N: despair; hopelessness

38. 暮色 (ㄇㄨˋ ㄙㄜˋ; mùsè)

N: dusk; twilight

*暮 (ㄇㄨˋ; mù)

B: dusk; sunset

39. 蒼茫 (ㄘㄤ ㄇㄤˊ; tsāngmáng)

SV: (of scenery) be indistinct; be diffused

蒼茫的夜色引起他許多回想。

The indistinct night scenery inspired many memories of him.

*蒼 (ㄘㄤ; tsāng)

B: grey; ashy

她的臉色蒼白。

She looks pale.

*茫 (ㄇㄤˊ; máng)

B: boundless and indistinct

II. 練習

1. 用下列詞語造句：

(1) 丟掉

(2) 經常

(3) 既然

(4) 好手

(5) 性情

(6) 理想的

(7) 寄養

(8) 打扮

(9) 幫忙

(10) 成見

2. 回答下列問題：

　　(1) 布農族的人住在臺灣的哪一個地區？

　　(2) 布農族的男子做什麼事情？婦女做什麼事情？

　　(3) 沙歐拉外出打獵時，和別人有什麼不同？

　　(4) 沙歐拉有什麼成見？

　　(5) 加利蘭一連生了好幾個女兒，她們的命運如何？

　　(6) 加利蘭怎麼安置他們最小的女兒？

　　(7) 多少年後，沙歐拉才和他最小的女兒第一次見面？

　　(8) 他很高興見到自己漂亮的女兒嗎？

　　(9) 他叫小女兒先去做什麼事情，才能留在家裏？

　　(10) 那是一件很容易做到的事情嗎？為什麼？

　　(11) 找不到水，這個小女兒怎麼辦？

　　(12) 在暮色蒼茫中，發生了什麼變化？

第十四課　月亮裏的黑影

　　古時候，住在臺灣東部山地的阿美族人，每年都要舉行一次盛大的祭典，祈求豐收。在舉行祭典的時候，要先從全族裏挑選一位最漂亮的女孩子，擔任一項特別工作，完成規定的儀式。能被選中擔任這項特別工作的女孩子，都認為這是自己一生中最大的光榮。

　　有一年，在舉行祭典之前，酋長、巫師和長老們開會評選，都認為一位名叫富阿娜的姑娘是全族最漂亮的女孩子，就決定由她擔任祭典中的特別工作。

　　舉行祭典的日子到了，廣場中央燃起了聖火，所有的族人都從各自居住的地方，翻山越嶺，前來參加。

　　不久，富阿娜在廣場上出現了。她身穿一

件大紅的衣服，配著一條發出金色亮光的短
裙，兩邊耳朵上掛著兩隻金環，頭上紮著一條
綴滿珠子的帶子，在淡淡的月光下，特別顯得
神采煥發。

祭典開始了，首先由酋長率領大家祭拜上
天，接著就是一個最精采的節目。那是由族裏
一位強健的青年，光著上身，躺在一塊木板
上，然後富阿娜出場。她是這個節目中的主
角。她要從一隻裝滿花朵的花籃裏，把花朵都
拿出來，放在那位青年的腹部。

然後，她要跪下去，俯身靠近青年的身
體，用她的嘴去銜花朵，先在右邊銜兩朵，然
後在左邊銜兩朵。這樣繼續銜下去，動作要非
常小心，不能使花朵受到損傷。在她把所有的
花朵都銜起來之後，就由酋長察看花朵是否受
到損傷，來判斷全年收成的好壞。

正當全場聚精會神地在看這項精彩節目的
演出，並且希望預見豐收的時候，富阿娜突然

抱著頭，身體倒了下來，嘴裏説：「啊！我頭痛得很屬害³⁷，不能再往下做了，請原諒！」

「這是怎麼啦？」在場的人都非常吃驚。

這究竟是怎麼啦？原來當富阿娜跪下去正要銜花的時候，無意中看了那躺著的青年一眼，卻發現他竟然是不久以前殺害她情郎的仇敵³⁹，她心裏立刻像被刀割⁴⁰一般，非常痛苦，所以就倒下去了。過去的一幕⁴¹悲慘往事⁴²，在她的腦海⁴³裏重新出現了。

富阿娜的情郎，是族中最強壯也最勇敢的青年。他們兩人彼此相愛。眼前這位躺著的青年，卻因為得不到富阿娜的愛，由愛生恨，暗中殺害⁴⁴了她的情郎。

她由情郎臨死⁴⁵的時候對她説的話，知道眼前的青年就是殺害她情郎的仇人，但是在祭典中她又不能説出這件事。她在極端痛苦之中，仍然一句話也不説，只是忍著痛苦⁴⁶，勇敢地站起來，很快地離開廣場。她知道在祭典中不能

完成那項特別工作，是得不到族人原諒的。

因此，她在離開廣場以後，只能往前走，不能再回到族裏。她要往哪裏走呢？她想，只有走到月亮裏去，才是最安全的。於是她就朝著月亮一直走去。

從那個晚上以後，富阿娜就失蹤[47]了。人們發現月亮裏多出一個少女的黑影。阿美族人相信，那個月亮裏的黑影就是富阿娜的身影。

I. 生字與生詞

1. 阿美族（ㄚ ㄇㄟˇ ㄗㄨˊ; *àměidzú*)
   N: the Ami tribe

2. 舉行（ㄐㄩˇ ㄒㄧㄥˊ; *jyǔsyíng*)
   FV: to hold（a meeting, ceremony, etc.）
   你們的婚禮什麼時候舉行？
   When are you going to have your wedding?

3. 盛大的（ㄕㄥˋ ㄉㄚˋ ·ㄉㄜ; *shèngdàde*)
   AT: grand; magnificient
   這家公司在成立十週年紀念日，舉行一個盛大的酒會。
   This company held a big cocktail party on the tenth
   anniversary of its founding.

4. 祭典（ㄐㄧˋ ㄉㄧㄢˇ; *jìdyǎn*)
   N: sacrificial rite
   *祭（ㄐㄧˋ; *jì*)
   　　B & FV:（to) worship;（to) make offerings to
   　　　　　　　祭祖（ㄐㄧˋ ㄗㄨˇ; *jìdzǔ*)
   　　　　　　　　　　VO: make ceremonial offerings to one's
   　　　　　　　　　　　ancestors

5. 祈求（ㄑㄧˊ ㄑㄧㄡˊ; *chíchyóu*)
   FV: to pray for
   他祈求上天使他早日康復。
   He prayed to Heaven for an early recovery from
   his illness.
   *祈（ㄑㄧˊ; *chí*)
   　　B: pray

6. 豐收 (ㄈㄥ ㄕㄡ; *fēngshōu*)

N: good or abundant harvest

7. 挑選 (ㄊㄧㄠ ㄒㄩㄢˇ; *tyāusywǎn*)

FV: to select; to choose; to pick out

她挑選了幾件黃色的衣服。

She picked out several yellow dresses.

8. 擔任 (ㄉㄢ ㄖㄣˋ; *dānrèn*)

FV: to assume (a position or responsibility)

他不願意擔任主席。

He's unwilling to assume the chairmanship.

9. 光榮 (ㄍㄨㄤ ㄖㄨㄥˊ; *gwāngrúng*)

N: honor; glory

為了國家的光榮，我們要盡一切的力量。

We should do our utmost for the glory of the nation.

SV: be proud; be honored

有這麼一個好兒子，他覺得很光榮。

He feels very proud of having such a wonderful son.

10. 酋長 (ㄑㄧㄡˊ ㄓㄤˇ; *chyóujǎng*)

N: tribal chief

*酋 (ㄑㄧㄡˊ; *chyóu*)

B: chieftain

11. 巫師 (ㄨˊ ㄕ; *wúshŕ*)

N: sorcerer; wizard

*巫 (ㄨˊ; *wú*)

B: sorcerer; witch

12. 長老 (ㄓㄤˇ ㄌㄠˇ; *jǎnglǎu*)

N: an elder

13. 評選 (ㄆㄧㄥˊ ㄒㄩㄢˇ; *píngsywǎn*)

　　FV: to judge and select (from among several contestants or entries)

　　他的小說被評選爲第一名。

　　His novel won the top award.

　*評 (ㄆㄧㄥˊ; *píng*)

　　FV & B: (to) judge

　　　　書評 (ㄕㄨ ㄆㄧㄥˊ; *shūpíng*)

　　　　　　N: book review

14. 富阿娜 (ㄈㄨˋ ㄚˋ ㄋㄚˋ; *fù à nà*)

　　N: Fu Ah-na, the name of a girl

　*娜 (ㄋㄚˋ／ㄋㄨㄛˊ; *nà/nwó*)

　　B: delicate and gentle

15. 廣場 (ㄍㄨㄤˇ ㄔㄤˇ; *gwǎngchǎng*)

　　N: large open area (for holding rallies, etc.); public square; plaza

16. 聖火 (ㄕㄥˋ ㄏㄨㄛˇ; *shènghwǒ*)

　　N: holy bonfire

　*聖 (ㄕㄥˋ; *shèng*)

　　B: holy; sacred

　　　　聖人 (ㄕㄥˋ ㄖㄣˊ; *shèngrén*)

　　　　　　N: sage

17. 翻山越嶺 (ㄈㄢ ㄕㄢ ㄩㄝˋ ㄌㄧㄥˇ; *fānshānywèling*)

　　IE: to cross over mountain after mountain

　　他們翻山越嶺逃避敵人。

　　They fled over mountain after mountain from the enemy.

　*嶺 (ㄌㄧㄥˇ; *lǐng*)

　　N: mountain range

18. 短裙 (ㄉㄨㄢˇ ㄑㄩㄣˊ; *dwǎnchyún*)

   N: short skirt

   *裙 (ㄑㄩㄣˊ; *chyún*)

   　B: skirt

   　　裙子 (ㄑㄩㄣˊ ·ㄗ; *chyúndz*)

   　　　N: skirt

19. *紮 (ㄗㄚ; *dzā*)

   FV: to tie; to bind

   　把這些書紮起來放在地下室。

   　Tie these books up and place them in the basement.

20. 綴滿 (ㄓㄨㄟˋ ㄇㄢˇ; *jwèimǎn*)

   RC: be embellished with; be studded with

   　天空綴滿了星星。

   　The sky was studded with stars.

   *綴 (ㄓㄨㄟˋ; *jwèi*)

   　FV: to tie (or appear to be tied) together

   　　樹上綴著許多小電燈。

   　　The tree is strung with numerous tiny lights.

21. 珠子 (ㄓㄨ ·ㄗ; *jūdz*)

   N: pearl

   *珠 (ㄓㄨ; *jū*)

   　B: pearl

22. 神采 (ㄕㄣˊ ㄘㄞˇ; *shéntsǎi*)

   N: expression; look

   *采 (ㄘㄞˇ; *tsǎi*)

   　B: (facial) complexion

23. 煥發 (ㄏㄨㄢˋ ㄈㄚ; *hwànfā*)

   SV: (of facial complexion, etc.) be glowing; be radiating

*煥（ㄏㄨㄢˋ; *hwàn*)

　　B: shining; glowing

24. 上天（ㄕㄤˋ ㄊㄧㄢ; *shàngtyān*)

　　N: Heaven personified

25. 精彩（ㄐㄧㄥ ㄘㄞˇ; *jīngtsǎi*)

　　SV: be exciting; be spectacular; be something else

　　　　昨晚的音樂會十分精彩。

　　　　The concert last night was really something else!

　　*彩（ㄘㄞˇ; *tsǎi*)

　　　　B: of many colors

26. 主角（ㄓㄨˇ ㄐㄩㄝˊ; *jǔjyǎu*)

　　N: leading character (in a performance); protagonist (in a story)

27. 花朵（ㄏㄨㄚ ㄉㄨㄛˇ; *hwādwǒ*)

　　N: flower

　　*朵（ㄉㄨㄛˇ; *dwǒ*)

　　　　B: petal-like form

　　　　耳朵（ㄦˇ ·ㄉㄨㄛ; *ěrdwo*)

　　　　　　N: ear

　　　　M: (for flowers)

　　　　他摘了一朵花送給他的女朋友。

　　　　He picked a flower and gave it to his girlfriend.

28. 花籃（ㄏㄨㄚ ㄌㄢˊ; *hwālán*)

　　N: flower basket

　　*籃（ㄌㄢˊ; *lán*)

　　　　B: basket

　　　　她手上提著一個籃子。

　　　　She's carrying a basket in her hand.

29. 腹部 (ㄈㄨˋ ㄅㄨˋ; fùbù)

N: abdominal region

*腹 (ㄈㄨˋ; fù)

B: abdomen; belly

30. 俯身 (ㄈㄨˇ ㄕㄣ; fǔshēn)

FV: (of a person) to bend down

他俯身拾起筆來。

He stooped down and picked up the pen.

*俯 (ㄈㄨˇ; fǔ)

B: bend down

31. *銜 (ㄒㄧㄢˊ; syán)

FV: to hold between the teeth (or in the mouth)

鳥嘴裏銜著一根小枝。

The bird is carrying a twig in its beak.

32. 動作 (ㄉㄨㄥˋ ㄗㄨㄛˋ; dùngdzwò)

N: action; movement

33. 察看 (ㄔㄚˊ ㄎㄢˋ; chákàn)

FV: to look carefully at

校長來察看學生上課的情形。

The principal came to observe the actual classroom situation.

34. 是否 (ㄕˋ ㄈㄡˇ; shìfǒu)

A: whether or not

我不知道他是否能來。

I don't know whether he will come or not.

*否 (ㄈㄡˇ; fǒu)

B: not

35. 判斷 (ㄆㄢˋ ㄉㄨㄢˋ; pàndwàn)

FV & N: to judge; to ascertain; judgement

他判斷得很正確。

His evaluation is quite sound.

*判 (ㄆㄢˋ; pàn)

B: judge

36. 聚精會神 (ㄐㄩˋ ㄐㄧㄥ ㄏㄨㄟˋ ㄕㄣˊ; jyùjīnghwèishén)

IE: to concentrate fully on what one is doing

學生們聚精會神地聽老師說話。

The students listened with rapt attention to what the teacher was saying.

*聚 (ㄐㄩˋ; jyù)

FV: to gather; to assemble; to get together

他們每個月聚一次。

They get together once every month.

37. 厲害 (ㄌㄧˋ ·ㄏㄞ; lìhai)

SV: 1) be intense; be severe

　　 2) be fierce; be terrible; be strong-willed

他的太太很厲害。

His wife is quite strong-willed.

*厲 (ㄌㄧˋ; lì)

B: severe; harsh

38. 情郎 (ㄑㄧㄥˊ ㄌㄤˊ; chíngláng)

N: a girl's lover

*郎 (ㄌㄤˊ; láng)

B: young man

39. 仇敵 (ㄔㄡˊ ㄉㄧˊ; chóudí)

N: enemy; foe

40. *割 (《ㄜ; gē)
   FV: to cut (with a knife)
   農夫在割麥子。
   The farmers are cutting wheat.

41. *幕 (ㄇㄨˋ; mù)
   N: scene; act (in a performance)

42. 往事 (ㄨㄤˇ ㄕˋ; wǎngshr̀)
   N: past events; the past

43. 腦海 (ㄋㄠˇ ㄏㄞˇ; nǎuhǎi)
   N: the mind; the brain

44. 暗中 (ㄢˋ ㄓㄨㄥ; ànjūng)
   A: secretly; furtively
   他暗中幫她忙。
   He secretly helped her.

45. *臨 (ㄌㄧㄣˊ; lín)
   A: just before; be on the verge of
   他臨走才發現錢不夠。
   Just before leaving he discovered that he didn't have
   enough money.

46. 忍 (ㄖㄣˇ; rěn)
   FV: to endure; to tolerate; to put up with
   你要忍一忍。
   Try to endure it.
   我真忍不住了。
   I really cannot endure it any longer.

47. 失蹤 (ㄕ ㄗㄨㄥ; shr̄dzūng)
   VO: (of a person) to disappear without a trace; be missing
   他忽然失蹤了。
   He suddenly disappeared without a trace.

*蹤（ㄗㄨㄥ; *dzūng*）
　　B: footprints; tracks

II. 練習

1. 用下列詞語造句：
　(1) 盛大的
　(2) 舉行
　(3) 挑選
　(4) 擔任
　(5) 精彩
　(6) 主角
　(7) 厲害
　(8) 往事
　(9) 暗中
　(10) 原諒

2. 回答下列問題：
　(1) 阿美族祈求豐收的祭典多久舉行一次？
　(2) 富阿娜為什麼被選中擔任祭典裏的特別工作？
　(3) 在舉行祭典那天，富阿娜怎樣打扮自己？
　(4) 祭典開始了，首先由酋長率領大家做什麼？
　(5) 接著一位青年出場做什麼？
　(6) 富阿娜把滿籃的花朵拿出來放在哪裏？
　(7) 然後她又把花朵怎麼了？
　(8) 酋長為什麼要察看花朵？
　(9) 富阿娜為什麼突然頭痛而離開廣場？
　(10) 那名青年為什麼殺害富阿娜的情郎？
　(11) 富阿娜為什麼不能回到阿美族裏？
　(12) 富阿娜往哪裏去了？

第十五課　孟宗和冬筍

　　遠在一千七百多年前的三國時代，有一個名叫孟宗的青年。他從小就沒有父親，由母親千辛萬苦地把他撫養成人。孟宗讀書十分用功，做事也很勤勉。他從來不惹母親生氣，有好吃的食物總讓母親先吃，對母親非常孝順。

　　孟宗的母親平日最喜歡吃鮮嫩的竹筍。他家後園就是一片竹林，筍的供應本來是沒有問題的。可是有一年冬天，她生病了，躺在牀上，飯也吃不下。孟宗雖然日夜小心服侍，卻看到母親的身體一天比一天瘦弱，心裏非常著急。

　　一天，孟宗對母親說：「媽，您這樣吃不下飯，身體越來越瘦弱，病就更不容易好。您想想看，是不是特別想吃什麼東西，我去買來

做給您吃。」

　　他母親聽了，嘆了一口氣說：「咳！可惜現在不是春天，如果是春天，我倒真想喝一碗熱騰騰的筍片湯。現在冰天雪地，什麼也不生長，到哪裏去找筍呢？」

　　孟宗也覺得這是一個很大的難題。後來，他再一想，既然母親想吃筍，為了使她老人家的病體早日康復，總得盡最大的努力，到後園去找找看。

　　於是，孟宗披上一件厚外衣，帶著一把小鋤頭，到屋後的竹林裏，去尋找筍。

　　這時候，戶外北風呼呼地吹著，大地上到處積滿了雪，人們都躲在屋裏烤火取暖，孟宗卻冒著寒風，在積雪遍地的竹林裏，到處尋找母親想吃的筍。

　　他拿著鋤頭，在竹林裏轉了大半天，也看不到半個竹筍，心裏真是又著急又失望。最後，在無可奈何的情形下，他就跪在雪地上，向上

天哭訴：「老天爺，請可憐可憐我！我母親想吃筍，如果能吃到筍，她的病就會好得快些，請賜給我一些筍吧！」

孟宗在哭訴的時候，不斷地流下熱淚，把他面前地上的積雪都融化了。這時候，在那積雪融化了的地面上，竟然奇蹟一般地露出一個青綠的小筍尖。

孟宗看到小筍尖，真是喜出望外。他趕緊把筍尖周圍的泥土撥開，把筍挖出來，拿回家去，做了一碗筍片湯給母親吃。他母親吃了熱騰騰的筍片湯，非常開心，病體也就逐漸地好了。

在這以前，人們只知道在春天下雨以後，竹林裏會出現很多新筍。自從孟宗在積雪融化的地上發現了筍以後，大家才知道，冬天也一樣會有筍。因為這種筍是冬天才有的，所以人們稱它為冬筍。

I. 生字與生詞

1. 孟宗 (ㄇㄥˋ ㄗㄨㄥ; *mèngdzūng*)

   N: Meng Tsung, name of a man considered to be a paragon of filial piety

   *孟 (ㄇㄥˋ; *mèng*)

   B: a Chinese family name

   *宗 (ㄗㄨㄥ; *dzūng*)

   B: ancestor

2. 冬筍 (ㄉㄨㄥ ㄙㄨㄣˇ; *dūngswǔn*)

   N: a variety of bamboo shoot which sprouts in winter.

   *筍 (ㄙㄨㄣˇ; *swǔn*)

   N: bamboo shoot

   　　竹筍 (ㄓㄨˊ ㄙㄨㄣˇ; *júswǔn*)

   　　N: bamboo shoot

3. 三國時代 (ㄙㄢ ㄍㄨㄛˊ ㄕˊ ㄉㄞˋ; *sāngwóshŕdài*)

   N: The Three Kingdoms Period (A. D. 220-265), an age of incessant warfare thought of by the Chinese as an exciting and romantic period

4. 撫養 (ㄈㄨˇ ㄧㄤˇ; *fǔyǎng*)

   FV: to raise; to bring up

   　　他是由祖父母撫養長大的。

   　　He was brought up by his grandparents.

   *撫 (ㄈㄨˇ; *fǔ*)

   B: foster; raise

5. 成人 (ㄔㄥˊ ㄖㄣˊ; *chéngrén*)

   VO & N: to grow up; a grown-up; an adult

你已經長大成人，不能再依靠父母了。

You're already a grown man and shouldn't depend on your parents any more.

6. 勤勉 (ㄑㄧㄣˊ ㄇㄧㄢˇ; *chínmyǎn*)

SV: be diligent; be industrious

他十分勤勉好學。

He's quite diligent and eager to learn.

7. *惹 (ㄖㄜˇ; *rě*)

FV: to stir up; to provoke

他又惹事了。

He's made trouble again.

8. 孝順 (ㄒㄧㄠˋ ㄕㄨㄣˋ; *syàushwùn*)

SV & FV: be filial; to show filial obedience (to)

*孝 (ㄒㄧㄠˋ; *syàu*)

B & SV: (be) filial

9. 鮮嫩 (ㄒㄧㄢ ㄋㄣˋ; *syānnèn*)

SV: be fresh and tender

這些果子很鮮嫩。

This fruit is very fresh.

*嫩 (ㄋㄣˋ; *nèn*)

SV: 1) be tender; be delicate

這塊牛排很嫩。

This steak is very tender.

2) (of color) be light

10. 後園 (ㄏㄡˋ ㄩㄢˊ; *hòuywán*)

N: back courtyard; backyard garden

11. 供應 (ㄍㄨㄥ ㄧㄥˋ; *gūngyìng*)

FV: to supply

小學生用的教科書都由學校供應。

The textbooks used by elementary school students are supplied by the school.

12. 瘦弱 (ㄕㄡˋ ㄖㄨㄛˋ; shòurwò)

SV: be thin and weak

他病後看起來很瘦弱。

He looked thin and weak after his illness.

*瘦 (ㄕㄡˋ; shòu)

SV: be thin; be skinny; be lean

瘦肉 (ㄕㄡˋ ㄖㄡˋ; shòuròu)

N: lean meat

*弱 (ㄖㄨㄛˋ; rwò)

SV: be weak

他的身體很弱。

He is in delicate health.

13. 著急 (ㄓㄠ ㄐㄧˊ; jāují)

SV & FV: be worried; to feel anxious

別著急，慢慢想辦法。

Don't worry! Take your time and think of a way.

14. 嘆氣 (ㄊㄢˋ ㄑㄧˋ; tànchì)

VO: to heave a sigh

你為什麼老是嘆氣？

Why are you always sighing?

*嘆 (ㄊㄢˋ; tàn)

FV: to sigh

他長嘆一聲。

He heaved a deep sigh.

15. 咳 (ㄏㄞ; hāi)

I: (indicates discouragement, regret, disgust, etc.) Oh!
   Nuts! Darn!
   咳！我的記性怎麼這麼壞！
   Darn! Why do I have such a bad memory!

16. 可惜 (ㄎㄜˇ ㄒㄧˊ; kěsyí)

A & SV: it's too bad; what a pity; be regrettable; be a
      shame
      可惜他不能來。
      It's too bad he can't come.

*惜 (ㄒㄧˊ; syí)
   B: pity; sorry

17. 冰天雪地 (ㄅㄧㄥ ㄊㄧㄢ ㄒㄩㄝˇ ㄉㄧˋ; bīngtyānsywědì)

IE: a world of ice and snow
   在北方，冬天到處都是冰天雪地。
   In winter, the land is frozen and snow-covered every-
   where in the north.

*冰 (ㄅㄧㄥ; bīng)
   N: ice

*雪 (ㄒㄩㄝˇ; sywě)
   N: snow

18. 老人家 (ㄌㄠˇ ㄖㄣˊ ·ㄐㄧㄚ; lǎurénjya)

N: respectful term of address for old persons (as parents)

19. 康復 (ㄎㄤ ㄈㄨˋ; kāngfù)

FV: to recover; to be restored to health
   他很快就康復了。
   He recovered quickly (from his illness).

20. 戶外 (ㄏㄨˋ ㄨㄞˋ; *hùwài*)

PW: outdoor(s)

戶外空氣新鮮。

The air outdoors is very fresh.

21. *呼呼 (ㄏㄨ ㄏㄨ; *hūhū*)

ON: (the sound of howling wind, the regular breathing of a sleeping person, etc.) ooo!

22. 大地 (ㄉㄚˋ ㄉㄧˋ; *dàdì*)

N: the earth; the land

23. 烤火取暖 (ㄎㄠˇ ㄏㄨㄛˇ ㄑㄩˇ ㄋㄨㄢˇ; *kǎuhuǒ chyǔnwǎn*)

IE: to warm oneself by a fire

*烤 (ㄎㄠˇ; *kǎu*)

FV: 1) to warm or dry (something over a fire)

2) to bake; to roast; to toast

小點心已經烤好了。

The snacks have already been baked.

*暖 (ㄋㄨㄢˇ; *nwǎn*)

SV & FV: be (comfortably) warm; to warm; to become warm

春天來了，天氣暖了。

Spring is here and the weather is pleasant.

24. *冒 (ㄇㄠˋ; *màu*)

FV: to risk; to brave (danger or hardship)

他冒著大雨去上課。

He braved the downpour and went to class.

25. 遍地 (ㄅㄧㄢˋ ㄉㄧˋ/ㄆㄧㄢˋ ㄉㄧˋ; *byàndì/pyàndì*)

A: everywhere; all over

遍地都是杏樹。

Chinese apricot trees are everywhere.

*遍（ㄅㄧㄢˋ/ㄆㄧㄢˋ；*byàn/pyàn*）

M: time (one occurrence of something)．

26. 失望（ㄕ ㄨㄤˋ；*shīwàng*）

SV: be disappointed; to lose hope

他沒來，我們很失望。

We're disappointed that he didn't come.

27. 無可奈何（ㄨˊ ㄎㄜˇ ㄋㄞˋ ㄏㄜˊ；*wúkěnàihé*）

IE: having no alternative; being in a helpless situation

他一定要去，我也無可奈何。

He insisted on going and there is nothing I can do about it.

*奈（ㄋㄞˋ；*nài*）

B: bear; endure

28. 哭訴（ㄎㄨ ㄙㄨˋ；*kūsù*）

FV: to complain tearfully about (something)

他對他的好朋友哭訴自己的不幸。

He complained tearfully about his misfortunes to his good friend.

29. 可憐（ㄎㄜˇ ㄌㄧㄢˊ；*kělyán*）

FV: to pity; to feel sorry for

我們可憐他沒父沒母。

We feel sorry for him because both of his parents are dead.

SV: be pitiful

他又老又病，眞可憐。

He's both old and ill—how pitiful!

*憐（ㄌㄧㄢˊ；*lyán*）

　　B: pity

30. 賜給（ㄙˋ ㄍㄟˇ；*s̀zgěi*）

　　FV: to grant (something) to (someone); to bestow
　　(something) on (someone)

　　皇帝賜給他一件貴重的禮物。

　　The Emperor bestowed a precious gift upon him.

　　*賜（ㄙˋ；*s̀z*）

　　　B: grant; bestow

31. 熱淚（ㄖㄜˋ ㄌㄟˋ；*rèlèi*）

　　N: scalding tears

　　*淚（ㄌㄟˋ；*lèi*）

　　　N: tears

32. 融化（ㄖㄨㄥˊ ㄏㄨㄚˋ；*rúnghwà*）

　　FV: to melt; to thaw

　　*融（ㄖㄨㄥˊ；*rúng*）

　　　FV & B: (to) melt; (to) thaw

33. 奇蹟（ㄑㄧˊ ㄐㄧ；*chíjī*）

　　N: miracle; marvel

　　他一點也沒有受傷，眞是奇蹟。

　　It's really a miracle that he wasn't even scratched.

　　*蹟（迹）（ㄐㄧ；*jī*）

　　B: footprints; tracks

　　　古蹟（ㄍㄨˇ ㄐㄧ；*gǔjī*）

　　　　N: relics; ancient remains

34. 筍尖（ㄙㄨㄣˇ ㄐㄧㄢ；*swǔnjyān*）

　　N: the tip (or upper part) of a young bamboo shoot

*尖 (ㄐㄧㄢ; *jyān*)

    B: top; tip; point

35. 趕緊 (ㄍㄢˇ ㄐㄧㄣˇ; *gǎnjǐn*)

    A: with no loss of time; quickly; hurriedly

    你趕緊來。

    Come quickly.

    如果他的情況惡化，趕緊通知我。

    If his condition worsens, inform me at once.

36. 周圍 (ㄓㄡ ㄨㄟˊ; *jōuwéi*)

    PW & N: around; about; surroundings

        那所房子周圍都有樹。

        There are trees all around that house.

*圍 (ㄨㄟˊ; *wéi*)

    B: enclosure; circumference

37. 撥開 (ㄅㄛ ㄎㄞ; *bwōkāi*)

    FV: to push or move aside; to poke or spread apart

    他用手撥開樹枝。

    He spread apart the branches with his hands.

*撥 (ㄅㄛ; *bwō*)

    FV: to move, turn or adjust (with something long and thin, as a finger or stick)

    你先撥" 0 "。

    Dial " 0 " first.

38. *湯 (ㄊㄤ; *tāng*)

    N: soup

39. 開心 (ㄎㄞ ㄒㄧㄣ; *kāisyin*)

    SV: be happy

他得了第一名，所以很開心。

He won first place and was very happy.

II. 成語

1. 千辛萬苦 (ㄑㄧㄢ ㄒㄧㄣ ㄨㄢˋ ㄎㄨˇ; *chyānsyīnwànkǔ*)

    innumerable hardships

他經過千辛萬苦，終於得到自由。

After enduring innumerable hardships, he at last attained freedom.

2. 喜出望外 (ㄒㄧˇ ㄔㄨ ㄨㄤˋ ㄨㄞˋ; *syǐchūwàngwài*)

    be overjoyed; be pleasantly surprised

我只想得到一枝鋼筆，結果媽媽送我一個金錶做生日禮物，眞叫我喜出望外。

I was hoping my mother would give me a fountain pen for my birthday, but I was overjoyed when she gave me a gold watch instead.

III. 句型

1. 總得 V　　must; have to

這件事你總得跟他說一下。

You've got to mention this matter to him.

2. 在…的情形下　　under…circumstances

在當時的情形下，他只好改變計畫。

Under those circumstances, he could not but change his plans.

IV. 練習

1. 用下列詞語造句：

    (1) 尋找

    (2) 撫養

    (3) 供應

    (4) 著急

    (5) 可惜

    (6) 奇蹟

    (7) 失望

    (8) 趕緊

    (9) 開心

    (10) 瘦弱

2. 回答下列問題：

    (1) 孟宗怎樣孝順他的母親？

    (2) 孟宗的母親平日最喜歡吃什麼？

    (3) 孟宗家裏平日都不缺筍，爲什麼？

    (4) 通常在哪一個季節才有筍？

    (5) 冰天雪地的多天，人們都躲在屋裏做什麼？

    (6) 孟宗找不到筍，怎樣向上天哭訴？

    (7) 孟宗最後怎樣找到了一些竹筍？

    (8) 孟宗用那些筍做了一碗什麼給他母親吃？

    (9) 那碗筍片湯對他母親的病體有幫助嗎？

    (10) 在這件事情發生之前，人們知道有多筍嗎？

第十六課　曹娥江

「曹娥，你爸爸掉到江裏去了！」

十四歲的曹娥正在家裏做針線，忽然聽見門外有人喊她，告訴她這個不幸的消息。

曹娥心頭一震，立刻放下手中的針線，急急忙忙地跑到江邊。江邊有一大堆看熱鬧的人，都在朝著江裏望。有人還指指點點地說：「曹娥的爸爸就是從這裏被潮水捲到江裏去的，一轉眼就不見蹤影了。」

這一天是五月五日。曹娥同村的人，每年都在這一天聚集在江邊祭神。在祭神的典禮中，擔任主祭的總是曹娥的父親。每年的祭典都平安無事，想不到今年卻發生了意外。

曹娥朝著人們指點的方向望去，因為江水正在漲潮，只見洶湧的波濤從下游不斷地湧

來，那裏能看到什麼人影。這時候，她的耳朵裏清清楚楚地響起她父親離家時所說的話：「曹娥，你留在家裏，一祭完神，我馬上就回來。」

但是，父親現在在哪裏呢？他還會回來嗎？

面對著茫茫的江水，想到父親可能已經淹死，今生恐怕永遠不能和他相見了，曹娥情不自禁[17]地流下眼淚，並且哭號[18]著：「爸爸！爸爸！您在哪裏？」

她沿著江邊，一邊走，一邊哭號[19]。她希望能再見到父親，否則也要找到他的屍體[20]。她的哭號聲淒厲[21]而悲傷，所有聽到的人都心酸落淚[22]。

曹娥每天都在江邊走來走去，哭號著尋找她的父親。但是一天、兩天、半個月過去了，她始終沒有發現她父親的蹤影。

這一天，曹娥又來到江邊，徘徊[23]在她父親

主持祭典的地方，哀怨地望著江裏的洶湧波
濤。她脫下身上的外衣，摺平了捧在手裏，向
上天禱告說：「老天爺，現在我要把這件衣服
扔到江裏。如果我能找到我爸爸的屍體，衣
服就沈到江底去，如果找不到，衣服就浮上
來。」

　　然後，她把衣服扔到江裏。衣服立刻就被
波濤捲到水底去了。她看到這種情形，立刻縱
身一跳，撲通一聲跳到江裏了。

　　五天以後，有一個農夫在早晨經過江邊，
忽然看到江心浮現一團黑影。他放下鋤頭，仔
細一看，那不是曹娥抱著她父親的屍體嗎？他
立刻跑回村裏，叫來一些人，把曹娥父女的屍
體撈上來，在江邊埋葬了。

　　從此以後，曹娥家鄉（現在的浙江上虞
縣）的人，為了紀念孝女曹娥，就把這條江叫
做曹娥江。

I. 生字與生詞

1. 曹娥 (ㄘㄠˊ ㄜˊ; *tsáué*)

   N: Ts'ao O, name of a girl known for her filialness

   *曹 (ㄘㄠˊ; *tsáu*)

   N: a Chinese family name

   *娥 (ㄜˊ; *é*)

   N: a pretty lady

2. *江 (ㄐㄧㄤ; *jyāng*)

   N: (large) river

3. 做針線 (ㄗㄨㄛˋ ㄓㄣ ㄒㄧㄢˋ; *dzwòjēnsyàn*)

   VO: do needle work

4. 不幸 (ㄅㄨˊ ㄒㄧㄥˋ; *búsyìng*)

   A & SV: unfortunately; be unfortunate

   > 昨天的棒球賽，我們不幸輸了。
   >
   > Unfortunately we lost the baseball game yesterday.
   >
   > 他在車禍中受傷了，眞是不幸。
   >
   > It's really unfortunate that he was injured in the traffic accident.

5. 心頭 (ㄒㄧㄣ ˙ㄊㄡ; *syīntou*)

   N: mind; heart

   > 我會把你的話永遠記在心頭。
   >
   > I will always keep these words of yours in mind.

6. *震 (ㄓㄣˋ; *jèn*)

   FV & B: (to) vibrate; (to) shake

   > 地震 (ㄉㄧˋ ㄓㄣˋ; *dìjèn*)
   >
   > N: earthquake

7. 熱鬧 （ㄖㄜˋ ·ㄋㄠ; rènau）

N: noise and excitement; an exciting spectacle

她不喜歡熱鬧。

She doesn't like noise and excitement.

SV: be lively; be bustling with noise and excitement.

臺北街頭十分熱鬧。

The streets of Taipei bustle with noise and excitement.

8. 指指點點 （ㄓˇ ·ㄓ ㄉㄧㄢˇ ㄉㄧㄢˇ; jřjrdyăndyăn）

FV: to point this way and that

她的奇怪服裝引起別人指指點點。

Her strange clothes caused others to point at her.

指點 （ㄓˇ ㄉㄧㄢˇ; jřdyăn）

FV: to point out; to show (someone how to do something)

請給我指點指點。

Please give me your critical advice.

9. 潮水 （ㄔㄠˊ ㄕㄨㄟˇ; cháushwěi）

N: tidewater

*潮 （ㄔㄠˊ; cháu）

N: tide

漲潮（ㄓㄤˇ ㄔㄠˊ; jăngcháu）

VO & N: (of the tide) to rise; rising tide; flood tide

*漲 （ㄓㄤˇ; jăng）

FV: (of water, prices, etc.) to rise; to go up

物價又漲了。

Prices have gone up again.

落潮 (ㄌㄨㄛˋ ㄔㄠˊ; *lwòcháu*)
VO & N: (of the tide) to recede; ebb tide

10. 轉眼 (ㄓㄨㄢˇ ㄧㄢˇ; *jwǎnyǎn*)
A: in the twinkling of an eye
一轉眼，他就不見了。
He disappeared in the twinkling of an eye.

11. 蹤影 (ㄗㄨㄥ ㄧㄥˇ; *dzūngyǐng*)
N: (often preceded by a negative) trace; sign

12. 主祭 (ㄓㄨˇ ㄐㄧˋ; *jǔjì*)
FV & N: (to be) the presider over a sacrificial rite or funeral service
昨天的祭典由內政部長主祭。
The Minister of the Interior officiated at the memorial ceremony yesterday.

13. 意外 (ㄧˋ ㄨㄞˋ; *yìwài*)
N: accident; mishap; unanticipated happening
大家都小心，就不會發生意外。
If everyone is careful, there won't be any accidents.
SV: be unexpected; be unforeseen
他沒來，大家都感到十分意外。
Everyone was quite surprised when he didn't show up.

14. 洶湧 (ㄒㄩㄥ ㄩㄥˇ; *syūngyǔng*)
SV: (of waves) be turbulent
*洶 (ㄒㄩㄥ; *syūng*)
B: (of waves) tempestuous; turbulent
*湧 (ㄩㄥˇ; *yǔng*)
FV: to gush; to surge

15. 波濤 (ㄅㄛ ㄊㄠ; *bwōtāu*)

　　N: billows; great waves

　　*波 (ㄅㄛ; *bwō*)

　　　　B: wave

　　*濤 (ㄊㄠ; *tāu*)

　　　　B: billows

16. 下游 (ㄒㄧㄚˋ ㄧㄡˊ; *syàyóu*)

　　N: lower reaches (of a river)

　　*游 (ㄧㄡˊ; *yóu*)

　　　　B: section of a river

　　　　上游 (ㄕㄤˋ ㄧㄡˊ; *shàngyóu*)

　　　　　　N: upper reaches (of a river); upstream

17. 今生 (ㄐㄧㄣ ㄕㄥ; *jīnshēng*)

　　TW: this life

　　　　今生今世我們永不分離。

　　　　We'll remain together for the rest of our natural-born lives.

18. 情不自禁 (ㄑㄧㄥˊ ˙ㄅㄨ ㄗˋ ㄐㄧㄣˋ; *chíngbudzjìn*)

　　IE: cannot help (doing something); be seized with a sudden impulse to

　　　　聽到這個好消息，我們情不自禁地高興得跳起來。

　　　　We couldn't help jumping with joy upon hearing this good news.

　　*禁 (ㄐㄧㄣˋ; *jìn*)

　　　　B: 1) restrain or contain

　　　　　　2) prohibit; forbid

　　　　　　禁止 (ㄐㄧㄣˋ ㄓˇ; *jìnjř*)

　　　　　　　　FV: to prohibit; to forbid

禁止停車。

No parking.

19. 哭號 (ㄎㄨ ㄏㄠˊ; *kūháu*)

FV: to bewail; to cry bitterly

號 (ㄏㄠˊ; *háu*)

B: wail

20. 屍體 (ㄕ ㄊㄧˇ; *shr̄tǐ*)

N: corpse; dead body

*屍 (ㄕ; *shr̄*)

B: corpse

21. 淒厲 (ㄑㄧ ㄌㄧˋ; *chīlì*)

SV: be sad and shrill

22. 心酸 (ㄒㄧㄣ ㄙㄨㄢ; *syīnswān*)

SV: be greivous; be heartsick

這個故事聽了叫人心酸。

One will feel sick at heart after hearing this story.

*酸 (ㄙㄨㄢ; *swān*)

B: sad; distressed

SV: 1) be sour; be tart

這個李子很酸。

This plum is sour.

2) be sore

我的手酸了。

My fingers are very sore (as from writing a long time).

23. 徘徊 (ㄆㄞˊ ㄏㄨㄟˊ; *páihwéi*)

FV: to pace back and forth; to loiter or linger around

放學後不要在街上徘徊。

Don't loiter around the streets after school.

*徘 (ㄆㄞˊ; *pái*)

B: loiter

*徊 (ㄏㄨㄟˊ; *hwéi*)

B: back and forth

24. 哀怨地 (ㄞ ㄩㄢˋ ˙ㄉㄜ; *āiywànde*)

A: with grief and bitterness

*怨 (ㄩㄢˋ; *ywàn*)

B: resentment; bitterness; complaint

FV: to complain (against someone); to blame (someone)

這件事我不怨你。

I'm not blaming you for this.

25. *摺 (ㄓㄜˊ; *jé*)

FV: to fold

把衣服摺好了，再放進箱子裏。

Fold the clothes and put them in the trunk.

26. *捧 (ㄆㄥˇ; *pěng*)

FV: to hold or carry (something) with both hands together and palms upward

他捧著一束花送給他的母親。

He held a bunch of flowers in both hands and presented it to his mother.

27. 禱告 (ㄉㄠˇ ㄍㄠˋ; *dǎugàu*)

FV: to pray

他們吃飯以前一定禱告。

They always say grace before eating.

*禱 (ㄉㄠˇ; *dǎu*)

　　B: pray

28. *扔 (ㄖㄥ; *rēng*)

FV: to throw; to cast

別把球扔得太遠了。

Don't throw the ball too far.

29. 縱身一跳 (ㄗㄨㄥˋ ㄕㄣ ㄧˊ ㄊㄧㄠˋ; *dzùngshēnyítyàu*)

IE: to jump into the air

縱身 (ㄗㄨㄥˋ ㄕㄣ; *dzùngshēn*)

　　VO: to set oneself in motion

　　　*縱 (ㄗㄨㄥˋ; *dzùng*)

　　　FV: to let loose; to release

30. 撲通 (ㄆㄨ ㄊㄨㄥ; *pūtūng*)

ON: (sound of something dropping into water) plunk; splash

他撲通一聲跳進水裏。

He dove into the water with a splash.

*撲 (ㄆㄨ; *pū*)

FV: to flap; to flutter; to rush at

31. 江心 (ㄐㄧㄤ ㄒㄧㄣ; *jyāngsyīn*)

N: the middle of a river

32. *撈 (ㄌㄠˊ; *láu*)

FV: to scoop up from the water; to drag for

他在水裏撈起一雙鞋子。

He scooped up a pair of shoes from under the water.

33. 浙江 (ㄓㄜˋ ㄐㄧㄤ; *jèjyāng*)

N: Chekiang, a province in eastern China

*浙（ㄓㄜˋ; *jè*）

    B: (short for) Chekiang Province

34. 上虞（ㄕㄤˋ ㄩˊ; *shàngyú*）

    N: Shangyu, name of a county in Chekiang Province

    *虞（ㄩˊ; *yú*）

        N: a Chinese family name

35. 孝女（ㄒㄧㄠˋ ㄋㄩˇ; *syàunyǔ*）

    N: a dutiful or filial daughter

II. 成語

平安無事（ㄆㄧㄥˊ ㄢ ㄨˊ ㄕˋ; *píngānwúshr*）

        safe and sound; with all being well

這個地震不強烈，所以大家都平安無事。

The earthquake was not strong, and everyone is safe and sound.

III. 句型

一V …立刻　the moment V occurs…immediately

天一亮，我們立刻動身。

We'll set out at the crack of dawn.

老師一來，學生立刻安靜下來。

The students quieted down the moment the teacher arrived.

IV. 練習

1. 用下列詞語造句：

　　(1) 紀念

　　(2) 意外

　　(8) 熱鬧

　　(4) 清楚

　　(5) 馬上

　　(6) 始終

　　(7) 恐怕

　　(8) 埋葬

　　(9) 不幸

　　(10) 一轉眼

2. 回答下列問題：

　　(1) 曹娥在做針線的時候，忽然聽到什麼不幸的消息？

　　(2) 江邊的人說曹娥的父親是怎麼掉到江裏去的？

　　(8) 曹娥的父親到江邊去做什麼？

　　(4) 父親落水後，曹娥為什麼每天在江邊走來走去？

　　(5) 曹娥捧著衣服向上天禱告什麼？

　　(6) 看到上天的指示之後，曹娥立刻做了什麼？

　　(7) 曹娥終於找到她父親的屍體了嗎？

　　(8) 當人們發現曹娥抱著她父親屍體的時候，曹娥還活著嗎？

　　(8) 當地的人為什麼把那條江叫做「曹娥江」？

　　(10) 曹娥為什麼值得人們紀念？

第十七課　靈蛇和寶珠[1][2]

春秋時代[3]，在現在的湖北省[4]，有一個小小的隨國[5]。有一次，隨國的君主隨侯[6]帶著大批人馬[7]，出外遊歷[8]。他從一個山丘[9]下面經過，忽然看見前面草叢裏的草在不停地晃動[10]。

隨侯心裏想：「奇怪，現在又沒有風，草怎麼會動呢？」

他走近了一看，原來草叢裏有一條大蛇，受了重傷，身體幾乎[11]要斷了，正在非常痛苦地掙扎[12]著。他趕快跑過去，從旅行袋裏拿出治療[13]刀傷[14]的藥[15]，敷在蛇的傷口[16]上，又用布條[17]為牠[18]把傷口包紮[19]起來。

包紮完畢[20]之後，大蛇帶著感激[21]的神情望[22]了望隨侯，然後就鑽到草叢裏面不見了。隨侯帶著人馬，繼續前進。

　　十天之後，隨侯遊歷回來，再度經過那個山丘。他指著山丘下的草叢，對隨行的人說：「不知道那條受傷的蛇現在好了沒有？」

　　他剛說完話，轉過頭來，忽然看見一條大蛇，出現在離他不遠的地方。大蛇昂著頭，移動身體，慢慢地向隨侯面前爬過來。最初，隨侯的心裏有點兒害怕，再仔細一看，認出那就是自己上次給牠治傷的大蛇，也就安心了。

　　隨侯心裏想：「難道這條大蛇還認得我，要來向我道謝嗎？」

　　他立刻下馬，向大蛇走過去。蛇的傷口雖然已經完全好了，可是牠的嘴卻脹得鼓鼓的。隨侯看見蛇，就像見到老朋友一樣，一點也不害怕，他用雙手托住蛇頭，想看一看牠的嘴怎麼會腫得那樣厲害。

　　不料他剛伸手托住蛇頭，大蛇竟然把嘴張開，吐出兩顆渾圓明亮的珠子，落在他的掌心裏。

　　隨侯拿著那兩顆明珠[32]，正不知該說些什麼話才好，那條大蛇卻朝他點了點頭，又扭動身[33]子鑽進草叢去了。

　　這時候，跟在隨侯左右的人[34]，立刻發出一陣歡呼[35]，他們說：「君侯，原來這條蛇是為了報答[36]您上次給牠治傷的恩德[37]，特地給您送寶珠來的。」

　　隨侯站在那裏欣賞寶珠[38]，並且稱讚那條靈蛇竟能知恩圖報[39]。過了一會兒，他才高高興興地收起寶珠，帶領人馬回到京城。

　　後來大家就稱那兩顆寶珠為「隨侯珠」，或「靈蛇珠」。據說，那兩顆珠子在夜裏還會[40]發出明月一般的光輝[41]，是世間少見的寶物[42]。

I. 生字與生詞

1. 靈蛇 (ㄌㄧㄥˊ ㄕㄜˊ; *língshé*)
   N: intelligent snake
   *蛇 (ㄕㄜˊ; *shé*)
   N: snake; serpent

2. 寶珠 (ㄅㄠˇ ㄓㄨ; *bǎujū*)
   N: precious pearl

3. 春秋時代 (ㄔㄨㄣ ㄑㄧㄡ ㄕˊ ㄉㄞˋ; *chwūnchyōu shŕdài*)
   N: the Spring and Autumn Period (722—481 B.C.), a
   time of constant inter-state strife

4. 湖北 (ㄏㄨˊ ㄅㄟˇ; *húběi*)
   N: Hupeh, a province in central China
   *湖 (ㄏㄨˊ; *hú*)
   N: lake

5. 隨國 (ㄙㄨㄟˊ ㄍㄨㄛˊ; *swéigwó*)
   N: the State of Sui, name of an ancient kingdom during
   the Spring and Autumm Period
   *隨 (ㄙㄨㄟˊ; *swéi*)
   N: a Chinese family name
   FV: to follow

   入境隨俗 (ㄖㄨˋ ㄐㄧㄥˋ ㄙㄨㄟˊ ㄙㄨˊ; *rùjìng swéisú*)
   IE: When in Rome, do as the Romans
   do.

6. 隨侯 (ㄙㄨㄟˊ ㄏㄡˊ; *swéihóu*)
   N: the prince of Sui

*侯 (ㄏㄡˊ; *hóu*)

    B: prince

    君侯 (ㄐㄩㄣ ㄏㄡˊ; *jyūnhóu*)

        N: title of respect for a prince

7. 人馬 (ㄖㄣˊ ㄇㄚˇ; *rénmǎ*)

    N: soldiers and horses; troops

8. 遊歷 (ㄧㄡˊ ㄌㄧˋ; *yóulì*)

    FV: to travel for pleasure; to tour

    他遊歷過許多地方。

    He has traveled to many places.

9. 山丘 (ㄕㄢ ㄑㄧㄡ; *shānchyōu*)

    N: hillock

    *丘 (ㄑㄧㄡ; *chyōu*)

    B: mound; hill

10. 晃動 (ㄏㄨㄤˋ ㄉㄨㄥˋ; *hwàngdùng*)

    FV: to sway; to shake; to oscillate

    窗外有人影晃動。

    There is the shadow of a person moving beyond the window.

    *晃 (ㄏㄨㄤˋ; *hwàng*)

    FV: to sway; to rock; to shake

    站定了，不要來回地晃。

    Stand still—don't sway back and forth.

11. 幾乎 (ㄐㄧ ㄏㄨ; *jīhū*)

    A: nearly; almost

    我幾乎忘了他是誰。

    I almost forget who he is.

*乎 (ㄏㄨ; *hū*)

B: (used in combination with certain adjectives or adverbs)

12. 掙扎 (ㄓㄥ ㄓㄚˊ; *jēngjá*)

FV: to struggle (to free oneself from a difficult situation, etc.)

河裏有人在掙扎，喊救命。

Someone is struggling in the river yelling, "Help!"

*掙 (ㄓㄥ; *jēng*)

B: struggle

*扎 (ㄓㄚˊ; *já*)

B: strain

13. 旅行袋 (ㄌㄩˇ ㄒㄧㄥˊ ㄉㄞˋ; *lyǔsyíngdài*)

N: a bag used when traveling; traveling bag

旅行 (ㄌㄩˇ ㄒㄧㄥˊ; *lyǔsyíng*)

FV: to travel; to take a trip

我們每年夏天都到南部旅行。

We travel down south every summer.

*袋 (ㄉㄞˋ; *dài*)

B: bag; sack; pouch

袋子 (ㄉㄞˋ ·ㄗ; *dàidz*)

N: bag; sack

口袋 (ㄎㄡˇ ㄉㄞˋ; *kǒudài*)

N: pocket

14. 治療 (ㄓˋ ㄌㄧㄠˊ; *jr̀lyáu*)

FV: to treat (an illness)

他的病治療了一個多月才好。

He was treated for over a month before he got better.

*療 (ㄌㄧㄠˊ; *lyáu*)

　　B: treat; cure

15. 刀傷 (ㄉㄠ ㄕㄤ; *dāushāng*)

　　N: stab wound

16. 傷口 (ㄕㄤ ㄎㄡˇ; *shāngkǒu*)

　　N: wound; cut

　　醫生只在傷口上擦了一點紅藥水。

　　The doctor put some iodine on his cut.

17. 布條 (ㄅㄨˋ ㄊㄧㄠˊ; *bùtyáu*)

　　N: strip of cloth

18. *牠 (ㄊㄚ; *tā*)

　　PN: it (third person singular pronoun for animals)

19. 包紮 (ㄅㄠ ㄗㄚ; *bāudzā*)

　　FV: to wrap or bind up

　　醫生把他受傷的手包紮起來。

　　The doctor bandaged his hand which had been hurt.

20. 完畢 (ㄨㄢˊ ㄅㄧˋ; *wánbì*)

　　FV: to finish; to complete

　　演講完畢後，我們一起去吃飯好嗎？

　　How about we go to dinner together after the lecture?

21. 感激 (ㄍㄢˇ ㄐㄧ; *gǎnjī*)

　　SV: be grateful (to someone for something)

　　我們救了他孩子的命，他很感激。

　　He's grateful to us because we saved his son's life.

*激 (ㄐㄧ; *jī*)

　　FV: to arouse; to stimulate; to stir up

　　別再用話激他了。

　　Don't egg him on.

22. 神情 (ㄕㄣˊ ㄑㄧㄥˊ; *shénchíng*)

　　N: look; expression

23. 再度 (ㄗㄞˋ ㄉㄨˋ; *dzàidù*)

　　A: once more; once again

　　他再度進醫院，可見病得不輕。

　　From the fact that he's been admitted to the hospital
　　once again, it's evident that his illness is not a minor
　　one.

24. 隨行 (ㄙㄨㄟˊ ㄒㄧㄥˊ; *swéisyíng*)

　　FV: to go along or accompany someone on a trip

　　總統出國訪問，很多官員隨行。

　　Many officials accompanied the President on his trip
　　abroad.

25. *昂 (ㄤˊ; *áng*)

　　FV: to hold (one's head) high

　　走路的時候要昂起頭來。

　　One should hold his head high when walking.

26. *脹 (ㄓㄤˋ; *jàng*)

　　SV: be bloated; be swelled

　　我吃得好脹。

　　I'm stuffed.

27. 鼓鼓的 (ㄍㄨˇ ㄍㄨˇ ˙ㄉㄜ; *gúgúde*)

　　SV: be swollen; be bulging

　　書太多了，書包裝得鼓鼓的。

　　The schoolbag is bulging from being filled with too
　　many books.

　　*鼓 (ㄍㄨˇ; *gǔ*)

　　　　FV: to bulge; to stick out
　　　　N: drum

28. *托 (ㄊㄨㄛ; *twō*)

　　FV: to support with the hand or palm

　　　他用一隻手托著一個盤子。

　　　He carried a tray on one hand.

29. 不料 (ㄅㄨˋ ㄌㄧㄠˋ; *búlyàu*)

　　A: unexpectedly; to one's surprise

　　　早晨出太陽，不料下午突然下雨了。

　　　It was sunny in the morning, but it unexpectedly rained suddenly in the afternoon.

30. 渾圓 (ㄏㄨㄣˊ ㄩㄢˊ; *hwúnywán*)

　　SV: be perfectly round

　　*渾 (ㄏㄨㄣˊ; *hwún*)

　　　B: whole; all

31. 掌心 (ㄓㄤˇ ㄒㄧㄣ; *jǎngsyīn*)

　　N: the center of the palm

　　　手掌 (ㄕㄡˇ ㄓㄤˇ; *shǒujǎng*)

　　　　　N: palm of the hand

32. 明珠 (ㄇㄧㄥˊ ㄓㄨ; *míngjū*)

　　N: bright pearl

　　　掌上明珠 (ㄓㄤˇ ㄕㄤˋ ㄇㄧㄥˊ ㄓㄨ; *jǎngshàngmíngjū*)

　　　　　IE: a pearl in the palm—one's dearly beloved daughter

33. 扭動 (ㄋㄧㄡˇ ㄉㄨㄥˋ; *nyǒudùng*)

　　FV: to twist and turn

　　*扭 (ㄋㄧㄡˇ; *nyǒu*)

　　　FV: to turn (around)

　　　　他扭過頭來看了我們一眼。

　　　　He turned his head and glanced at us.

34. 左右 （ㄗㄨㄛˇ ㄧㄡˋ; *dzwǒyòu*)

N: the left and right sides

35. 歡呼 （ㄏㄨㄢ ㄏㄨ; *hwānhū*)

FV & N: to hail; to cheer; acclamation

一看見總統出現，大家高聲歡呼。

Everyone cheered loudly when the President appeared.

我只聽見一陣陣的歡呼，沒有看見什麼。

I only heard ripples of cheers, but I didn't see anything.

36. 報答 （ㄅㄠˋ ㄉㄚˊ; *bàudá*)

FV: to repay

你們對我太好了，我不知道如何報答。

You've all been so nice to me; I don't know how to repay you.

37. 恩德 （ㄣ ㄉㄜˊ; *ēndé*)

N: kindness; benevolence; favor; grace

38. 欣賞 （ㄒㄧㄣ ㄕㄤˇ; *syīnshǎng*)

FV: to enjoy; to admire; to appreciate

他在欣賞風景。

He's enjoying the scenery.

*欣 （ㄒㄧㄣ; *syīn*)

B: joyful; happy

*賞 （ㄕㄤˇ; *shǎng*)

B & FV: (to) enjoy the beauty of; (to) appreciate

賞月 （ㄕㄤˇ ㄩㄝˋ; *shǎngywè*)

FV: to enjoy looking at the full moon

39. 稱讚 （ㄔㄥ ㄗㄢˋ; *chēngdzàn*)

FV: to praise; to commend

人人都稱讚她的美麗。

Everyone praised her for her beauty.

*讚 (ㄗㄢˋ; *dzàn*)

B: praise; commend

40. **據說** (ㄐㄩˋ ㄕㄨㄛ; *jyùshwō*)

A: it is said that

據說他們昨晚就到了臺北。

It is said that they arrived in Taipei last night.

41. **光輝** (ㄍㄨㄤ ㄏㄨㄟ; *gwānghwēi*)

N: radiance; brilliance

*輝 (ㄏㄨㄟ; *hwēi*)

B: shining; brightness

42. **世間** (ㄕˋ ㄐㄧㄢ; *shìjyān*)

A: in the world

像他那樣的好人，世間少有。

Such a good person as he is rare in the world.

II. 成語

知恩圖報 (ㄓ ㄣ ㄊㄨˊ ㄅㄠˋ; *jrēntúbàu*)

to recognize and hope to repay someone's kindness

他對你那麼好，你不知恩圖報，反而背後說他壞話，實在不應該。

He's so nice to you—but instead of showing your appreciation, you said bad things behind his back. You should be ashamed of yourself!

III. 練習

1. 用下列詞語造句：

(1) 報答

(2) 不料

(3) 幾乎

(4) 稱讚

(5) 欣賞

(6) 遊歷

(7) 掙扎

(8) 再度

(9) 完畢

(10) 據說

2. 回答下列問題：

(1) 隨侯怎樣發現了草叢裏有大蛇？

(2) 隨侯發現大蛇時，大蛇的情形怎麼樣？

(3) 隨侯怎樣替大蛇療傷？

(4) 隨侯帶著大批人馬出來做什麼？

(5) 隨侯第二次和大蛇相遇時，心裏有什麼感覺？

(6) 隨侯第二次看見大蛇時，大蛇的嘴受傷了嗎？

(7) 大蛇的嘴為什麼鼓鼓的呢？

(8) 大蛇把兩顆寶珠吐在隨侯的掌心裏，這表示什麼？

(9) 那兩顆寶珠，後來被叫做什麼？

(10) 為什麼那兩顆寶珠是世間少見的寶物？

第十八課　姜太公釣魚[1][2]

　　姜子牙是商末周初的人。他的文才很好，又精通武略，有治理國家的才能，但是命運不太好，一生當中吃了很多苦。

　　有一次，姜子牙辛辛苦苦地磨了一擔麵粉，想挑到城裏去賣。他挑著擔子剛剛走到城門口，想停下來休息一下，就被守城門的兵士趕回來。他因為跑得太快而跌倒了，一擔麵粉全撒在地上，被大風吹到河裏去了。

　　過了十多天，他又向村裏的人買來一批牛肉，準備挑到城裏去賣。那知道他把牛肉挑到城門口的時候，守城門的兵士看到牛肉，就態度兇狠地對他說：「今天城裏禁屠，不許任何人進城賣肉。你要是不快點離開的話，我就把你的牛肉沒收。」

當時正是夏天，天氣很熱。當姜子牙垂頭喪氣地把牛肉挑回鄉下的時候，那些牛肉已經壞了，想賣也沒有人要了。

「在暴君商紂王的統治下，大家的日子都不好過，但是像我這種情形，實在是運氣最壞的了。」姜子牙心裏這樣想，他感到非常煩悶。

他忽然想到，以前聽人說過，西方的諸侯中有一位西伯昌，以仁德治理周國，當地的老百姓安居樂業，生活得很愉快。自己的運氣既然這樣壞，為什麼不到周國去，也許可以開創一種新的生活。

於是他立刻動身，前往西方，到達渭水上游一個叫磻溪的地方。那裏不但山明水秀，景色優美，而且居民很少，他就決定在那裏定居下來。

姜子牙在磻溪住下來以後，靠著耕種為生，空閒的時候，就到溪邊釣魚。一般人釣

魚，用的都是彎鈎[32]，姜子牙用的釣鈎卻是直的，因為他不希望用欺騙[33]的手段[34]使魚兒上鈎。

　　一天夜裏，當時的西伯昌，也就是周文王，在睡眠[35]中夢見一隻飛熊[36]，從天而降，向他身上直撲過來。周文王大吃一驚，就醒過來了。據他判斷，這個夢預示將有一位大賢人[37]出現，幫助他使周國興盛起來。於是他駕車出去尋找，終於在渭水上游的磻溪[38]，找到正在那裏釣魚的姜子牙。

　　周文王和姜子牙交談之後，對他非常敬佩[39]，知道他就是自己想找的大賢人，就請他坐上自己的車，恭恭敬敬地把他迎回宮裏，並且稱他為太公望[40]。因此大家都稱姜子牙為姜太公。

　　姜太公幫助周文王治理國家，對周國有很大的貢獻[41]。

　　周文王去世之後，周武王繼位[42]，就請姜子牙做元帥[43]，發兵攻滅商紂王，建立中國歷史上

為人稱道[44]的周朝[45]。這個王朝統治全國八百多年。

　　由姜太公釣魚的事蹟[46]，產生了一句很流行的俗語：「姜太公釣魚，願者上鈎。」

I. 生字與生詞

1. 姜太公 (ㄐㄧㄤ ㄊㄞˋ ㄍㄨㄥ; *jyāngtàigūng*)

   N: Chiang T'ai Kung, another name of Chiang Tze-ya (姜子牙), a legendary wise man who became the chie$_f$ counselor of Wen Wang, the founder of the Chou Dynasty

   *姜 (ㄐㄧㄤ; *jyāng*)

   N: a Chinese family name

   太公 (ㄊㄞˋ ㄍㄨㄥ; *tàigūng*)

   N: 1) shortened form of 太公望 (see below)
   2) grandfather

   　　太公望 (ㄊㄞˋ ㄍㄨㄥ ㄨㄤˋ; *tàigūngwàng*)

   　　N: (lit.) the person that Grandfather hoped for. (Chou Wen Wang's grandfather had long been hoping for the appearance of some able counselor to help govern the country.

   　　When Chou Wen Wang met Chiang Tze-ya, he knew that the wise man was the person his grandfather had been longing for. Thus, Chou Wen Wang called Chiang Tze-ya by the respectful term T'ai Kung Wang; later on, this able counselor was called Chiang T'ai Kung.)

2. 釣魚 (ㄉㄧㄠˋ ㄩˊ; *dyàuyú*)

   VO: to go fishing (with a hook and line); to angle

假日我們常去釣魚。
We often go fishing on our day off.

*釣 (ㄉㄧㄠˋ; dyàu)
FV: to catch (with hook and line)

我一條魚也沒有釣到。
I didn't catch a single fish.

3. 商末 (ㄕㄤ ㄇㄛˋ; shāngmwò)
N: the last years of the Shang Dynasty (1766?-1122? B. C.)

*末 (ㄇㄛˋ; mwò)
SP: end; last part or stage

週末 (ㄓㄡ ㄇㄛˋ; jōumwò)
TW: weekend

4. 周初 (ㄓㄡ ㄔㄨ; jōuchū)
N: the early years of the Chou Dynasty (1122?-256 B. C.)

5. 文才 (ㄨㄣˊ ㄘㄞˊ; wéntsái)
N: literary talent

6. 武略 (ㄨˇ ㄌㄩㄝˋ; wǔlywè)
N: military tactics; military strategy

*略 (ㄌㄩㄝˋ; lywè)
B: tactic; strategy; plan

7. 命運 (ㄇㄧㄥˋ ㄩㄣˋ; mìngyùn)
N: destiny; fate

8. *磨 (ㄇㄛˊ; mwó)
FV: to grind; to mill

他把麥子磨成麵粉了。
He ground the wheat into flour.

9. 麵粉 (ㄇㄧㄢˋ ㄈㄣˇ; *myànfěn*)

　　N: wheat flour

　*麵 (麪) (ㄇㄧㄢˋ; *myàn*)

　　　　N & B: 1) flour

　　　　　　　　麵包 (ㄇㄧㄢˋ ㄅㄠ; *myànbāu*)

　　　　　　　　N: bread

　　　　　　2) noodle

　　　　　　　　麵條兒 (ㄇㄧㄢˋ ㄊㄧㄠˊ ·ㄦ; *myàntyáur*)

　　　　　　　　N: noodle

10. 擔子 (ㄉㄢˋ ·ㄗ; *dàndz*)

　　N: a carrying pole and the loads suspended from both
　　ends

11. 城門口 (ㄔㄥˊ ㄇㄣˊ ㄎㄡˇ; *chéngménkǒu*)

　　PW: the area just in front of the city gate

12. 跌倒 (ㄉㄧㄝˊ ㄉㄠˇ; *dyédǎu*)

　　FV: to fall down; to stumble; to trip

　　　　小孩子走路太快就容易跌倒。

　　　　Children are apt to trip when they walk too quickly.

13. 兇狠 (ㄒㄩㄥ ㄏㄣˇ; *syūnghěn*)

　　SV: be fierce and malicious

　*兇 (凶) (ㄒㄩㄥ; *syūng*)

　　　　SV: be fierce; be cruel; be ferocious

14. 禁屠 (ㄐㄧㄣˋ ㄊㄨˊ; *jìntú*)

　　FV: to prohibit the slaughter of animals (on certain days)

　　　　目前在臺灣，陰曆每月初三和十七禁屠。

　　　　On Taiwan today, the slaughter of animals is pro-
　　　　hibited on the third and seventeenth of each
　　　　lunar month.

*屠 (ㄊㄨˊ; *tú*)

　　B: slaughter

　　屠殺 (ㄊㄨˊ ㄕㄚ; *túshā*)

　　　FV: to slaughter; to butcher

15. 沒收 (ㄇㄛˋ ㄕㄡ; *mwòshōu*)

　FV: to confiscate

　　那些走私的東西都被沒收了。

　　Those smuggled goods were all confiscated.

　*沒 (ㄇㄛˋ; *mwò*)

　　B: confiscate

16. 垂頭喪氣 (ㄔㄨㄟˊ ㄊㄡˊ ㄙㄤˋ ㄑㄧˋ; *chwéitóu sàngchì*)

　IE: downcast; dejected; crestfallen

　　只輸了一場球，不要垂頭喪氣。

　　Don't be so downcast—we've only lost one game.

　*喪 (ㄙㄤˋ; *sàng*)

　　B: lose (life, hope, etc.)

　　喪失 (ㄙㄤˋ ㄕ; *sàngshī*)

　　　FV: to lose (confidence, an opportunity, etc.)

17. 暴君 (ㄅㄠˋ ㄐㄩㄣ; *bàujyūn*)

　N: tyrant; despot

18. 紂王 (ㄓㄡˋ ㄨㄤˊ; *jòuwáng*)

　N: King Chou, the last ruler of the Shang Dynasty

　*紂 (ㄓㄡˋ; *jòu*)

　　N: crupper of a saddle

19. 統治 (ㄊㄨㄥˇ ㄓˋ; *tǔngjr̀*)

　N: rule; control; domination

在暴君的統治下，人民的生活十分痛苦。

The life of the citizenry is very harsh under the rule of a tyrant.

FV: to control; to rule; to dominate

20. 運氣 (ㄩㄣˋ ㄑㄧˋ; *yùnchi*)

N: luck; fortune

21. 煩悶 (ㄈㄢˊ ㄇㄣˋ; *fánmèn*)

SV: be downcast; be depressed; be vexed

他剛和女朋友分手，所以心裏很煩悶。

He's just split up with his girlfriend and he's feeling rather blue.

　*煩 (ㄈㄢˊ; *fán*)

　SV: be bored; be fed up; be vexed

　*悶 (1) (ㄇㄣˋ; *mèn*)

　　　SV: be depressed; be bored

　　　他一個人在家裏很悶。

　　　He's alone at home and feels very bored.

　　(2) (ㄇㄣ; *mēn*)

　　　SV: (of weather, rooms, etc.) be stuffy; be oppressive or suffocating

　　　屋子裏太悶，開開窗戶吧。

　　　This room is very stuffy. Open the window.

22. 諸侯 (ㄓㄨ ㄏㄡˊ; *jūhóu*)

N: feudal prince

23. 西伯昌 (ㄒㄧ ㄅㄛˊ ㄔㄤ; *syībwóchāng*)

N: Hsipo Ch'ang, respectful name of Chi Ch'ang(姬昌), who was later titled Chou Wen Wang. The last ruler of the Shang Dynasty, King Chou, conferred upon Chi Ch'ang the feudal title Hsipo, which means "the leader of a group of feudal princes (伯) in western China(西)."

24. 周國 (ㄓㄡ ㄍㄨㄛˊ; *jōugwó*)

   N: (during the Shang Dynasty) name of a state in western China located in what is today's Shensi Province

25. 老百姓 (ㄌㄠˇ ㄅㄞˇ ㄒㄧㄥˋ; *lǎubǎisyìng*)

   N: common or ordinary people

26. 開創 (ㄎㄞ ㄔㄨㄤˋ; *kāichwàng*)

   FV: to start or found (a school, business, etc.)

   他想離開這個小鎮，到大城市去開創事業。

   He would like to leave this small township and go to the big city to set up a business.

27. 前往 (ㄑㄧㄢˊ ㄨㄤˇ; *chyánwǎng*)

   FV: to go to (some definite place)

   他昨天早晨動身，前往美國。

   He set out for the United States yesterday morning.

28. 渭水 (ㄨㄟˋ ㄕㄨㄟˇ; *wèishwěi*)

   N: the Wei River, a major tributary of the Yellow River

   *渭 (ㄨㄟˋ; *wèi*)

   B: name of a river

29. 磻溪 (ㄆㄢˊ ㄒㄧ; *pánsyī*)

   N: P'an Hsi, the name of a region during the Shang Dynasty located in what is today's Shensi Province noted for Chiang T'ai Kung's fishing place in legend

   N: the P'an River, a tributary of the Wei River

   *磻 (ㄆㄢˊ; *pán*)

   B: shortened form of the P'an River

   *溪 (ㄒㄧ; *syī*)

N: river; stream

30. 山明水秀 (ㄕㄢ ㄇㄧㄥˊ ㄕㄨㄟˇ ㄒㄧㄡˋ; *shāngmíng shwě isyòu*)

IE: the hills are bright and the rivers are clear—descriptive of picturesque scenery

這個地方山明水秀，風景非常美麗。

Here the hills are bright and the rivers are clear—the scenery is just beautiful.

*秀 (ㄒㄧㄡˋ; *syòu*)

B: beautiful; elegant; refined

31. 定居 (ㄉㄧㄥˋ ㄐㄩ; *dìngjyū*)

FV: to settle down (in a town, etc.)

他愛上了這個地方，決定在這裏定居。

He has fallen in love with this place and has decided to settle down here.

32. 彎鈎 (ㄨㄢ ㄍㄡ; *wāngōu*)

N: curved hook

*彎 (ㄨㄢ; *wān*)

SV: be curved; be bent

FV: to bend; to curve

*鈎 (鉤) (ㄍㄡ; *gōu*)

B: hook

鈎子 (ㄍㄡ ˙ㄗ; *gōudz*)

N: a hook

33. 欺騙 (ㄑㄧ ㄆㄧㄢˋ; *chīpyàn*)

FV: to deceive; to cheat

你不要欺騙我。

Don't take me in.

*欺 (ㄑㄧ; *chī*)

B: deceive; take advantage of

*騙 (ㄆㄧㄢˋ; *pyàn*)

FV: to cheat; to swindle

他騙了我們的錢。

He swindled us out of our money.

34. 手段 (ㄕㄡˇ ㄉㄨㄢˋ; *shǒudwàn*)

N: method; means; steps to be taken

35. 睡眠 (ㄕㄨㄟˋ ㄇㄧㄢˊ; *shwèimyán*)

N: sleep

*眠 (ㄇㄧㄢˊ; *myán*)

B: sleep

多眠 (ㄉㄨㄥ ㄇㄧㄢˊ; *dūngmyán*)

FV: to hibernate

36. 飛熊 (ㄈㄟ ㄒㄩㄥˊ; *fēisyúng*)

N: flying bear

*熊 (ㄒㄩㄥˊ; *syúng*)

N: bear

37. 賢人 (ㄒㄧㄢˊ ㄖㄣˊ; *syánrén*)

N: person of virtue

*賢 (ㄒㄧㄢˊ; *syán*)

B: good; worthy; virtuous

賢妻良母 (ㄒㄧㄢˊ ㄑㄧ ㄌㄧㄤˊ ㄇㄨˇ; *syánchīlyángmǔ*)

IE: a virtuous wife and capable mother

38. 駕車 (ㄐㄧㄚˋ ㄔㄜ; *jyàchē*)

VO: to drive a vehicle

*駕 (ㄐㄧㄚˋ; *jyà*)

FV: to drive (a vehicle); to pilot (a plane or ship)

39. 敬佩 (ㄐㄧㄥˋ ㄆㄟˋ; *jìngpèi*)

FV: to admire; to esteem

我們敬佩他的學問。

We admire him for his learning.

*佩（ㄆㄟˋ; *pèi*）

B: admire

佩服（ㄆㄟˋ ㄈㄨˊ; *pèifú*）

FV: to admire

他的勇敢眞叫人佩服。

His bravery really deserves admiration.

40. 恭恭敬敬地（ㄍㄨㄥ ㄍㄨㄥ ㄐㄧㄥˋ ㄐㄧㄥˋ ·ㄉㄜ; *gūnggūng jing jìngde*）

A: respectfully

他恭恭敬敬地把書交給老師。

He respectfully gave the book to the teacher.

恭敬（ㄍㄨㄥ ㄐㄧㄥˋ; *gūngjìng*）

FV: to respect; to show respect to

我們應該恭敬父母。

We must respect our parents.

SV: be respectful; be deferential

他對每一個人都很恭敬。

He is respectful to everyone.

*恭（ㄍㄨㄥ; *gūng*）

B: respect

41. 貢獻（ㄍㄨㄥˋ ㄒㄧㄢˋ; *gùngsyàn*）

N & FV: contribution; to offer or contribute (oneself to a cause, etc.)

他對這所學校的貢獻極大。

His contribution to the school is very great.

*貢（ㄍㄨㄥˋ; *gùng*）

B: offer something to a superior

*獻 (ㄒㄧㄢˋ; *syàn*)

FV: to dedicate; to donate; to contribute

42. 繼位 (ㄐㄧˋ ㄨㄟˋ; *jìwèi*)

VO: to succeed to the throne

國王去世，太子繼位。

The King died and the Prince succeeded to the throne.

43. 元帥 (ㄩㄢˊ ㄕㄨㄞˋ; *ywánshwài*)

N: (military) marshal

*帥 (ㄕㄨㄞˋ; *shwài*)

B: commander-in-chief

44. 稱道 (ㄔㄥ ㄉㄠˋ; *chēngdàu*)

FV: to praise

他的善行值得稱道。

His good deeds are worthy of being praised.

45. 王朝 (ㄨㄤˊ ㄔㄠˊ; *wángcháu*)

N: dynasty

46. 事蹟 (ㄕˋ ㄐㄧ; *shr̀jī*)

N: deeds; achievements

II. 成語

1. 從天而降 (ㄘㄨㄥˊ ㄊㄧㄢ ㄦˊ ㄐㄧㄤˋ; *tsúng tyān ér jyàng*)

　　　　　　to fall from the sky

你如果不努力，財富不會從天而降。

If you do not make efforts, wealth will not come to you
of its own accord.

2. 姜太公釣魚，願者上鉤 (ㄐㄧㄤ ㄊㄞˋ ㄍㄨㄥ ㄉㄧㄠˋ ㄩˊ，ㄩㄢˋ
　　　　　　　　　ㄓㄜˇ ㄕㄤˋ ㄍㄡ; *jyāngtàigūng*

dyàuyú, ywàn jě shàng gōu)
(lit.)When Chiang T'ai Kung
goes fishing, only those fish
that are willing to be caught
are taken. —Those willing to
join or cooperate (in a pro-
ject, investment, etc.), do so
at their own risk.

III. 句型

1. 要是不 FV…的話…就　　if (one's) not FV, (then)
   你當初要是不努力的話，就不會有今天的成就。
   If you weren't hard-working in the past, you wouldn't be
   what you are today.

2. 靠…為生　　does…for a living; earns a living by
   她靠替別人洗衣服為生。
   She earns a living by washing clothes for others.

IV. 練習

1　用下列詞語造句：
   (1) 手段
   (2) 沒收
   (3) 貢獻
   (4) 命運
   (5) 動身
   (6) 定居
   (7) 欺騙

(8) 開創

(9) 統治

(10) 態度

2. 回答下列問題：

(1) 姜子牙文才武略都好，爲什麼一生中吃了很多苦？

(2) 姜子牙挑了一擔麵粉去城裏賣，結果怎麼了？

(3) 姜子牙改賣牛肉，守城的士兵爲什麼不讓他進城？

(4) 姜子牙要是不趕緊離開，士兵就要怎樣處理他的牛肉？

(5) 爲什麼那些牛肉還是沒能賣出去？

(6) 在暴君商紂王的統治下，一般老百姓的生活情形如何？

(7) 姜子牙爲什麼要去周國？

(8) 他爲什麼選中磻溪爲定居的地方？

(9) 他在磻溪靠什麼爲生？

(10) 空閒的時候，姜子牙做些什麼？

(11) 姜子牙釣魚和一般人有什麼不同？他爲什麼那麼做？

(12) 西伯昌夢見什麼了？

(13) 他認爲那個夢預示什麼？

(14) 由姜太公釣魚的事蹟，產生了一句什麼俗語？

第十九課　陳文玉和雷州

現在的廣東省雷州，在隋[1]唐[2]以前稱為合州。當時合州有一個姓陳的老人，大家稱他陳老爹[3]。

陳老爹平日靠打獵為生，特別養了一頭有九隻耳朵的獵狗[4]。這頭獵狗有一種特別奇妙的靈性[5]。每天早晨，陳老爹只要看看狗有幾隻耳朵在動，就知道這一天所能獵獲[6]的野獸[7]是多是少，從來沒出過錯。

有一天早晨，獵狗的九隻耳朵全都動了。陳老爹非常高興，立刻準備一些乾糧，帶著狗上山打獵。可是他在山上轉來轉去，跑了一整天，卻連一隻野兔[8]都沒有發現，心中十分失望。

陳老爹正垂頭喪氣準備下山的時候，忽然

看見獵狗汪汪地叫著，朝著右邊山坡的一個樹林裏跑去，在一棵樹下面的空地上，用腳挖開泥土。他跑過去仔細一看，被挖過的地方露出一個好大好大的卵，大約有十來斤重。他心裏想：「今天雖然沒打到半隻飛禽走獸，卻得到一個大卵，也算沒白跑這一趟。」於是他把大卵抱回家去。

陳老爹到家，剛把大卵放下，就突然出現一陣閃電，一陣響雷，幾乎要把他家的房屋震倒。他心想：「該不會是這個大卵作怪吧！」

於是他動手把大卵抱到戶外，放在院子裏。忽然間，大卵裂開了，從裏面跑出一個白白胖胖的小男孩。

無兒無女的陳老爹，忽然得到一個小男孩，非常高興，決心把他撫養成人。他把小男孩抱起來仔細看看，發現孩子的小手像白玉一般，左掌有一個「雷」字手紋，右掌有一個「州」字手紋。他就給孩子取名為陳文玉。這

個陳文玉又聰明又勇敢，長大以後，文才武功都很出眾。

　那時候，位於中國南端的合州，盜匪很多。陳文玉就挺身而出，招集本地青年，組成義勇隊。一有盜匪出現，陳文玉就率領義勇隊把他們剿平，使得合州全境人民都能過著太平安樂的生活。

　隋文帝統一中國之後，聽說陳文玉文武雙全，就想請他到京城任職。陳文玉覺得服務家鄉，比去京城做官更有意義。當地士紳也認為建設地方正需要陳文玉的領導，大家聯名上書，請求朝廷派陳文玉做本州刺史，並請求將合州改名雷州，以符合陳文玉掌紋的提示。朝廷批准了合州士紳的請求，雷州的名稱就是這樣來的。

　陳文玉擔任雷州刺史以後，在施政上興利

除弊[37]，有很多建樹[38]。當地人民有錢的出錢，有力的出力，在陳文玉的領導下，大家共同努力修築[39]道路和橋梁[40]，使雷州的建設大有進步。為了防止海盜的侵襲[41]，陳文玉又決定為雷州修築城牆。完工的時候，他登上城牆，從東門到北門，巡視了一周。這時候，忽然從空中降下一朵彩雲[42]，載著他升空而去。

後來，當地人民在城西建造了一座雷祖祠[43]，來紀念這位對雷州有重大貢獻的傳奇性[44]人物。

I. 生字與生詞

1. *隋 (ㄙㄨㄟˊ; *suéi*)
   N: the Sui Dynasty (581-618)

2. *唐 (ㄊㄤˊ; *táng*)
   N: the T'ang Dynasty (618-906)

3. 老爹 (ㄌㄠˇ ㄉㄧㄝ; *lǎudyē*)
   N: respectful form of address for an elderly man
   *爹 (ㄉㄧㄝ; *dyē*)
      N: dad; father

4. 獵狗 (ㄌㄧㄝˋ ㄍㄡˇ; *lyègǒu*)
   N: hunting dog; hound

5. 靈性 (ㄌㄧㄥˊ ㄒㄧㄥˋ; *língsyìng*)
   N: instinctive intelligence (in animals)

6. 獵獲 (ㄌㄧㄝˋ ㄏㄨㄛˋ; *lyèhwò*)
   FV: to catch (game)
   *獲 (ㄏㄨㄛˋ; *hwò*)
      B: obtain; receive
         獲得 (ㄏㄨㄛˋ ㄉㄜˊ; *hwòdé*)
            FV: to obtain; to receive; to get
               讀書的目的是獲得知識。
               The purpose of studying is to acquire
               knowledge.

7. 野獸 (ㄧㄝˇ ㄕㄡˋ; *yěshòu*)
   N: wild animal

*獸 (ㄕㄡˋ; *shòu*)
　　B: animal

8. 野兔 (ㄧㄝˇ ㄊㄨˋ; *yětù*)
　　N: hare
　*兔 (ㄊㄨˋ; *tù*)
　　　B: rabbit
　　　兔子 (ㄊㄨˋ ·ㄗ; *tùdz*)
　　　　N: rabbit

9. 汪汪 (ㄨㄤ ㄨㄤ; *wāngwāng*)
　　ON: bow-wow; bark
　*汪 (ㄨㄤ; *wāng*)
　　　ON: the sound of barking

10. 山坡 (ㄕㄢ ㄆㄛ; *shānpwō*)
　　N: hillside; mountain slope
　*坡 (ㄆㄛ; *pwō*)
　　　B: slope

11. 挖開 (ㄨㄚ ㄎㄞ; *wākāi*)
　　RC: to dig up

12. *露 (ㄌㄡˋ; *lòu*)
　　FV: to expose to view; to reveal
　　　露出馬腳 (ㄌㄡˋ ㄔㄨ ㄇㄚˇ ㄐㄧㄠˇ; *lòuchūmǎjyǎu*)
　　　　IE: let the cat out of the bag

13. *卵 (ㄌㄨㄢˇ; *lwǎn*)
　　N: egg; ovum; spawn

14. *斤 (ㄐㄧㄣ; *jīn*)
　　M: catty (=1¹/₃lbs)

15. 飛禽走獸 (ㄈㄟ ㄑㄧㄣˊ ㄗㄡˇ ㄕㄡˋ; *fēichíndzǒushòu*)
　　IE: flying birds and roaming beasts; birds and beasts

這座山上有很多飛禽走獸。

There are many birds and wild animals on this mountain.

*禽 (ㄑㄧㄣˊ; chín)

　　B: birds

　　　禽獸 (ㄑㄧㄣˊ ㄕㄡˋ; chínshòu)

　　　　N: birds and beasts

16. 閃電 (ㄕㄢˇ ㄉㄧㄢˋ; shǎndyàn)

　　N: lightning

　*閃 (ㄕㄢˇ; shǎn)

　　　FV: to flash; to sparkle

　　　我們看到亮光一閃。

　　　We saw the light flash.

17. 作怪 (ㄗㄨㄛˋ ㄍㄨㄞˋ; dzwògwài)

　　VO: to do mischief; to make trouble; to act in a strange
　　　way.

　　　他又在作怪了。

　　　He's at it again.

18. 裂開 (ㄌㄧㄝˋ ㄎㄞ; lyèkāi)

　　FV: to crack (open); to split (open)

　　　這個杯子裂開了。

　　　This glass has cracked.

　*裂 (ㄌㄧㄝˋ; lyè)

　　　FV: to crack; to split

19. *胖 (ㄆㄤˋ; pàng)

　　SV: be fat (of a person)

　　　他長得又高又胖。

　　　He is both tall and fat.

　　　胖子 (ㄆㄤˋ ·ㄗ; pàngdz)

N: fat person; fatty

20. 手紋 (ㄕㄡˇ ㄨㄣˊ; *shǒuwén*)

N: the lines on the palm of the hand

*紋 (ㄨㄣˊ; *wén*)

B: lines

紋身 (ㄨㄣˊ ㄕㄣ; *wénshēn*)

N & FV: tatoo; to tatoo the body

條紋 (ㄊㄧㄠˊ ㄨㄣˊ; *tyáuwén*)

N: stripe (e. g. pattern on cloth, etc.)

21. 出眾 (ㄔㄨ ㄓㄨㄥˋ; *chūjùng*)

SV: be outstanding; be exceptional

她的寫作能力出眾。

Her writing ability is outstanding.

22. 盜匪 (ㄉㄠˋ ㄈㄟˇ; *dàufěi*)

N: bandit; robber

*盜 (ㄉㄠˋ; *dàu*)

B: thief; robber

強盜 (ㄑㄧㄤˊ ㄉㄠˋ; *chyángdàu*)

N: robber

海盜 (ㄏㄞˇ ㄉㄠˋ; *hǎidàu*)

N: pirate

23. 挺身而出 (ㄊㄧㄥˇ ㄕㄣ ㄦˊ ㄔㄨ; *tǐngshēn érchū*)

IE: to step forward bravely

我們看到不公平的事，應該挺身而出。

We must step forward bravely when we see something unfair.

*挺 (ㄊㄧㄥˇ; *tǐng*)

FV: to straighten up (physically); to stick out (one's chest or stomach)

挺身 (ㄊㄧㄥˇ ㄕㄣ; *tǐngshēn*)
VO: to straighten one's back

24. 義勇隊 (ㄧˋ ㄩㄥˇ ㄉㄨㄟˋ; *yìyǔngdwèi*)
N: volunteer militia

25. 率領 (ㄕㄨㄞˋ ㄌㄧㄥˇ; *shwàilǐng*)
FV: to command; to lead
昨天的登山活動是由陳老師率領的。
The mountain climbing expedition yesterday was headed by Mr. Ch'en, the teacher.

*率 (ㄕㄨㄞˋ; *shwài*)
B: command; lead

26. 剿平 (ㄐㄧㄠˇ ㄆㄧㄥˊ; *jyǎupíng*)
FV: to succeed in stamping out (bandits or rebels)

*剿 (ㄐㄧㄠˇ; *jyǎu*)
B & FV: (send armed forces) to stamp out or exterminate (bandits or rebels)
剿匪 (ㄐㄧㄠˇ ㄈㄟˇ; *jyǎufěi*)
VO: to stamp out bandits

27. 太平 (ㄊㄞˋ ㄆㄧㄥˊ; *tàipíng*)
SV: (of society, lifestyle, etc.) be peaceful and stable
我們一直過著太平日子。
We have always lived a peaceful life.

28. 隋文帝 (ㄙㄨㄟˊ ㄨㄣˊ ㄉㄧˋ; *swéiwéndì*)
N: Emperor Wen (541-604), founder of the Sui Dynasty

29. 士紳 (ㄕˋ ㄕㄣ; *shìshēn*)
N: local influential people of repute

*紳 (ㄕㄣ; *shēn*)
B: gentry

紳士 (ㄕㄣ ㄕˋ; *shēnshr̀*)

　　N: gentleman

30. 聯名 (ㄌㄧㄢˊ ㄇㄧㄥˊ; *lyánmíng*)

　　A: with joint names; jointly

　　他們聯名抗議。

　　They submitted a joint protest.

31. 上書 (ㄕㄤˋ ㄕㄨ; *shàngshū*)

　　FV: to submit a letter (to a ruler, high official, one's superior, etc.)

　　他上書總統，提出一些改進的意見。

　　He submitted a letter to the President making several suggestions for improvement.

32. 朝廷 (ㄔㄠˊ ㄊㄧㄥˊ; *cháutíng*)

　　N: imperial court; the ruler himself

　　*廷 (ㄊㄧㄥˊ; *tíng*)

　　　　B: court (in a royal goverment)

33. 刺史 (ㄘˋ ㄕˇ; *tsз̀shř*)

　　N: (in the Sui Dynasty) Prefectural Governor

34. 符合 (ㄈㄨˊ ㄏㄜˊ; *fúhé*)

　　FV: be in keeping with; to accord with; to conform to

　　他的條件不符合我們的要求。

　　His qualifications do not meet our needs.

　　*符 (ㄈㄨˊ; *fú*)

　　　　B & FV: (to) agree with

　　　　　　他所說的與事實不符。

　　　　　　What he said is at variance with the facts.

35. 批准 (ㄆㄧ ㄓㄨㄣˇ; *pījwǔn*)

　　RC: to approve; to ratify

　　校長已經批准了你的請求。

　　The head of the school has approved your request.

　　*准 (ㄓㄨㄣˇ; *jwǔn*)

　　　FV: to allow; to permit

　　　教室裏不准抽煙。

　　　Smoking is not permitted in the classroom.

36. 施政 (ㄕ ㄓㄥˋ; *shŕjèng*)

　　N: administration

37. 興利除弊 (ㄒㄧㄥ ㄌㄧˋ ㄔㄨˊ ㄅㄧˋ; *syīnglì chúbì*)

　　IE: to promote the beneficial and abolish the harmful

　　好官員會爲民興利除弊。

　　The good offcial promotes the beneficial and abolish-
　　es the harmful for the people.

　　*弊 (ㄅㄧˋ; *bì*)

　　　B: harm; disadvantage

　　　　作弊 (ㄗㄨㄛˋ ㄅㄧˋ; *dzwòbì*)

　　　　　VO: 1) to practice fraud; to indulge in
　　　　　　　　corrupt practices

　　　　　　　2) to cheat (on an exam)

38. 建樹 (ㄐㄧㄢˋ ㄕㄨˋ; *jyànshù*)

　　N: achievements; contributions

39. 修築 (ㄒㄧㄡ ㄓㄨˊ; *syōujú*)

　　FV: to build; to put up; to construct (highways,
　　dykes, etc.)

40. 橋梁 (ㄑㄧㄠˊ ㄌㄧㄤˊ; *chyáulyáng*)

N: bridge

*梁 (ㄌㄧㄤˊ; *lyáng*)

    B & N: 1) beam

           2) a Chinese family name

41. 侵襲 (ㄑㄧㄣ ㄒㄧˊ; *chīnsyí*)

    FV: to raid; to strike; to hit

    暴風雨侵襲那個城市，損壞了許多房屋。

    Heavy wind and rains struck that city and damaged
    many dwellings.

    *襲 (ㄒㄧˊ; *syí*)

        B: raid; surprise attack

           空襲 (ㄎㄨㄥ ㄒㄧˊ; *kūngsyí*)

               N: air raid

42. 巡視 (ㄒㄩㄣˊ ㄕˋ; *syúnshr̀*)

    FV: to go around and inspect

    市長時常到全市各地巡視。

    The mayor frequently goes on inspection tours of
    the city.

43. 雷祖祠 (ㄌㄟˊ ㄗㄨˇ ㄘˊ; *léidzŭtsź*)

    N: Shrine to the Founder of Lei Chou

    *祠 (ㄘˊ; *tsź*)

        B: shrine

44. 傳奇性 (ㄔㄨㄢˊ ㄑㄧˊ ㄒㄧㄥˋ; *chwánchísyìng*)

    SV & N: be legendary; legendary qualities

    他的人生經驗很富於傳奇性。

    His experiences in life are filled with ɩne stuff
    legends are made from.

傳奇（ㄔㄨㄢˊ ㄑㄧˊ; chwángchí）
N: legend; romance

II. 成語

1. 文武雙全（ㄨㄣˊ ㄨˇ ㄕㄨㄤ ㄑㄩㄢˊ; wénwǔ shwāngchywán）
be accomplished in both weilding the pen
and the sword; be well-versed in both the
literary and the martial arts

他能寫文章，又能帶兵，眞可以說是文武雙全。
He knows how to both write essays and to lead troops.
One can really say that he is well-versed in both the
literary and the martial arts.

2. 有錢的出錢, 有力的出力（ㄧㄡˇ ㄑㄧㄢˊ ・ㄉㄜ ㄔㄨ ㄑㄧㄢˊ, ㄧㄡˇ
ㄌㄧˋ ・ㄉㄜ ㄔㄨ ㄌㄧˋ; yǒuchyánde
chūchyán, yǒulìde chūlì）
Those who are rich (should)
make donations, and those who
are capable (should) render
their services.

爲了我們的國家，我們要有錢的出錢，有力的出力。
For the benefit of our country, the well-to-do should make
donations, and the capable should render their services.

III. 練習

1. 用下列詞語造句：
   (1) 修築

(2) 野獸

(3) 協力

4) 獲得

、) 太平

(6) 符合

(7) 批准

(8) 傳奇性

(9) 侵襲

(10) 又…又…

2. 回答下列問題：

(1) 陳老爹的獵狗和一般獵狗有什麼不同？

(2) 陳老爹怎樣預知自己每天所能獵獲的野獸是多是少？

(3) 陳老爹在樹林裏發現的那個卵有多麼大？

(4) 陳老爹剛把卵抱到家，就發生了什麼奇怪的事情？

(5) 他把卵抱到戶外以後，發生了什麼事情？

(6) 陳老爹爲什麼給小男孩取名爲「陳文玉」？

(7) 陳文玉爲什麼沒有到京城作官？

(8) 合州爲什麼改名爲雷州？

(9) 雷州的人民在陳文玉的領導下，怎樣建設自己的家鄉？

(10) 陳文玉爲什麼要修築城牆？

(11) 陳文玉怎樣離開了雷州？

(12) 雷州的人民怎樣紀念這位傳奇性人物？

第二十課　提燈的姑娘

　　大約一千年前，臺灣對岸福建的一個海邊小漁村裏，有一戶姓林的人家。主人林先生和林太太有一個兒子和六個女兒。他們最小的女兒叫做林默娘。

　　林默娘在家裏是最受疼愛的小女兒，也是最聰明、最勤勉的孩子，平日努力織布和讀書。她對父母非常孝順，對哥哥姊姊也非常友愛。

　　有一次，她哥哥駕船出海捕魚，很久沒有回來，她爸爸不放心，也駕船出海去尋找，去了一個多月，兩個人都沒回來。家裏的人都很憂慮，林默娘尤其著急，坐立不安。

　　在一個大風大雨的夜裏，林默娘忽然想到，爸爸和哥哥如果在這時候駕船回來，在沒

有月亮也沒有星光的茫茫大海上，最需要燈光
的指引。她這樣想著，立刻戴上笠帽[8]，提著風
燈[10]，冒著暴風雨，趕到海邊，站在一塊大岩石[11]
上，高高舉起手裏的風燈。

　　許多在大風大浪裏迷失[12]方向的漁夫看見林
默娘手裏的燈光，陸續[13]把船駛[14]向有燈光的海邊
靠了岸。不久，她爸爸的船也平安回來了。她
看見爸爸，趕快迎上去。父女在風雨中相見，
很高興地抱在一起。

　　這時候，許多上了岸的漁夫，也都圍過
來，向林默娘道謝。林默娘仔細看著他們的
臉[15]，那一張一張的臉她都很熟悉，因為他們都
是本村的人。但是還有一張她日夜想念的哥哥
的臉，卻沒有在她眼前出現。

　　她先把爸爸護[16]送回家，然後又提著風燈，
跑到海邊，站在原來的大岩石上，在風雨中等
候哥哥回來。

　　天漸漸亮了，風雨也慢慢停息了。隨著晨

光的來臨，海上逐漸恢復了光明，也恢復了平靜。這一切，<u>林默娘</u>好像都沒有感覺到。她仍舊提著風燈，像一座石像似的，一動也不動地望著遠處的海面，盼望她哥哥的漁船出現。

天亮以後，一些早起的村人經過海邊，看見<u>林默娘</u>，都向她問好，並且勸她回家休息。

她聽了村人的話，回家去了，可是心裏卻一直在想念著仍在海上的哥哥。從此以後，只要是有風有雨的黑夜，她就一個人戴上笠帽，提著風燈，跑到海邊那塊大岩石上，站在那裏，望著，等著。雖然她一直沒等到她哥哥，但是許許多多出海的漁人，卻由於她的燈光的指引和幫助，都平安地從海上回來。

<u>林默娘</u>因為常常冒著寒風冷雨，站在海邊，終於把身體弄壞了，只活了二十八歲就離開了人世。但是，因為她活著的時候，救過許許多多出海的人，所以在她死後，人們為了紀念她，就崇奉她為航海的守護神，並且稱她為

媽祖[22]。

有一年，福建的一隻漁船在海上捕魚的時候，忽然遇到颱風[23]。船上的漁夫們束手無策。他們在絕望之中，只好向航海守護神媽祖作最後的祈禱。說也奇怪，他們祈禱完畢之後，漁船前面竟然出現一顆紅紅的火球[24]，指引他們向東行駛。漁夫們見了火球，立刻勇氣百倍，把穩了舵[25][26]，駕船跟著火球的方向駛去。到第二天早晨，漁船平安地到了臺灣，在現在雲林縣[27]的北港[28]靠岸了。漁夫們上岸以後，就把媽祖在海上顯靈[29]的事蹟向當地人士宣揚[30]，並且和他們合力蓋了一座媽祖廟，供人禮拜。經過幾次改建之後，現在北港的媽祖廟是臺灣最宏偉[31]的廟宇[32]之一。

I. 生字與生詞

1. 對岸 (ㄉㄨㄟˋ ㄢˋ; *dwèi àn*)
   N: opposite shore
   對 (ㄉㄨㄟˋ; *dwèi*)
   　　B: opposite; facing
   　　　　對手 (ㄉㄨㄟˋ ㄕㄡˇ; *dwèishǒu*)
   　　　　　　N: opponent; equal match (for someone in
   　　　　　　a contest)

2. 福建 (ㄈㄨˊ ㄐㄧㄢˋ; *fújyàn*)
   N: Fukien, name of a province in southeast China

3. 漁村 (ㄩˊ ㄘㄨㄣ; *yútswūn*)
   N: fishing village
   *漁 (ㄩˊ; *yú*)
   　　B: fishing

4. 林默娘 (ㄌㄧㄣˊ ㄇㄛˋ ㄋㄧㄤˊ; *lín mwò nyáng*)
   N: Lin Mo-niang
   *默 (ㄇㄛˋ; *mwò*)
   　　B: silent; speechless
   　　　　沈默 (ㄔㄣˊ ㄇㄛˋ; *chénmwò*)
   　　　　　　SV & N: be silent; be reticent; silence

5. 疼愛 (ㄊㄥˊ ㄞˋ; *téng ài*)
   FV: to love dearly; to be very fond of
   *疼 (ㄊㄥˊ; *téng*)
   　　FV: to love dearly; to dote on

他很疼他的女兒。

He dotes on his daughter.

SV: be sore; be painful (often translated as the English verb "to hurt")

我的手很疼。

My hand hurts.

6. 織布 (ㄓ ㄅㄨ; jŕbù)

VO: to weave cloth

7. 捕魚 (ㄅㄨˇ ㄩˊ; bǔyú)

VO: to catch fish (with a net)

漁民每天天不亮就要出海捕魚。

Fishermen must put out to sea before dawn everyday to net fish.

*捕 (ㄅㄨˇ; bǔ)

FV: to catch

8. 戴上 (ㄉㄞˋ ·ㄕㄤ; dàishang)

RC: to put on

外面很冷，你戴上手套再出去。

It's cold outside; put on your gloves before going out.

*戴 (ㄉㄞˋ; dài)

FV: to wear; to put on (a hat, eyeglasses, gloves, jewelry or other adornment)

9. 笠帽 (ㄌㄧˋ ㄇㄠˋ; lìmàu)

N: a kind of bamboo hat with a broad rim and conical crown, usually worn by farmers, laborers, etc.

*笠 (ㄌㄧˋ; lì)

B: bamboo hat

10. 風燈 (ㄈㄥ ㄉㄥ; *fēngdēng*)

    N: storm lantern

11. 岩石 (ㄧㄢˊ ㄕˊ; *yánshŕ*)

    N: rock

    *岩 (ㄧㄢˊ; *yán*)

    　　B: rock(s)

12. 迷失 (ㄇㄧˊ ㄕ; *míshŕ*)

    FV: to get lost; to lose (one's way)

    　　初到一個大城市，很容易迷失道路。

    　　It's easy to get lost the first time one goes to a big city.

13. 陸續 (ㄌㄨˋ ㄒㄩˋ; *lùsyù*)

    A: in succession; one after another

    　　學生們陸續來到。

    　　The students arrived one after another.

14. *駛 (ㄕˇ; *shŕ*)

    FV: to pilot (a ship); to drive (a vehicle)

15. *臉 (ㄌㄧㄢˇ; *lyǎn*)

    N: face

16. 護送 (ㄏㄨˋ ㄙㄨㄥˋ; *hùsùng*)

    FV: to escort

    　　每天晚上下課後，我護送她到公共汽車站。

    　　I escort her to the bus stop after school every evening.

17. 石像 (ㄕˊ ㄒㄧㄤˋ; *shŕsyàng*)

    N: stone statue

18. 盼望 (ㄆㄢˋ ㄨㄤˋ; *pànwàng*)

    FV: to wish (for); to hope (for); to look forward to

大家都盼望下一場雨，也好涼快涼快。

Everyone is hoping there will be a shower so that it will be cooler.

*盼 (ㄆㄢˋ; *pàn*)

FV: to wish; to hope; to expect

盼你早日回信。

I hope you'll answer my letter soon.

19. 崇奉 (ㄔㄨㄥˊ ㄈㄥˋ; *chúngfèng*)

FV: to believe in (a religion); to worship

*崇 (ㄔㄨㄥˊ; *chúng*)

B: worship; esteem

崇敬 (ㄔㄨㄥˊ ㄐㄧㄥˋ; *chúngjìng*)

FV: to respect; to revere

崇拜 (ㄔㄨㄥˊ ㄅㄞˋ; *chúngbài*)

FV: to worship (a person, deity, etc.)

20. 航海 (ㄏㄤˊ ㄏㄞˇ; *hánghǎi*)

N: navigation

21. 守護神 (ㄕㄡˇ ㄏㄨˋ ㄕㄣˊ; *shǒuhùshén*)

N: patron god or goddess

守護 (ㄕㄡˇ ㄏㄨˋ; *shǒuhù*)

FV: to protect; to guard

22. 媽祖 (ㄇㄚ ㄗㄨˇ; *mādzǔ*)

N: Matzu, Patron Goddess of Navigation worshipped by fishermen in the southern coastal provinces of China

23. 颱風 (ㄊㄞˊ ㄈㄥ; *táifēng*)

N: typhoon

*颱 (ㄊㄞˊ; *tái*)

B: typhoon

24. *顆 (ㄎㄜ; *kē*)

M: (for gems, stars, nuts, etc.)

我只吃了兩顆花生。

I only ate two peanuts.

25. 把穩 (ㄅㄚˇ ㄨㄣˇ; *bǎwěn*)

RC: to hold (a rudder) firmly

*穩 (ㄨㄣˇ; *wěn*)

RE: (indicates stability or steadiness)

SV: be steady; be stable; be safe

他開車開得很穩。

He is a safe driver.

26. *舵 (ㄉㄨㄛˋ; *dwò*)

N: rudder; helm

舵手 (ㄉㄨㄛˋ ㄕㄡˇ; *dwòshǒu*)

N: helmsman

掌舵 (ㄓㄤˇ ㄉㄨㄛˋ; *jǎngdwò*)

VO: to be at the helm; to take the tiller; to steer a boat

27. 雲林縣 (ㄩㄣˊ ㄌㄧㄣˊ ㄒㄧㄢˋ; *yúnlínsyàn*)

N: Yunlin County, located in west-central Taiwan

28. 北港 (ㄅㄟˇ ㄍㄤˇ; *běigǎng*)

N: Peikang, name of a township in Yunlin County and site of the historic Matzu Temple, which was built in 1694; originally a river port and major landing point of immigrants from mainland China during the late Ming Dynasty

29. 顯靈 (ㄒㄧㄢˇ ㄌㄧㄥˊ; *syǎnlíng*)

FV: (of a ghost, spirit, etc.) to make its presence or power felt; to materialize

那個病人說他看見聖母顯靈。

That patient claims he had seen the Virgin Mary.

*顯 (ㄒㄧㄢˇ; *syǎn*)

　B: show; manifest

30. 宣揚 (ㄒㄩㄢ ㄧㄤˊ; *sywānyáng*)

FV: to spread or disseminate (teachings, culture, etc.);
　to publicize; to propagate

他盡力宣揚中華文化。

He is doing his best to spread Chinese culture.

*揚 (ㄧㄤˊ; *yáng*)

　B: spread; make known

31. 宏偉 (ㄏㄨㄥˊ ㄨㄟˇ; *húngwěi*)

SV: be magnificent; be grand

這所建築物很宏偉。

This is a magnificent building.

*宏 (ㄏㄨㄥˊ; *húng*)

　B: great; grand

32. 廟宇 (ㄇㄧㄠˋ ㄩˇ; *myàuyǔ*)

N: temple

II. 成語

1. 坐立不安 (ㄗㄨㄛˋ ㄌㄧˋ ㄅㄨˋ ㄢ; *dzwòlìbùān*)

　　　　be feeling uneasy whether sitting or standing;
　　　　be figidty; be restless

看他坐立不安的樣子，一定有心事。

He appears so figidty—he must have something on his
mind.

2. 束手無策 (ㄕㄨˋ ㄕㄡˇ ㄨˊ ㄘㄜˋ; shùshǒuwútsè)

> be at a loss what to do; be at one's wit's end;
> be helpless or powerless

事情發生的太突然了，大家都束手無策。

It happened so suddenly and everyone was at a loss what to do.

III. 練習

1. 用下列詞語造句：

    (1) 仔細

    (2) 盼望

    (3) 大約

    (4) 尤其

    (5) 陸續

    (6) 崇奉

    (7) 護送

    (8) 宏偉

    (9) 宣揚

    (10) 著急

2. 回答下列問題：

    (1) 林默娘是一個什麼樣的女孩？

    (2) 她平日努力做什麼？

    (3) 林默娘的父親爲什麼出海？

    (4) 在一個大風大雨的夜裏，林默娘爲什麼提著風燈去到海邊？

    (5) 那天晚上，林默娘的風燈引導了許多漁人靠岸，其中也有她的父親和哥哥嗎？

(6) 林默娘終於等到她哥哥回來了嗎？

(7) 林默娘手中的燈光對許多出海的漁人有什麼幫助？

(8) 林默娘爲什麼只活了短短的二十八歲？

(9) 她去世後，人們如何紀念她？

(10) 有一回，在颱風當中，媽祖如何指引一羣束手無策的漁夫平安到達臺灣？

(11) 臺灣省雲林縣的北港以什麼出名？

附錄一　詞類略語表

A	Adverb
AT	Attributive
AV	Auxiliary Verb
B	Unclassified Bound Form
CV	Coverb
DC	Directional Complement
DV	Directional Verb
FV	Functive Verb
I	Interjection
IE	Idiomatic Expression
L	Localizer
M	Measure
N	Noun
NU	Number
ON	Onomatopoetic Term
P	Particle
PN	Pronoun
PT	Pattern
PV	Post Verb
PW	Place Word
QW	Question Word
RC	Resultative Compound
RE	Resultative Ending

SP　　　Specifier
SV　　　Stative Verb
TW　　　Time Word
VO　　　Verb Object Compound

附錄二　世界中文報業協會三千個新聞基本常用字彙表中的一千個最常用字

A

à, ā, è,	阿	
ài	愛	
ān	安	
àn	暗	
àn	案	

B

bā, bá	八
bǎ, bà	把
bà	爸
bà, ba	罷
ba	吧
bái, bwó	白
bǎi, bwó	百
bài	敗
bān	般
bān	頒
bǎn	板
bǎn	版

bàn	半
bàn	辦
bàng	棒
bāu	包
bāu	胞
bǎu	保
bǎu	寶
bàu	抱
bàu	報
bèi, b	背
bě	北
bèi	備
bèi	被
běn	本
bǐ, bì	比
bǐ	筆
bì	必
bì	畢
bìng	並
bìng	并
bìng	病
bǔ	補
bù, bú	不

bù	布
bù	佈
bù	步
bù	部
bù	簿
bwó, bǎi	伯
byān	編
byān	邊
byàn	變
byāu	標
byǎu	表（錶）
byé	別

C

chá	茶
chá	察
chǎn	產
chāng	昌
cháng, jǎng	長
cháng, chǎng	場（場）
cháng	常

chǎng	廠	*chīng*	輕	*chyē, chyè*	切
chàng	唱	*chíng*	情	*chyě*	且
cháu, jāu	朝	*chǐng*	請	*chyōu*	秋
chē, jyū	車	*chìng*	慶	*chyóu*	求
chě	扯	*chř*	吃（喫）	*chyóu*	球
chén, shěn	沈（沉）	*chř, chř, chě*	尺	*chyū*	區
chén	晨	*chū*	出	*chyǔ*	取
chén	陳	*chū*	初	*chyù*	去
chēng, chèng	稱	*chú*	除	*chyún*	羣（群）
chéng	成	*chǔ, chù*	處	*chywán*	全
chéng	城	*chūng*	充	*chywán*	權
chéng	程	*chúng, jùng*	重	*chywè*	卻（却）
chéng, shèng	乘	*chúng*	蟲	*chywè*	確
chī, chí	七	*chwān*	穿		
chī, chí	期	*chwán*	船	**D**	
chí	奇	*chwāng*	窗		
chí	其	*chwāng, chwàng*		*dā, dá*	答
chí	旗		創（㓚）	*dá*	達
chí	齊	*chwēi*	吹	*dǎ, dá*	打
chǐ	起	*chwēn*	春	*dà, dài*	大
chǐ	啟（啓）	*chyān*	千	*dài*	代
chì	汽	*chyán*	前	*dài*	待
chì	氣	*chyán*	錢	*dài*	帶
chì	器	*chyāng*	槍（鎗）	*dān, dàn*	擔（担）
chīn	侵	*chyáng*	牆	*dān, shàn*	單
chīn	親	*chyáng, chyǎng,*		*dàn*	但
chīng	青	*jyàng*	強	*dàn*	淡（澹）
chīng	清	*chyáu*	僑	*dàn, tán*	彈
chīng, ching	頃	*chyáu*	橋	*dāng, dàng*	當

dǎng	黨	*dwān*	端	*dzu*	祖
dāu	刀	*dwǎn*	短	*dzǔ*	組
dǎu	島	*dwàn*	段	*dzūng*	宗
dǎu, dàu	倒	*dwàn*	斷	*dzǔng*	總
dàu	道	*dwèi*	隊	*dzwěi*	嘴
dàu	到	*dwèi*	對	*dzwèi*	罪
dàu, dǎu	導	*dwō*	多	*dzwèi*	最
dàu	稻	*dyǎn*	典	*dzwó*	昨
dé, děi, de	得	*dyǎn*	點	*dzwǒ*	左
dēng	燈	*dyàn*	店	*dzwò*	坐
děng	等	*dyàn*	電	*dzwò*	作
dī	低	*dyàu, tyáu*	調	*dzwò*	做
dí	敵	*dz̄*	資		
dǐ	底	*dž*	子	**E**	
dǐ, dí	抵	*dz̀*	字		
dì, de, dí	的	*dz̀*	自	*é, è*	俄
dì	地	*dzài*	在	*ér*	而
dì	弟	*dzài*	再	*ér*	兒
dì	第	*dzǎu*	早	*ěr*	耳
dìng	定	*dzàu*	造		
dìng	訂	*dzé*	則	**F**	
dōu, dū	都	*dzé*	責		
dú	獨	*dzě, dzěn*	怎	*fā*	發
dú	毒	*dzēng, tséng*	曾	*fá, fǎ, fà*	法
dú, dòu	讀	*dzēng*	增	*fǎn*	反
dù	度	*dzèng*	贈	*fǎn*	返
dūng	多	*dzǒu*	走	*fàn*	飯
dūng	東	*dzú*	足	*fàn*	範
dùng	動	*dzú*	族	*fāng*	方

fáng	房	*gài*	概	*gūng, gùng*	供
fǎng	訪	*gān*	甘	*gùng*	共
fàng	放	*gǎn*	敢	*gwài*	怪
fēi	非	*gǎn*	感	*gwān*	官
féi	肥	*gàn*	幹(榦)	*gwān, gwàn*	觀
fěi	匪	*gāng*	剛	*gwān*	關(関)
fèi	費	*gāng*	鋼	*gwǎn*	管
fèi	廢	*gǎng*	港	*gwǎn*	館(舘)
fēn, fèn	分	*gāu*	高	*gwàn*	慣
fěn	粉	*gàu*	告	*gwāng*	光
fèn	份	*gē*	哥	*gwǎng*	廣
fēng	風	*gē*	歌	*gwēi*	規
fēng	豐	*gé*	革	*gwēi*	歸
fū	夫	*gé*	格	*gwèi*	貴
fú	服	*gè*	各	*gwó*	國
fú	福	*gè, ge*	個(箇)	*gwǒ*	果
fǔ	府	*gěi, jǐ*	給	*gwò*	過
fù	父	*gēn*	根		
fù	附	*gēn*	跟		
fù	赴	*gèng, gēng, jīng*		**H**	
fù	負		更	*hái*	孩
fù	副	*gòu*	夠(够)	*hái, hwán*	還
fù	富	*gòu*	構	*hǎi*	海
fù	復	*gǔ*	古	*hài*	害
		gù	故	*hán*	含
G		*gūng*	工	*hán*	寒
		gūng	公	*hán*	韓
gāi	該	*gūng*	功	*hǎn*	喊
gǎi	改	*gūng*	攻	*hàn*	漢

háng	航		皇	jěng	整
hǎu, hàu	好	hwáng	黃	jèng, jěng	正
hàu, háu	號	hwéi	回	jèng	政
hé	合	hwèi, kwài	會	jèng	證(証)
hé, hàn, hwo, hè		hwó	活	jī	基
	和	hwǒ	火	jī	積
hé	河	hwò	或	jī	機
hé	何	hwò	貨	jí	及
hēi	黑			jí	吉
hěn	很		**J**	jí	集
hòu	候			jí	急
hòu	後	jǎn	展	jí	級
hū	呼	jàn	占(佔)	jí	卽
hū	忽	jàn	站	jí	極
hù	戶	jàn	戰	jí	擊
hù	護	jāng	章	jǐ	己
húng	紅	jāng	張	jǐ, jī	幾
hwā	花	jāu	招	jì	季
hwá	華	jāu, jáu, je, jù,		jì, jǐ	濟
hwà, hwá	劃	jwó	著(着)	jì	計
hwà	化	jàu, shàu	召	jì	記
hwà	話	jàu	照	jì	紀
hwà	畫	jě	者	jì	際
hwái	懷	jè, jèi	這	jì	繼
hwài	壞	jēn	針	jīn	今
hwān	歡(懽)	jēn	眞	jīn	金
hwán	環	jèn	陣	jǐn	緊
hwàn	喚	jèn	振	jìn	近
hwàn	換	jèn	鎭		

jyōu, jyòu	究	*kè, kē*	刻	*lì*	例
jyǒu	九	*kè*	課	*lì*	歷
jyǒu	久	*kěn*	肯	*lín*	林
jyǒu	酒	*kǒu*	口	*lín*	鄰(隣)
jyòu	救	*kǔ*	苦	*líng*	零
jyòu	就	*kūng, kùng*	空	*lǐng*	領
jyòu	舊	*kǔng*	恐	*lìng*	令
jyū	居	*kwài*	快	*lìng*	另
jyú	局	*kwài*	塊	*lóu*	樓
jyǔ	舉(舉)	*kwǎn*	款	*lù, lyòu*	陸
jyù	句			*lù*	路
jyù	具	**L**		*lwàn*	亂
jyù	據(据)			*lwò, là, làu, lè*	落
jyūn	均	*lái*	來	*lwún*	輪
jyūn	軍	*láu, làu*	勞	*lwùn*	論
jywé	決(决)	*lǎu*	老	*lyán*	連
jywé	絕	*lè, yàu, ywè*	樂	*lyán*	聯
		le, lyǎu	了	*lyàn*	練
K		*lèi*	類	*lyáng, lyàng*	量
		lěng	冷	*lyáng*	良
kāi	開	*lí*	離	*lyǎng*	兩
kàn, kān	看	*lǐ*	李	*lyàng*	亮
kāng	康	*lǐ*	里	*lyàu*	料
kàng	抗	*lǐ*	理	*lyè*	列
kǎu	考(攷)	*lǐ*	裏(裡)	*lyè*	烈
kē	科	*lǐ*	禮	*lyóu*	流
kě, kè	可	*lì*	力	*lyóu*	留
kè	克	*lì*	立	*lyóu*	劉
kè	客	*lì*	利	*lyòu, lù*	六

lyǔ	旅	*mìng*	命	*nyóu*	牛
lyù	律	*mǔ*	母	*nyǔ*	女
lyù	綠	*mù*	木		
lywè	略	*mù*	目	**O**	
		mwó	模（糢）		
M		*myán*	棉	*ōu*	歐
		myǎn	免		
mā	媽	*myàn*	面	**P**	
mǎ	馬	*myè*	滅		
ma	嗎			*pà*	怕
ma, me	麼	**N**		*pāi*	拍
mǎi	買			*pái*	排
mài	賣	*ná*	拿	*pài*	派
mǎn	滿	*nǎ, nà, něi, nèi*		*páng*	旁
màn	慢		那	*pǎu*	跑
máng	忙	*nǎi*	乃	*pàu*	炮（砲）（礮）
máu	毛	*nán*	南	*pèi*	配
méi, mwò	沒	*nán*	男	*péng*	朋
měi	每	*nán, nàn*	難	*pí*	皮
měi	美	*nǎu*	腦	*pǐn*	品
mèi	妹	*ne, ní*	呢	*píng*	平
mén	門	*nèi*	內	*pǔ*	普
men	們	*néng*	能	*pwō, pwǒ*	頗
mì, bì	祕	*ní, nì*	泥	*pwō, bwō*	波
mì	密	*nǐ*	你	*pwò*	破
mǐ	米	*nǔ*	努	*pyán, byàn*	便
mín	民	*nyán*	年	*pyàn*	片
míng	名	*nyàn*	念	*pyàu*	票
míng	明	*nyǎu*	鳥		

		shā	殺		*shŕ*		十
R		*shān*	山		*shŕ, dàn*		石
		shàn	善		*shŕ*		拾
ř	日	*shāng*	商		*shŕ*		食
rán	然	*shāng*	傷		*shŕ*		時
rán	燃	*shàng, shǎng*	上		*shŕ*		實
ràng	讓	*shāu*	燒		*shř*		史
rè	熱	*shǎu, shàu*	少		*shř, shr̀*		使
rén	人	*shè*	社		*shř*		始
rén	仁	*shè*	設		*shr̀*		士
rèn, rén	任	*shé, shén, shèn*	甚		*shr̀*		世
rèn	認	*shéi, shwéi*	誰		*shr̀*		市
réng	仍	*shēn*	身		*shr̀*		式
ròu	肉	*shēn*	深		*shr̀*		是
rú	如	*shén*	神		*shr̀*		事
rù	入	*shēng*	生		*shr̀*		室
rúng	容	*shēng*	升(陞)		*shr̀*		試
rúng	榮	*shēng*	聲		*shr̀*		示
rwò	若	*shěng, syǐng*	省		*shr̀*		視
		shèng, chéng	盛		*shr̀*		適
		shèng, shēng	勝		*shr̀*		勢
S		*shōu*	收		*shr̀*		識
		shǒu	手		*shū*		書
sài	賽	*shǒu*	守		*shú, shóu*		熟
sān, sàn	三	*shǒu*	首		*shù*		述
sān, shēn, tsān	參	*shòu*	受		*shù*		術
sǎn, sàn	散	*shř*	失		*shù*		樹
sǎu, sàu	掃	*shř*	施		*shù, shǔ*		數
sè, shǎi	色	*shř*	師		*shwāng*		雙(双)
shā	沙						

shwěi	水	syàng	像	syíng	形
shwèi	睡	syāu	消	syìng	性
shwō, shwèi	說	syǎu	小	syìng	幸
shwùn	順	syàu	笑	syìng	姓
sù	訴	syàu, jyàu	校	syōu	休
sùng	送	syàu	效(効)	syōu	修
swàn	算	syē	些	syū	須
swēi, swéi	雖	syé	協	syū	需
swèi	歲	syě	寫	syǔ	許
swǒ	所	syè	謝	syù	續
swūn	孫	syī	西	syùn	訊
syà	下	syī	吸	syùn	訓
syà	夏	syī	希	syūng	兄
syān	先	syī	悉	syúng	雄
syǎn	險	syí	息	sywān	宣
syàn	現	syí	習	sywǎn	選
syàn	限	syǐ	洗	sywé	學
syàn	線(綫)	syǐ	喜	sz̄	司
syàn	縣	syì	系	sz̄	私
syàn	憲	syì	細	sz̄	思
syāng, syàng	相	syì	係	sz̄	絲
syāng	鄉	syì	戲(戯)	sž	死
syāng	香	syin	心	sż	四
syáng	詳	syīn	辛	sż	似
syǎng	想	syīn	新		
shǎng	響	syìn	信	T	
syàng	向	syīng	星		
syàng	象	syíng, syìng	興	tā	他
syàng	項	syíng, háng	行	tā	她

tái	臺(台)	*tsź*	詞	*wáng*	王
tài	太	*tsź*	慈	*wǎng, wàng*	往
tài	泰	*tsž*	此	*wàng*	望
tài	態	*tsż*	次	*wēi*	威
tán	談	*tú*	途	*wéi*	危
táng	糖	*tú*	圖	*wéi, wèi*	爲
táu	逃	*tǔ*	土	*wéi*	維
tǎu	討	*tūng*	通	*wéi*	圍
tè	特	*túng*	同	*wéi, wēi*	微
tí	提	*túng*	童	*wěi, wēi*	委
tí	題	*tǔng*	統	*wěi*	偉
tǐ	體(体)	*tùng*	痛	*wèi*	未
tì	替	*twán*	團	*wèi*	位
tīng, tìng	聽	*twēi*	推	*wèi*	味
tíng	庭	*twèi*	退	*wèi*	謂
tíng	停	*twō*	託	*wèi*	衛
tóu	投	*tyān*	天	*wēn*	溫
tóu	頭	*tyán*	田	*wén*	文
tsái	才(纔)	*tyáu*	條	*wén, wèn*	聞
tsái	材	*tyàu*	跳	*wèn*	問
tsái	財	*tyě*	鐵(鉄)	*wǒ*	我
tsǎi	採			*wū*	屋
tsài	菜			*wú*	無
tsān	餐	**W**		*wǔ*	午
tsāu	操			*wǔ*	五
tsǎu	草	*wài*	外	*wǔ*	武
tsúng, dzùng	從	*wān*	灣	*wǔ*	舞
tswūn	村(邨)	*wán*	完	*wù*	物
tswò	錯	*wǎn*	晚	*wù*	誤
		wàn	萬		

wù　　　　務

丫

yá　　　　牙
yǎ, yà　　亞
ya　　　　呀
yān　　烟(煙)(菸)
yán　　　言
yán　　　沿
yán, yàn　研
yán　　　嚴
yǎn　　　演
yǎn　　　眼
yàn　　　驗
yāng　　央
yáng　　洋
yáng　　陽
yǎng　　養
yàng　　樣
yáu　　　搖
yàu, yāu　要
yàu　　藥(葯)
yě　　　　也
yè　　　　夜
yè　　　　葉
yè　　　　業
yī　　　　一
yī　　　　衣
yī　　　　依

yī　　　　醫
yí　　　　宜
yí　　　　移
yí　　　　遺
yǐ　　　　已
yǐ　　　　以
yì　　　　亦
yì　　　　易
yì　　　　意
yì　　　　義
yì　　　　液
yì　　　　益
yì　　　　議
yīn　　　因
yín　　　音
yín　　　銀
yǐn, yǐn　飲
yìn　　　印
yīng　　英
yīng, yìng　應
yíng　　營
yíng　　迎
yǐng　　影
yōu　　　優
yóu　　　由
yóu　　　油
yóu　　　遊
yǒu　　　友
yǒu　　　有
yòu　　　又

yòu　　　右
yú　　　　于
yú　　　　於
yú　　　　魚
yú　　　　餘
yǔ　　　　雨
yǔ　　　　語
yǔ, yú, yù　與
yù　　　　玉
yù　　　　育
yù　　　　域
yù　　　　遇
yù　　　　預
yún　　　雲
yùn　　　運
yǔng　　永
yǔng　　勇
yùng　　用
ywán　　元
ywán　　原
ywán　　源
ywán　　員
ywán　　園
ywǎn　　圓
ywàn　　遠
ywàn　　院
ywē　　　願
ywè　　　約
ywè　　　月
越

附錄三 本冊所用生字表

（阿拉伯數字代表課數）

A

a	啊	10
āi	挨	7
āi	哀	12
àn	岸	2
àn	按	8
áng	昂	17

B

bā	芭	13
bǎi	擺	3
bài	拜	7
bān	搬	6
bàn	扮	13
bāng	傍	3
bāng	幫	13
bàu	暴	13
bēi	杯	4
bēi	悲	7
bèi	輩	9

bī	逼	7
bí	鼻	10
bǐ	彼	6
bì	避	12
bì	弊	19
bīng	冰	15
bǔ	捕	20
bwō	撥	15
bwō	波	16

C

chái	柴	1
chāu	超	4
cháu	潮	16
chǎu	吵	6
chèn	趁	13
chéng	乘	5
chéng	誠	5
chéng	承	8
chī	妻	9
chī	欺	18
chī	淒	12

dyé	跌	9	*féng*	逢	12
dyōu	丟	13	*fèng*	奉	2
dž	仔	8	*fǒu*	否	14
dzā	粲	14	*fū*	敷	11
dzá	雜	3	*fú*	扶	3
dzāi	災	2	*fú*	浮	8
dzàn	讚	17	*fú*	伏	8
dzàng	葬	2	*fú*	符	19
dzūng	蹤	14	*fǔ*	斧	1
dzūng	宗	15	*fǔ*	撫	15
dzùng	縱	16	*fǔ*	俯	14
dzwān	鑽	8	*fù*	婦	3
dzwèi	醉	4	*fù*	付	4
			fù	腹	14

E

é	額	7
é	娥	16
è	餓	1
ēn	恩	8

G

gài	蓋	1
gān	乾	9
gǎn	趕	1
gāng	缸	3
gē	割	14
gēng	耕	6
gōu	溝	3
gōu	鉤	18
gū	孤	3
gǔ	穀	7
gǔ	骨	10
gǔ	鼓	17

F

fān	翻	11
fán	煩	18
fāng	芳	6
fáng	防	10
fēi	飛	5
fén	墳	2

gù	顧	9	*hwāng*	荒	1
gūng	弓	13	*hwāng*	慌	1
gūng	恭	18	*hwáng*	煌	5
gùng	貢	18	*hwàng*	晃	17
gwā	颳	3	*hwēi*	恢	5
gwān	棺	4	*hwēi*	輝	17
gwàn	灌	7	*hwéi*	徊	16
gwāng	光	6	*hwěi*	悔	8
gwèi	跪	12	*hwò*	獲	19
			hwūn	婚	6
			hwún	渾	17

H

hāi	咳	15			
hàn	旱	5		**J**	
hán	含	1			
hǎn	喊	4	*já*	扎	17
háu	號	16	*jāi(jé)*	摘	7
hèn	恨	6	*jǎng*	漲	16
hóu	侯	17	*jǎng*	掌	10
hòu	厚	6	*jàng*	丈	13
hū	乎	17	*jàng*	脹	17
hú	壺	4	*jǎu*	找	2
hú	鬍	10	*jé*	摺	16
hú	湖	17	*jè*	浙	16
hǔ	虎	7	*jèn*	震	16
húng	宏	20	*jēng*	掙	17
hwá	划	11	*jī*	激	17
hwán	桓	12	*jī*	積	3
hwàn	煥	14	*jī*	雞	9
			jī	蹟	15

kwēi	虧	12	*lyǎn*	臉	20
kwùn	困	9	*lyáng*	涼	5
			lyáng	梁	19
L			*lyáng*	糧	9
			lyàng	諒	5
lā	拉	13	*lyáu*	療	17
lán	蘭	13	*lyè*	裂	19
lán	籃	14	*lyù*	慮	11
làn	爛	1	*lywè*	略	18
láng	郎	14			
láu	撈	16	**M**		
léi	雷	13			
lèi	淚	15	*mǎ*	螞	8
lì	麗	2	*mà*	罵	13
lì	曆	12	*mái*	埋	4
lì	厲	14	*mài*	麥	9
lì	笠	20	*mài*	脈	7
lín	臨	14	*mán*	瞞	11
líng	靈	10	*máng*	茫	13
lǐng	嶺	14	*máu*	茅	3
lòu	漏	10	*màu*	茂	7
lòu	露	19	*màu*	冒	15
lǔ	魯	5	*mèn/mēn*	悶	18
lú	蘆	8	*mèng*	孟	15
lù	錄	8	*mí*	迷	1
lúng	龍	10	*mǐn*	敏	10
lwǎn	卵	19	*móu*	謀	10
lwó	螺	3	*mù*	慕	5
lyán	憐	15	*mù*	暮	13

mù	幕	14	*pàn*	判	14
mwó	磨	18	*pàn*	盼	20
mwò	默	20	*pàng*	胖	19
mwò	末	18	*pèi*	佩	18
mwò	沒	18	*pén*	盆	11
myán	眠	18	*pěng*	捧	16
myǎn	勉	6	*pī*	批	13
myàn	麵	18	*pì*	僻	1
myàu	妙	5	*píng*	評	14
myàu	廟	11	*pū*	撲	16
			pwō	坡	19
N			*pyān*	篇	8
			pyàn	騙	18
nà/nwó	娜	14	*pyāu*	漂	8
nài	奈	15			
nàu	鬧	2	**R**		
nèn	嫩	15			
nù	怒	13	*rǎn*	染	2
núng	農	13	*rě*	惹	15
nwǎn	暖	15	*rěn*	忍	14
nyàng	釀	4	*rēng*	扔	16
nyǒu	扭	17	*róu*	揉	4
			róu	柔	13
P			*rǔ*	汝	12
			rúng	融	15
pái	徘	16	*rwò*	弱	15
pān	攀	10			
pán	盤	1			
pán	磻	18			

S

sǎ	撒	6
sàng	喪	18
sǎu	嫂	6
shài	曬	10
shǎn	閃	19
shǎng	賞	17
shé	蛇	17
shě	捨	12
shēn	伸	10
shēn	紳	19
shèng	剩	6
shèng	聖	14
shóu	熟	8
shòu	授	12
shòu	瘦	15
shòu	獸	19
shř	屍	16
shř	駛	20
shř	侍	12
shr	匙	9
shū	舒	4
shū	蔬	9
shǔ	蜀	2
shwāi	摔	10
shwài	率	19
shwài	帥	18

sú	俗	12
sūng	鬆	10
sùng	宋	5
swān	酸	16
swéi	隨	17
swéi	隋	19
swèi	碎	10
swǔn	損	10
swǔn	筍	15
syān	仙	1
syān	鮮	1
syán	閒	3
syán	銜	14
syán	賢	18
syǎn	顯	20
syàn	獻	18
syāng	箱	7
syàu	孝	15
syé	鞋	11
syě	血	2
syè	泄	10
syī	溪	18
syí	媳	3
syí	惜	15
syí	襲	19
syīn	欣	17
syǐng	醒	4
syìng	杏	7
syòu	嗅	10

syòu	秀	18		*tāu*	濤	16
syòu	袖	8		*téng*	騰	3
syòu	銹	1		*téng*	疼	20
syū	鬚	10		*tī*	梯	5
syún	尋	9		*tǐ*	體	4
syūng	兇(凶)	18		*tíng*	廷	19
syūng	洶	16		*tǐng*	挺	19
syúng	熊	18		*tōu*	偷	2
sywán	玄	4		*tsā*	擦	9
sywě	雪	15		*tsǎi*	彩	14
sywè	血	2		*tsǎi*	采	14
sż	飼	11		*tsǎn*	慘	12
sż	賜	15		*tsāng*	蒼	13
				tsāng	倉	7
	T			*tsáu*	曹	16
				tsòu	湊	11
tā	它	10		*tsū*	粗	8
tā	牠	17		*tsūng*	匆	4
tǎ	塔	5		*tsūng*	聰	12
tāi	胎	13		*tsúng*	叢	9
tái	擡	1		*tsź*	祠	19
tái	颱	20		*tsż*	刺	11
tān	攤	12		*tú*	突	8
tān	貪	7		*tú*	屠	18
tàn	嘆	15		*tù*	吐	2
tāng	湯	15		*tù*	兔	19
táng	唐	19		*tǔng*	桶	13
tǎng	躺	4		*twèi*	退	2
tàng	趟	9		*twō*	托	17

tyán	甜	13		_yàu_	藥	7
tyāu	挑	2		_yàu_	鑰	9
				_yé_	爺	2
W				_yě_	野	1
				_yí_	咦	3
_wā_	挖	2		_yí_	疑	4
_wǎ_	瓦	11		_yí_	儀	8
wān	彎	18		_yǐ_	蟻	8
wán	丸	7		_yì_	藝	5
wǎn	挽	8		_yīn_	陰	12
wāng	汪	19		_yǐn_	引	8
wǎng	枉	5		_yīng_	英	2
wéi	圍	15		_yōu_	憂	2
wěi	葦	8		_yóu_	尤	11
wèi	餵	11		_yóu_	游	16
wèi	渭	18		_yú_	虞	16
wén	聞	10		_yú_	漁	20
wén	紋	19		_yǔ_	宇	2
wěn	穩	20		_yùn_	孕	5
_wō_	窩	8		_yǔng_	湧	16
_wū_	巫	14		_ywān_	鳶	5
				ywān	寃	5
Y				_ywàn_	怨	16
_yā_	鴨	12				
yān	淹	2				
yáng	羊	9				
yáng	揚	20				
yáu	搖	10				

附錄四　生字與生詞索引
（阿拉伯數字代表課數）

A

a	啊	˙ㄚ	P: final particle indicating an interjection, interrogative, etc.	10
āi	挨	ㄞ	FV: 1) to suffer from (a beating, hunger, criticism, etc.) 2) be close to (physically); be next to	7
āi	哀	ㄞ	B: sorrowful	12
āichyóu	哀求	ㄞ ㄑㄧㄡˊ	FV: to entreat; to implore	13
āiè	挨餓	ㄞ ㄜˋ	VO: to suffer from hunger; to go hungry	7
āiywàn de	哀怨地	ㄞ ㄩㄢˋ ˙ㄉㄜ	A: with grief and bitterness	16
āměidzú	阿美族	ㄚ ㄇㄟˇㄗㄨˊ	N: the Ami tribe	14
àn	岸	ㄢˋ	N: shore; bank; coast	2
àn	按	ㄢˋ	CV: according to	8
āndzàng	安葬	ㄢ ㄗㄤˋ	FV: to bury (the dead); to make ceremonial burial arrangements and bury	2
áng	昂	ㄤˊ	FV: to hold (one's head) high	17
ànjàu	按照	ㄢˋ ㄓㄠˋ	CV: according to	8

ànjūng	暗中	ㄢˋ ㄓㄨㄥ	A: secretly; furtively	14
ānshr̀	安適	ㄢ ㄕˋ	SV: be comfortable	6
ānsyīn	安心	ㄢ ㄒㄧㄣ	A: unworriedly	3

B

bā	芭	ㄅㄚ	B: plantain	13
bǎi	擺	ㄅㄞˇ	FV: 1) to place; to put 2) to arrange (things in order)	3
bài	拜	ㄅㄞˋ	B: show respect by bowing, kowtowing, etc.	7
bàibyé	拜別	ㄅㄞˋ ㄅㄧㄝˊ	FV: to take formal leave (of one's parents, elders, etc.) by doing obeisance; to say farewell to	8
bàifǎng	拜訪	ㄅㄞˋㄈㄤˇ	FV: to call on; to pay a visit to	7
bǎishèr	擺設兒	ㄅㄞˇㄕㄜˋㄦ	N: articles or ornaments for interior decorations	6
bǎmài	把脈	ㄅㄚˇㄇㄞˋ	VO: to take (someone's) pulse	7
bān	搬	ㄅㄢ	FV: to move (house, office, etc.)	6
bàn	扮	ㄅㄢˋ	B: dress up FV: to be dressed up as; to play the part of (a character in a play, etc.)	13
bāng	傍	ㄅㄤ	B: draw near (a certain time or place)	3
bāng	幫	ㄅㄤ	FV: to help; to assist	13

bāng	幫忙	ㄅㄤ	VO:	to give or lend a hand; to	
máng		ㄇㄤˊ		do (someone) a favor	13
bāngwǎn	傍晚	ㄅㄤ ㄨㄢˇTW:		early in the evening	3
bàr	把兒	ㄅㄚˋㄦ	N:	grip; handle (of a small object, such as a knife, kettle, broom, etc.)	1
bàu	暴	ㄅㄠˋ	SV:	be sudden and violent	13
bàuchóu	報仇	ㄅㄠˋㄔㄡˊVO:		to get revenge; to avenge	5
bàudá	報答	ㄅㄠˋㄉㄚˊ FV:		to repay	17
bāudzā	包紮	ㄅㄠ ㄗㄚ FV:		to wrap or bind up	17
àuēn	報恩	ㄅㄠˋ ㄣ	VO:	to pay a debt of gratitude	8
bàugàu	報告	ㄅㄠˋ ㄍㄠˋ	FV&N:	to report; to make known; a report	10
bǎujū	寶珠	ㄅㄠˇ ㄓㄨ	N:	precious pearl	17
bàujyūn	暴君	ㄅㄠˋ ㄐㄩㄣ N:		tyrant; despot	18
bǎukù	寶庫	ㄅㄠˇ ㄎㄨˋ	N:	treasure house	9
bǎusyùn	寶訓	ㄅㄠˇㄒㄩㄣˋN:		valuable teachings	9
bǎutǎ	寶塔	ㄅㄠˇ ㄊㄚˇ	N:	pagoda	5
bǎuwù	寶物	ㄅㄠˇ ㄨˋ	N:	treasure	11
bǎwěn	把穩	ㄅㄚˇㄨㄣˇ RC:		to hold (a rudder) firmly	20
bēi	杯	ㄅㄟ	B&M:	cup; glass	4
bēi	悲	ㄅㄟ	B:	grieved; sorrowful	7
bèi	輩	ㄅㄟˋ	B:	lifetime; very long time	
			M:	generation	9
bēidz	杯子	ㄅㄟ ˙ㄗ	N:	cup; glass	4
běigǎng	北港	ㄅㄟˇ ㄍㄤˇ N:		Peikang, name of a township in Yunlin County and site of the historic Matzu Temple, which was built in 1694;	

originally a river port and major landing point of immigrants from mainland China during the late Ming Dynasty　20

bēishāng	悲傷	ㄅㄟ ㄕㄤ	SV:	be sad; be sorrowful	7
bī	逼	ㄅ丨	FV:	to force; to compel	7
bí	鼻	ㄅ丨ˊ	B:	nose	10
bǐ	彼	ㄅ丨ˇ	B:	that; those	6
bì	避	ㄅ丨ˋ	FV:	to avoid; to evade	12
bì	弊	ㄅ丨ˋ	B:	harm; disadvantage	19
bídz	鼻子	ㄅ丨ˊ ˙ㄗ	N:	nose	10
bìnàn	避難	ㄅ丨ˋ ㄋㄢˋ	VO:	to seek refuge	12
bīng	冰	ㄅ丨ㄥ	N:	ice	15
bǐtsž	彼此	ㄅ丨ˇ ㄘˇ	A:	each other; one another	6
bǔ	捕	ㄅㄨˇ	FV:	to catch	20
búlyàu	不料	ㄅㄨˊ ㄌ丨ㄠˋ	A:	unexpectedly; to one's surprise	17
bùnúngdzú	布農族	ㄅㄨˋ ㄋㄨㄥˊ ㄗㄨˊ	N:	the Bunu Tribe (of aborigines on Taiwan)	13
búsyìng	不幸	ㄅㄨˊ ㄒ丨ㄥˋ	A&SV:	unfortunately; be unfortunate	16
bùtyáu	布條	ㄅㄨˋ ㄊ丨ㄠˊ	N:	strip of cloth	17
bǔyú	捕魚	ㄅㄨˇ ㄩˊ	VO:	to catch fish (with a net)	20
bwō	撥	ㄅㄛ	FV:	to move, turn, or adjust (with something long and thin, as a finger or stick)	15
bwō	波	ㄅㄛ	B:	wave	16

bwōkāi	撥開	ㄅㄛ ㄎㄞ FV:	to push or move aside; to poke or spread apart	15
bwōtāu	波濤	ㄅㄛ ㄊㄠ N:	billows; great waves	16
byànhwà	變化	ㄅㄧㄢˋ ㄏㄨㄚˋ N:	change; transformation	1
byàndi	遍地	ㄅㄧ ㄢˋ ㄉㄧˋ A:	everywhere; all over	15
byédz̀	別字	ㄅㄧㄝˊ ㄗˋ N:	a word which is written or pronounced incorrectly	8

C

cháchŕ	茶匙	ㄔㄚˊ ㄔˊ N:	teaspoon	9
chái	柴	ㄔㄞˊ N:	firewood; faggots	1
chákàn	察看	ㄔㄚˊ ㄎㄢˋ FV:	to look carefully at	14
chángān	長安	ㄔㄤˊ ㄢ N:	Changan, capital of China for 970 years at various times between the 3rd century B. C. and the 10th century A. D.; now called Sian, which is the capital of Shensi Province	12
chāu	超	ㄔㄠ FV:	to exceed; to surpass	4
cháu	潮	ㄔㄠˊ N:	tide	16
chǎu	吵	ㄔㄠˇ FV:	to quarrel; to squabble	6
chāuchē	超車	ㄔㄠ ㄔㄜ VO:	to pass a motor vehicle	4
chāu chyún	超羣	ㄔㄠ ㄑㄩㄣˊ VO:	to surpass all others	12
chāugwò	超過	ㄔㄠ ㄍㄨㄛˋ RC:	to exceed; to surpass	4
chǎunàu	吵鬧	ㄔㄠˇ ㄋㄠˋ FV:	1) to wrangle; to kick up a row	
			2) to make a lot of noise	6
cháushwěi	潮水	ㄔㄠˊ ㄕㄨㄟˇ N:	tidewater	16

cháutíng	朝廷	ㄔㄠˊ ㄊㄧㄥˊ	N:	imperial court	19
chēkù	車庫	ㄔㄜ ㄎㄨˋ	N:	garage	9
chèn	趁	ㄔㄣˋ	CV:	while (there is an opportunity); during	13
chéng	乘	ㄔㄥˊ	FV:	to ride	5
chéng	誠	ㄔㄥˊ	B:	sincere; honest	5
chéng	承	ㄔㄥˊ	B:	admit	8
chēngdàu	稱道	ㄔㄥ ㄉㄠˋ	FV:	to praise	18
chēngdzàn	稱讚	ㄔㄥ ㄗㄢˋ	FV:	to praise; to commend	17
chénggwǒ	成果	ㄔㄥˊ ㄍㄨㄛˇ	N:	achievement; positive result	9
chéngjyàn	成見	ㄔㄥˊ ㄐㄧㄢˋ	N:	prejudice; stubborn, preconceived idea (that someone or something is bad)	13
chéngkè	乘客	ㄔㄥˊ ㄎㄜˋ	N:	passenger	5
chéngkěn	誠懇	ㄔㄥˊ ㄎㄣˇ	SV:	be sincere	5
chéngmén kǒu	城門口	ㄔㄥˊ ㄇㄣˊ ㄎㄡˇ	PW:	the area just in front of the city gate	18
chéngrén	成人	ㄔㄥˊ ㄖㄣˊ	VO&N:	to grow up; a grown-up; an adult	15
chéngrèn	承認	ㄔㄥˊ ㄖㄣˋ	FV:	to admit; to acknowledge	8
chénmwò	沈默	ㄔㄣˊ ㄇㄛˋ	SV&N:	be silent; be reticient; silence	20
chī	妻	ㄑㄧ	B & N:	wife	9
chī	欺	ㄑㄧ	B:	deceive; take advantage of	18
chī	淒	ㄑㄧ	B:	wretched; miserable	12
chí	棋	ㄑㄧˊ	N:	the game of (Chinese) chess, go or similar games	1
chí	祈	ㄑㄧˊ	B:	pray	14
chíchyóu	祈求	ㄑㄧˊ ㄑㄧㄡˊ	FV:	to pray for	14

chīdz	妻子	ㄑㄧ˙ㄗ	N: wife	9
chídž	棋子	ㄑㄧˊㄗˇ	N: chess piece	1
chíjī	奇蹟	ㄑㄧˊㄐㄧ	N: miracle; marvel	15
chīlì	淒厲	ㄑㄧ ㄌㄧˋ	SV: be sad and shrill	16
chín	禽	ㄑㄧㄣˊ	B: birds	19
chín	勤	ㄑㄧㄣˊ	SV: be diligent; be industrious	9
chīnchyè	親切	ㄑㄧㄣ ㄑㄧㄝˋ	SV: be cordial; be kind	6
chíng	晴	ㄑㄧㄥˊ	SV: (of the sky or weather) be clear	10
chínglráng	情郎	ㄑㄧㄥˊㄌㄤˊ	N: a girl's lover	14
chǐng dzwèi	請罪	ㄑㄧㄥˇ ㄗㄨㄟˋ	VO: to confess guilt and ask for lenient consideration	5
chīng syāng	清香	ㄑㄧㄥ ㄒㄧㄤ	SV: be delicately fragrant	1
chíngyǔ	晴雨	ㄑㄧㄥˊㄩˇ	N&SV: rain or shine; be rainy or clear	10
chínmyǎn	勤勉	ㄑㄧㄣˊㄇㄧㄢˇ	SV: be diligent; be industrious	15
chínshòu	禽獸	ㄑㄧㄣˊㄕㄡˋ	N: birds and beasts	19
chīnsyí	侵襲	ㄑㄧㄣㄒㄧˊ	FV: to raid; to strike; to hit	19
chīpyàn	欺騙	ㄑㄧㄆㄧㄢˋ	FV: to deceive; to cheat	18
chītsǎn	淒慘	ㄑㄧ ㄘㄢˇ	SV: be tragic; be heart-rending; be wretched	12
chóu	愁	ㄔㄡˊ	SV: be worried; be sorrowful; be distressed FV: to worry; to worry about	2
chóu	仇	ㄔㄡˊ	N: hatred; grudge	5
chóudí	仇敵	ㄔㄡˊ ㄉㄧˊ	N: enemy; foe	14

chóurén	仇人	ㄔㄡˊ ㄖㄣˊ	N:	(personal) enemy	5
chŕ	持	ㄔˊ	B:	support; maintain; hold	11
chŕ	匙	ㄔˊ	B:	spoon	9
			M:	spoonful	
chř	恥	ㄔˇ	B:	shame; disgrace	9
chr̀	斥	ㄔˋ	B:	reprimand; scolding	8
chr̀dzé	斥責	ㄔˋ ㄗㄜˊ	N & FV:	a reprimand; a rebuke; to reprimand; to rebuke	8
chr̄jīng	吃驚	ㄔ ㄐㄧㄥ	VO:	to be startled; to be taken aback; to be shocked	1
chr̄jīngde	吃驚地	ㄔㄐㄧㄥ·ㄉㄜ	A:	in a startling or shocking way	1
chr̄kŭ	吃苦	ㄔ ㄎㄨˇ	VO:	to suffer or endure hardship	3
_c*hr̀mà*	斥罵	ㄔˋ ㄇㄚˋ	FV:	to upbraid; to bawl out	8
chú	鋤	ㄔㄨˊ	B:	hoe	
			FV:	to hoe	3
chŭ	楚	ㄔㄨˇ	N:	1) name of an ancient state 2) a Chinese family name	5
chŭgwó	楚國	ㄔㄨˇ ㄍㄨㄛˊ	N:	the State of Chu, an ancient kingdom during the Spring and Autumn Period, located in what are today's Hupeh and Hunan Provinces	5
chyùlù	去路	ㄑㄩˋ ㄌㄨˋ	N:	outlet	2
chúng	崇	ㄔㄨㄥˊ	B:	worship; esteem	20
chúngbài	崇拜	ㄔㄨㄥˊ ㄅㄞˋ	FV:	to worship (a person, deity, etc.)	20
chúng fèng	崇奉	ㄔㄨㄥˊ ㄈㄥˋ	FV:	to believe in (a religion); to worship	20

chúng *jìng*	崇敬	ㄔㄨㄥˊ ㄐㄧㄥˋ	FV:	to respect; to revere 20
chǔjr̀	處置	ㄔㄨˇ ㄓˋ	FV:	1) to punish 2) to deal with; to handle　10
chūjùng	出眾	ㄔㄨ ㄓㄨㄥˋ	SV:	be outstanding; be exceptional　19
chúng *jyǒu*	重九	ㄔㄨㄥˊ ㄐㄧㄡˇ	N:	Double Nine (the ninth day of the ninth month of the lunar year)　12
chūshén	出神	ㄔㄨㄕㄣˊ	FV:	to be lost in thought; to be mesmerized　1
chūshénde	出神地	ㄔㄨ ㄕㄣˊ •ㄉㄜ	A:	absorbedly; with rapt atten- tion　1
chūsyàn	出現	ㄔㄨㄒㄧㄢˋ	FV:	to appear; to come into view　8
chūtóu	出頭	ㄔㄨㄊㄡˊ	VO:	(of an undistinguished per- son) to be successful in one's career; to free oneself from misery, poverty, etc.　3
chútou	鋤頭	ㄔㄨˊ •ㄊㄡ	N:	hoe　3
chwān	川	ㄔㄨㄢ	N:	river　2
chwánlái	傳來	ㄔㄨㄢˊ ㄌㄞˊ	RC:	(of sound, news, etc.) to be carried here　1
chwánchí	傳奇	ㄔㄨㄢˊ ㄑㄧˊ	N:	legend; romance　19
chwánchí *syìng*	傳奇性	ㄔㄨㄢˊ ㄑㄧˊ ㄒㄧㄥˋ	SV&N:	be legendary; legendary qualities　19
chwáng	牀	ㄔㄨㄤˊ	N:	bed　13
chwánrǎn *bìng*	傳染病	ㄔㄨㄢˊㄖㄢˇ ㄅㄧㄥˋ	N:	a contagious disease 12

chwán shòu	傳授	ㄔㄨㄢˊ ㄕㄡˋ	FV:	to pass on (knowledge, skills, etc.); to teach　　12
chwán shwō	傳說	ㄔㄨㄢˊ ㄕㄨㄛ	N: FV:	1) legend; lore 2) a rumor; hearsay to spread a rumor; it is said that　　9
chwéi	垂	ㄔㄨㄟˊ	FV:	to droop; to hang down; to suspend　　10
chwūn chyōushŕdài	春秋時代	ㄔㄨㄣ ㄑㄧㄡ ㄕˊ ㄉㄞˋ	N:	the Spring and Autumn Period (722-481 B.C.), a time of constant inter-state strife　17
chyà	恰	ㄑㄧㄚˋ	B:	just; exactly　　6
chyà chyǎu	恰巧	ㄑㄧㄚˋ ㄑㄧㄠˇ	A:	it happens to; by chance　　6
chyàhǎu	恰好	ㄑㄧㄚˋ ㄏㄠˇ	A:	by luck; as luck would have it 6
chyángdàu	強盜	ㄑㄧㄤˊ ㄉㄠˋ	N:	robber　　19
chyānr̀ jyǒu	千日酒	ㄑㄧㄢ ㄖˋ ㄐㄧㄡˇ	N:	Thousand-day Wine (which is aid to put the person who drinks it into a drunken state for a thousand days)　4
chyán wǎng	前往	ㄑㄧㄢˊ ㄨㄤˇ	FV:	to go to (some definite place)　　18
chyǎu	橋	ㄑㄧㄠˊ	N:	bridge　　11
chyǎu	悄	ㄑㄧㄠˇ	B:	quiet; silent　　1
chyǎu	巧	ㄑㄧㄠˇ	SV:	be skillful; be ingenious　5
chyǎu chyǎude	悄悄地	ㄑㄧㄠˇ ·ㄉㄜ	A:	quietly; silently and secretly　1
chyǎuhé	巧合	ㄑㄧㄠˇ ㄏㄜˊ	N:	a coincidence　　8

chyáu	橋梁	ㄑㄧㄠˊ	N: bridge	
lyáng		ㄌㄧㄤˊ		19
chyōu	丘	ㄑㄧㄡ	B: mound; hill	17
chyóu	酋	ㄑㄧㄡˊ	B: chieftain	14
chyóujǎng	酋長	ㄑㄧㄡˊㄓㄤˇ	N: tribal chief	14
chyǔ	娶	ㄑㄩˇ	FV: (of a man) to marry	3
chyún	裙	ㄑㄩㄣˊ	B: skirt	14
chyúndz	裙子	ㄑㄩㄣˊ·ㄗ	N: skirt	14
chyúng	窮	ㄑㄩㄥˊ	SV: be poor; be poverty-stricken	3
chyùshr̀	去世	ㄑㄩˋ ㄕˋ	VO: (of a person) to depart from this world; to pass away	6
chyǔsyàu	取笑	ㄑㄩˇ ㄒㄧㄠˋ	FV: to make fun of; to tease	3
chywē	缺	ㄑㄩㄝ	SV: be incomplete; be imperfect	2
chywēkǒu	缺口	ㄑㄩㄝ ㄎㄡˇ	N: breach; gap	2

D

dā	搭	ㄉㄚ	FV: 1) to build; to set up 2) to take (a boat, plane, train, etc.)	3
dǎbàn	打扮	ㄉㄚˇㄅㄢˋ	FV: to dress up (including facial make-up)	13
dāchǐ	搭起	ㄉㄚ ㄑㄧˇ	RC: to put up; to set up	3
dàdì	大地	ㄉㄚˋ ㄉㄧˋ	N: the earth; the land	15
dài	戴	ㄉㄞˋ	FV: to wear; to put on (a hat, eyeglasses, gloves, jewelry or other adornments)	20
dài	袋	ㄉㄞˋ	B: bag; sack; pouch	17

dǎn	膽	ㄉㄢˇ	N: the gall bladder	
			B: courage	8
dàibyǎu	代表	ㄉㄞˋㄅㄧㄠˇ	N&FV: representative; to represent	5
dàidz	袋子	ㄉㄞˋ ˙ㄗ	N: bag; sack	17
dàishang	戴上	ㄉㄞˋ ˙ㄕㄤ	RC: to put on	20
dǎlyè	打獵	ㄉㄚˇㄌㄧㄝˋ	VO: to go hunting	13
dàmài	大麥	ㄉㄚˋ ㄇㄞˋ	N: barley	9
dǎn	膽	ㄉㄢˇ	N: the gall bladder	
			B: courage	8
dàn	蛋	ㄉㄢˋ	N: egg	11
dǎndz	膽子	ㄉㄢˇ ˙ㄗ	N: courage; nerve	8
dàndz	擔子	ㄉㄢˋ ˙ㄗ	N: a carrying pole and the loads suspended from both ends	18
dǎng	擋	ㄉㄤˇ	FV: to block (the way or view); to ward off (a blow)	2
dǎngjù	擋住	ㄉㄤˇ ㄓㄨˋ	RC: to block; to hold back	2
dǎtūng	打通	ㄉㄚˇ ㄊㄨㄥ	FV: to open up (a passageway, throughway, etc.)	2
dānrèn	擔任	ㄉㄢ ㄖㄣˋ	FV: to assume (a position or responsibility)	14
dānshēn hàn	單身漢	ㄉㄢ ㄕㄣ ㄏㄢˋ	N: bachelor	3
dānsyīn	擔心	ㄉㄢ ㄒㄧㄣ	VO: to worry; to be worried; be anxious	4
dǎu	倒	ㄉㄠˇ	RE: down FV: to fall down	4
dǎu	禱	ㄉㄠˇ	B: pray	16
dàu	盜	ㄉㄠˋ	B: thief; robber	19
dàufěi	盜匪	ㄉㄠˋ ㄈㄟˇ	N: bandit; robber	19

dǎugàu	禱告	ㄉㄠˇ ㄍㄠˋ FV:	to pray	16
dāushāng	刀傷	ㄉㄠ ㄕㄤ N:	stab wound	17
dàusyè	道謝	ㄉㄠˋ ㄒㄧㄝˋ VO:	to express one's thanks	3
dédzwèi	得罪	ㄉㄜˊ ㄗㄨㄟˋ FV:	to offend; to displease	5
dēng	登	ㄉㄥ FV:	to climb; to ascend	12
dēnggāu	登高	ㄉㄥ ㄍㄠ VO:	to climb a height	12
dēnglù	登陸	ㄉㄥ ㄌㄨˋ VO:	to land	12
dēngshān	登山	ㄉㄥ ㄕㄢ VO:	to climb mountains; to go mountain climbing	12
dēngtǎ	燈塔	ㄉㄥ ㄊㄚˇ N:	lighthouse	5
dēngtái	登臺	ㄉㄥ ㄊㄞˊ VO:	(of an actor, lecturer, etc.) to go on the stage	12
déyì	得意	ㄉㄜˊ ㄧˋ SV:	be proud of, or satisfied with oneself or something that one had done	8
dī	滴	ㄉㄧ M:	drop (of any liquid)	
		FV:	to drip	13
dì	帝	ㄉㄧˋ B:	emperor; supreme ruler	3
díchywè	的確	ㄉㄧˊ ㄑㄩㄝˋ A:	really; indeed	4
dìgwó	帝國	ㄉㄧˋ ㄍㄨㄛˊ N:	empire	3
dìjèn	地震	ㄉㄧˋ ㄓㄣˋ N:	earthquake	16
dǐng	頂	ㄉㄧㄥˇ N&B:	top part (of something)	9
dìngjyū	定居	ㄉㄧㄥˋ ㄐㄩ FV:	to settle down (in a town, etc.)	18
dǐng shàng	頂上	ㄉㄧㄥˇ ㄕㄤˋ PW:	on the top	9
dǒu	陡	ㄉㄡˇ SV:	be steep	9
dù	肚	ㄉㄨˋ B:	stomach; belly	1
dù	杜	ㄉㄨˋ N:	a Chinese family name	2

dù	渡	ㄉㄨˋ	B:	cross (a river, ocean, etc.) 11
dùchwán	渡船	ㄉㄨˋ ㄔㄨㄢˊ	N:	ferry boat 11
dùdz	肚子	ㄉㄨˋ ·ㄗ	N:	stomach; belly 1
dùjywān	杜鵑	ㄉㄨˋㄐㄩㄢ	N:	1) the cuckoo
				2) the azalea 2
dùjywān hwā	杜鵑花	ㄉㄨˋㄐㄩㄢ ㄏㄨㄚ	N:	the azalea 2
dǔng	董	ㄉㄨㄥˇ	N:	a Chinese family name 7
dùng	洞	ㄉㄨㄥˋ	N:	hole 1
dùngdzwò	動作	ㄉㄨㄥˋㄗㄨㄛˋ	N:	action; movement 14
dùng gūng	動工	ㄉㄨㄥˋ ㄍㄨㄥ	VO:	to begin construction; to start building 11
dūng myán	多眠	ㄉㄨㄥ ㄇㄧㄢˊ	FV:	to hibernate 18
dūngswǔn	多筍	ㄉㄨㄥ ㄙㄨㄣˇ	N:	a variety of bamboo shoot which sprouts in winter 15
dùngshǒu	動手	ㄉㄨㄥˋ ㄕㄡˇ	VO:	1) to start to do work
				2) to raise a hand to strike; to come to blows 3
dǔngsyān	董仙	ㄉㄨㄥˇㄒㄧㄢ	N:	Immortal Tung, deified name of Tung Feng 7
dùyǔ	杜宇	ㄉㄨˋ ㄩˇ	N:	1) Tu Yu, a descendant of the Yellow Emperor, who ruled during the Chou Dynasty over the region now known as Szechuan Province
				2) another name for 杜鵑 2
dwān	端	ㄉㄨㄢ	FV:	to carry; to hold (something) with both hands (as a tray) 1

dwānchū	端出	ㄉㄨㄢ ㄔㄨ	RC:	to carry out (on a tray); to serve 1
dwǎn	短裙	ㄉㄨㄢˇ	N:	short skirt
chyún		ㄑㄩㄣˊ		14
dwànjywé	斷絕	ㄉㄨㄢˋㄐㄩㄝˊ	FV:	to break off; to sever 6
dwànsùng	斷送	ㄉㄨㄢˋ	FV:	to forfeit (one's life, forture,
		ㄙㄨㄥˋ		future, etc.) 11
dwēi	堆	ㄉㄨㄟ	FV:	to pile; to heap 7
dwèi	對	ㄉㄨㄟˋ	B:	opposite; facing 20
dwèiàn	對岸	ㄉㄨㄟˋ ㄢˋ	N:	opposite shore 20
dwèishǒu	對手	ㄉㄨㄟˋ	N:	opponent; equal match (for
		ㄕㄡˇ		someone in a contest) 20
dwǒ	躲	ㄉㄨㄛˇ	FV:	1) (of a person) to hide
				2) to avoid; to dodge 3
ₐ*wǒ*	朵	ㄉㄨㄛˇ	B:	petal-like form 14
dwò	舵	ㄉㄨㄛˋ	N:	rudder; helm 20
dwòshǒu	舵手	ㄉㄨㄛˋ ㄕㄡˇ	N:	helmsman 20
dwūn	敦	ㄉㄨㄣ	B:	honest; sincere 5
dwūn	敦煌	ㄉㄨㄣ	N:	Tunhuang, a town in Kansu
hwáng		ㄏㄨㄤˊ		Province now famous for its nearby caves, which are a treasure-trove of Buddhist scriptures and works of art 5
dyàu	掉	ㄉㄧㄠˋ	RE:	off; out
			FV:	to fall; to drop; to lose 6
dyàu	弔	ㄉㄧㄠˋ	FV:	to suspend hang, lift, or hoist (with string, rope, cable, etc.) 8
dyàu	釣	ㄉㄧㄠˋ	FV:	to catch (with hook and line) 18

dyàuyú	釣魚	ㄉㄧㄠˋ ㄩˊ	VO:	to go fishing (with hook and line); to angle	18
dyē	爹	ㄉㄧㄝ	N:	dad; father	19
dyé	跌	ㄉㄧㄝˊ	FV:	1) to stumble; to fall down	
				2) (of prices) to drop; to fall	9
dyédǎu	跌倒	ㄉㄧㄝˊ ㄉㄠˇ	FV:	to fall down; to stumble; to trip	18
dyōu	丟	ㄉㄧㄡ	FV:	1) to throw; to toss	
				2) to lose (as though carelessness)	13
dyōudyàu	丟掉	ㄉㄧㄡ ㄉㄧㄠˋ	RC:	to throw away; to discard	13
dž	仔	ㄗˇ	B:	very small thing	8
dzā	紮	ㄗㄚ	FV:	to tie; to bind	14
dzá	雜	ㄗㄚˊ	SV:	be mixed; miscellaneous	3
dzāi	災	ㄗㄞ	B:	calamity; disaster	2
dzàidù	再度	ㄗㄞˋ ㄉㄨˋ	A:	once more; once again	17
dzàn	讚	ㄗㄢˋ	B:	praise; commend	17
dzàng	葬	ㄗㄤˋ	FV:	to bury	2
dzáshr̀	雜事	ㄗㄚˊ ㄕˋ	N:	sundry work; miscellaneous affairs	3
dz̀lì	自立	ㄗˋ ㄌㄧˋ	FV:	to earn one's own living; to support oneself; to be financially independent	3
džsyì	仔細	ㄗˇ ㄒㄧˋ	SV:	be atentive to every detail; be meticulous	8
dz̀tǐ	字體	ㄗˋ ㄊㄧˇ	N:	style of calligraphy; type style	4
dzūng	蹤	ㄗㄨㄥ	N:	footprints; tracks	14
dzūng	宗	ㄗㄨㄥ	B:	ancestor	15

dzùng	縱	ㄗㄨㄥˋ	FV:	to let loose; to release	16
dzùng shēn	縱身	ㄗㄨㄥˋ ㄕㄣ	VO:	to set oneself in motion	16
dzūng yǐng	蹤影	ㄗㄨㄥ ㄧㄥˇ	N:	(often preceded by a negative) trace; sign	16
dzwān	鑽	ㄗㄨㄢ	FV:	to worm into; to pierce; to go into or through	8
dzwèi	醉	ㄗㄨㄟˋ	SV:	be drunk	4
dzwèidǎu	醉倒	ㄗㄨㄟˋ ㄉㄠˇ	RC:	to pass out from too much drink; (to cause) to be lying unconscious from too much drink	4
dzwòbì	作弊	ㄗㄨㄛˋ ㄅㄧˋ	VO:	1) to practice fraud; to indulge in corrupt practices 2) to cheat (on an exam)	19
dzwò gwài	作怪	ㄗㄨㄛˋ ㄍㄨㄞˋ	VO:	to do mischief; to make trouble; to act in a strange way	19
dzwòjēn syàn	作針線	ㄗㄨㄛˋ ㄓㄣ ㄒㄧㄢˋ	VO:	to do needlework	16
dzwǒyòu	左右	ㄗㄨㄛˇ ㄧㄡˋ	N:	the left and right sides	17

E

é	額	ㄜˊ	B:	quota; specific amount	7
é	娥	ㄜˊ	N:	a pretty young girl	16
è	餓	ㄜˋ	SV:	be hungry	1
ēn	恩	ㄣ	B:	favor; kindness	8
ēndé	恩德	ㄣ ㄉㄜˊ	N:	kindness; benevolence; favor;

				grace	17
ěrdwo	耳朵	ㄦˇ·ㄉㄨㄛ	N:	ear	14
érsyí	兒媳	ㄦˊ ㄒㄧˊ	N:	son's wife; daughter-in-law	3
éwài	額外	ㄜˊ ㄨㄞˋ	A:	extra; additional	7

F

fādá	發達	ㄈㄚ ㄉㄚˊ	SV:	be developed; be flourishing	
			N:	a well-developed state (of business, communications, etc.)	9
fān	翻	ㄈㄢ	FV:	to capsize; to overturn; to turn uspide down	11
fán	煩	ㄈㄢˊ	SV:	be bored; be fed up; be vexed	18
fāng	芳	ㄈㄤ	B:	fragrant; sweet-smelling	6
fáng	防	ㄈㄤˊ	FV:	to guard against; to take precautions against	10
fàng chíng	放晴	ㄈㄤˋ ㄑㄧㄥˊ	FV:	(of the weather) to become clear; to clear up	10
fángjǐ	防止	ㄈㄤˊ ㄓˇ	FV:	to prevent; to avoid; to guard against	10
fāngsyāng	芳香	ㄈㄤㄒㄧㄤ	SV:	be fragrant; be aromatic	6
fánmèn	煩悶	ㄈㄢˊㄇㄣˋ	SV:	be downcast; be depressed; be vexed	18
fāsyàn	發現	ㄈㄚ ㄒㄧㄢˋ	FV&N:	to discover; to find; discovery; a find	1

fēi	飛	ㄈㄟ	FV:	1) to fly (as a bird)	
				2) to fly (travel by plane)	5
fèicháng	費長房	ㄈㄟˋ ㄔㄤˊ	N:	Fei Chang-fang	
fáng		ㄈㄤˊ			12
fēijī	飛機	ㄈㄟ ㄐㄧ	N:	airplane	5
fēisyúng	飛熊	ㄈㄟ ㄒㄩㄥˊ	N:	flying bear	18
fén	墳	ㄈㄣˊ	N:	grave; tomb	2
féndì	墳地	ㄈㄣˊ ㄉㄧˋ	N:	burial ground	2
féng	逢	ㄈㄥˊ	B:	meet; come again	12
fèng	奉	ㄈㄥˋ	FV:	to receive; to obey (orders, etc.)	2
fēngdēng	風燈	ㄈㄥ ㄉㄥ	N:	storm lantern	20
fēngfù	豐富	ㄈㄥ ㄈㄨˋ	SV:	be abundant; be full; be broad; be rich in content	9
fēngshōu	豐收	ㄈㄥ ㄕㄡ	N:	good or abundant harvest	14
fěnhúng sè	粉紅色	ㄈㄣˇ ㄏㄨㄥˊ ㄙㄜˋ	N:	pink color	7
fēnjyā	分家	ㄈㄣ ㄐㄧㄚ	VO:	(usually said of brothers who adhere to the traditional Chinese custom of sons and parents living under one roof) to divide up family property and set up separate households	6
fǒu	否	ㄈㄡˇ	B:	not	14
fū	敷	ㄈㄨ	FV:	to apply (powder, medication etc.)	11
fú	扶	ㄈㄨˊ	B:	help; give support	
			FV:	to support (something or someone) with the hand; to	

				hold up	3
fú	浮	ㄈㄨˊ	FV:	to float (on or in a liquid); to surface (from under the water)	8
fú	伏	ㄈㄨˊ	FV:	1) to hide 2) to lie (face down); to bend over	8
fú	符	ㄈㄨˊ	B&FV:	(to) agree with	19
fǔ	斧	ㄈㄨˇ	B:	ax; hatchet	1
fǔ	撫	ㄈㄨˇ	B:	foster; raise	15
fǔ	俯	ㄈㄨˇ	B:	bend down	14
fù	婦	ㄈㄨˋ	B:	1) wife 2) woman	3
fù	付	ㄈㄨˋ	FV:	to pay	4
fù	腹	ㄈㄨˋ	B:	abdomen; belly	14
fùànà	富阿娜	ㄈㄨˋ ㄚˊ ㄋㄚˊ	N:	Fu Ah-na, the name of a girl	14
fùbù	腹部	ㄈㄨˋ ㄅㄨˋ	N:	abdominal region	14
fūfù	夫婦	ㄈㄨ ㄈㄨˋ	N:	husband and wife	3
fúhé	符合	ㄈㄨˊ ㄏㄜˊ	FV:	be in keeping with; to accord with; to conform to	19
fújyàn	福建	ㄈㄨˊ ㄐㄧㄢˋ	N:	Fukien, name of a province in southeast China	20
fùnyǔ	婦女	ㄈㄨˋ ㄋㄩˇ	N:	woman; womankind	3
fǔshēn	俯身	ㄈㄨˇ ㄕㄣ	FV:	(of a person) to bend down	14
fúshr̀	服侍	ㄈㄨˊ ㄕˋ	FV:	to wait on; to serve; to attend on	12
fǔtou	斧頭	ㄈㄨˇ ˙ㄊㄡ	N:	ax; hatchet	1
fúyǎng	扶養	ㄈㄨˊ ㄧㄤˇ	FV:	to bring up (a child); to provide for	3

| | | | FV: | to raise; to bring up | 15 |
| *fùyǒu* | 富有 | ㄈㄨˋ ㄧㄡˇ | SV: | be rich; be wealthy | 6 |

G

gài	蓋	ㄍㄞˋ	FV:	1) to build; to erect	
				2) to cover; to place a lid on	
			B:	cover; lid	1
gàichǐ	蓋起	ㄍㄞˋㄑㄧˇ	RC:	to put up; to erect (a building)	1
gàidz	蓋子	ㄍㄞˋ ˙ㄗ	N:	cover; lid; cap; top	1
gǎijyàn	改建	ㄍㄞˇ ㄐㄧㄢˋ	FV:	to demolish and rebuild; to reconstruct; to remodel	11
gān	乾	ㄍㄢ	N:	dried food	
			SV:	be dry; be dried up or out	9
gǎn	趕	ㄍㄢˇ	FV:	1) to drive or chase (away)	
				2) to hurry or rush (to do or make something)	1
gǎndùng	感動	ㄍㄢˇ ㄉㄨㄥˋ	FV:	to move or touch (emotionally)	6
gāng	缸	ㄍㄤ	N:	jar; crock; vat	3
gānhàn	乾旱	ㄍㄢ ㄏㄢˋ	SV:	(of weather or soil) be dry; be arid	13
gǎnjī	感激	ㄍㄢˇ ㄐㄧ	SV:	be grateful (to someone for something)	17
gǎnjǐn	趕緊	ㄍㄢˇㄐㄧㄣˇ	A:	with no loss of time; quickly; hurriedly	15
gānjìng	乾淨	ㄍㄢ ㄐㄧㄥˋ	SV:	be clean; be neat and tidy	9
gǎnkǎu	趕考	ㄍㄢˇ ㄎㄠˇ	VO:	to go to an examination	8
gǎnkwài	趕快	ㄍㄢˇ ㄎㄨㄞˋ	A:	hasty; in a hurry	1

gānlyáng 乾糧	ㄍㄢ ㄌㄧㄤˊ	N:	dry provisions	9
gānsyīn 甘心	ㄍㄢ ㄒㄧㄣ	SV:	be without regret; be pleased; be content	5
gāumíng 高明	ㄍㄠ ㄇㄧㄥˊ	SV:	of excellent quality; be brilliant; be intelligent	12
gāutú 高徒	ㄍㄠ ㄊㄨˊ	N:	excellent student	12
gē 割	ㄍㄜ	FV:	to cut (with a knife)	14
gēng 耕	ㄍㄥ	B&FV:	(to) plow; (to) till	6
gēng 耕種 *jùng*	ㄍㄥ ㄓㄨㄥˋ	FV:	to till; to cultivate	6
gōu 溝	ㄍㄡ	N:	gutter; drain	3
gōu 鉤	ㄍㄡ	B:	hook	18
gōudz 鉤子	ㄍㄡ ˙ㄗ	B:	a hook	18
gū 孤	ㄍㄨ	B:	solitary; alone	3
gǔ 穀	ㄍㄨˇ	B:	grains; cereals	7
gǔ 骨	ㄍㄨˇ	B:	bone	10
gǔ 鼓	ㄍㄨˇ	FV: N:	to bulge; to stick out drum	17
gù 顧	ㄍㄨˋ	FV:	to take care of; to attend to; to think of	9
gùbudé 顧不得	ㄍㄨˋ ˙ㄅㄨ ㄉㄜˊ	RC:	to ignore or disregard (one thing for the sake of attending to something else)	9
gǔdz 穀子	ㄍㄨˇ ˙ㄗ	N:	1) millets 2) unhusked rice	7
gūér 孤兒	ㄍㄨ ㄦˊ	N:	orphan	3
gūgūdān 孤孤單單 *dān*	ㄍㄨ ㄍㄨ ㄉㄢ ㄉㄢ	SV:	be solitary; be alone	3
gǔgǔde 鼓鼓的	ㄍㄨˇ ㄍㄨˇ ˙ㄉㄜ	SV:	be swollen; be bulging	17

gǔjī	古蹟	ㄍㄨˇ ㄐㄧ	N:	relics; ancient remains	15
gūng	弓	ㄍㄨㄥ	N:	bow	13
gūng	恭	ㄍㄨㄥ	B:	respect	18
gùng	貢	ㄍㄨㄥˋ	B:	offer something to a superior	18
gūngdǎ	攻打	ㄍㄨㄥㄉㄚˇ	FV:	to attack; to assault	5
gūnggūng	恭恭敬敬	ㄍㄨㄥ	A:	respectfully	
jìngjìng	地	ㄍㄨㄥ ㄐㄧㄥˋ			
de		ㄐㄧㄥˋ ˙ㄉㄜ			18
gūnjī	公雞	ㄍㄨㄥ ㄐㄧ	N:	rooster	9
gūngjìng	恭敬	ㄍㄨㄥ	FV:	to respect; to show respect to	
		ㄐㄧㄥˋ	SV:	be respectful; be deferential	18
gūngjū	公豬	ㄍㄨㄥ ㄓㄨ	N:	boar	9
gūngjyàn	弓箭	ㄍㄨㄥㄐㄧㄢˋ	N:	bow and arrow	13
gùngsyàn	貢獻	ㄍㄨㄥˋ	N&FV:	contribution; to offer or con-	
		ㄒㄧㄢˋ		tribute (oneself to a cause; etc.)	18
gūngyáng	公羊	ㄍㄨㄥ ㄧㄤˊ	N:	ram	9
gūngyìng	供應	ㄍㄨㄥㄧㄥˋ	FV:	to supply	15
gǔtsāng	穀倉	ㄍㄨˇ ㄘㄤ	N:	granary	7
gǔtou	骨頭	ㄍㄨˇ ˙ㄊㄡ	N:	bone	10
gwā	颳	ㄍㄨㄚ	FV:	(of the wind) to blow	3
gwāfēng	颳風	ㄍㄨㄚ ㄈㄥ	VO:	be windy; the wind blows	3
gwàiwù	怪物	ㄍㄨㄞˋ ㄨˋ	N:	monster; strange creature	5
gwān	棺	ㄍㄨㄢ	B:	coffin	4
gwàn	灌	ㄍㄨㄢˋ	FV:	to direct the flow of liquid (into something)	7
gwāng	光	ㄍㄨㄤ	RE:	be used up; be all gone	6

gwǎng	廣場	ㄍㄨㄤˇ	N: large open area (for holding
chǎng		ㄔㄤˇ	rallies, etc.); public square;
			plaza　14
gwāng	光輝	ㄍㄨㄤ	N: radiance; brilliance
hwēi		ㄏㄨㄟ	17
gwāng	光榮	ㄍㄨㄤ	N: honor; glory
rúng		ㄖㄨㄥˊ	SV: be proud; be honored　14
gwànsyà	灌下去	ㄍㄨㄢˋ	RC: to pour or force (a liquid)
chyu		ㄒㄧㄚˋ ˙ㄑㄩ	down someone's throat　7
gwāntsai	棺材	ㄍㄨㄢ ˙ㄘㄞ	N: coffin　4
gwānywán	官員	ㄍㄨㄢ ㄩㄢˊ	N: official　2
gwèi	跪	ㄍㄨㄟˋ	FV: to kneel　12
gwēiding	規定	ㄍㄨㄟ	N: regulation; rule
		ㄉㄧㄥˋ	FV: to stipulate; to have a rule
			or regulation　8
gwèijùng	貴重	ㄍㄨㄟˋ	SV: be valuable; be precious
		ㄓㄨㄥˋ	6
gwēilyù	規律	ㄍㄨㄟ ㄌㄩˋ	N: regular pattern; regularity　3
gwèisyà	跪下	ㄍㄨㄟˋ	RC: to kneel down; to go down
		ㄒㄧㄚˋ	on one's knees　12
gwǒrán	果然	ㄍㄨㄛˇㄖㄢˊ	A: sure enough; as expected　12
gwówáng	國王	ㄍㄨㄛˊㄨㄤˊ	N: king; ruler　2

H

hāi	咳	ㄏㄞ	I: (indicates discouragement,
			regret, disgust, etc.) Oh!
			Nuts! Darn!　15
hǎidàu	海盜	ㄏㄞˇ ㄉㄠˋ	N: pirate　19

hǎilúng wáng	海龍王	ㄏㄞˇ ㄌㄨㄥˊ ㄨㄤˊ	N:	(in Chinese mythology) the Dragon King, ruler of the seas 10
hàn	旱	ㄏㄢˋ	B: SV:	drought be dried up (from lack of rain) 5
hán	含	ㄏㄢˊ	FV:	to keep (in the mouth); to suck on 1
hǎn	喊	ㄏㄢˇ	FV:	to call out; to shout 4
hàndzāi	旱災	ㄏㄢˋ ㄗㄞ	N:	drought 5
hánghǎi	航海	ㄏㄤˊ ㄏㄞˇ	N:	navigation 20
háu	號	ㄏㄠˊ	B:	wail 16
hǎubíshr̄	好鼻師	ㄏㄠˇ ㄅㄧˊ ㄕ	N:	(in the southern Fukien dialect) a person with an exceptionally keen sense of smell 10
hǎushǒu	好手	ㄏㄠˇ ㄕㄡˇ	N:	a good hand; an expert; a master; a professional; a person accomplished in a skill 13
héàn	河岸	ㄏㄜˊ ㄢˋ	N:	the bank of a river 2
hébù	何不	ㄏㄜˊ ㄅㄨˋ	A:	why not 1
héchwáng	河牀	ㄏㄜˊ ㄔㄨㄤˊ	N:	riverbed 13
hèn	恨	ㄏㄣˋ	FV:	to hate 6
hóu	侯	ㄏㄡˊ	B:	prince 17
hòu	厚	ㄏㄡˋ	SV:	1) be tolerant; be generous; be magnanimous 2) be thick (in dimension) 6
hòuhwěi	後悔	ㄏㄡˋ ㄏㄨㄟˇ	FV&SV:	to regret; be sorry 8
hòuywán	後園	ㄏㄡˋ ㄩㄢˊ	N:	back yard; backyard garden 15

hū	乎	ㄏㄨ	B: used in combination with certain adjectives or adverbs 17
hú	壺	ㄏㄨˊ	N: kettle; jug; flask; pot 4
hú	鬍	ㄏㄨˊ	B: beard; moustache 10
hú	湖	ㄏㄨˊ	N: lake 17
hǔ	虎	ㄏㄨˇ	B: tiger 7
húběi	湖北	ㄏㄨˊ ㄅㄟˇ	N: Hupeh, a province in central China 17
húdz	鬍子	ㄏㄨˊ ˙ㄗ	N: beard 10
hūhū	呼呼	ㄏㄨ ㄏㄨ	ON: (the sound of howling wind, the regular breathing of a person, etc.) Ooo! 15
húng	宏	ㄏㄨㄥˊ	B: great; grand 20
húngwěi	宏偉	ㄏㄨㄥˊ ㄨㄟˇ	SV: be magnificient; be grand 20
hùsùng	護送	ㄏㄨˇ ㄙㄨㄥˋ	FV: to escort 20
húsyū	鬍鬚	ㄏㄨˊ ㄒㄩ	N: beard 10
hùwài	戶外	ㄏㄨˇ ㄨㄞˋ	PW: outdoor(s) 15
hwá	划	ㄏㄨㄚˊ	FV: to row 11
hwādwǒ	花朵	ㄏㄨㄚ ㄉㄨㄛˇ	N: flower 14
hwái nyàn	懷念	ㄏㄨㄞˊ ㄋㄧㄢˋ	FV: to cherish the memory of; to think of (with fond memories)2
hwáiyùn	懷孕	ㄏㄨㄞˊ ㄩㄣˋ	FV: be pregnant 5
hwán	桓	ㄏㄨㄢˊ	N: 1) a Chinese family name 2) a tree with leaves like a willow and white bark 12
hwàn	煥	ㄏㄨㄢˋ	B: shining; glowing 14

hwànfā	煥發	ㄏㄨㄢˋ ㄈㄚ	SV:	(of facial complexion, etc.) be glowing; be radiating 14
hwānhū	歡呼	ㄏㄨㄢ ㄏㄨ	FV&N:	to hail; to cheer; acclamation 17
hwālán	花籃	ㄏㄨㄚ ㄌㄢˊ	N:	flower basket 14
hwāng	荒	ㄏㄨㄤ	SV:	be desolate; be barren 1
hwāng	慌	ㄏㄨㄤ	SV:	be flustered; be panicked 1
hwáng	煌	ㄏㄨㄤˊ	B:	bright and brilliant 5
hwàng	晃	ㄏㄨㄤˋ	FV:	to sway, to rock; to shake 17
hwàng dùng	晃動	ㄏㄨㄤˋ ㄉㄨㄥˋ	FV:	to sway; to shake, to oscillate 17
hwāngpì	荒僻	ㄏㄨㄤ ㄆㄧˋ	SV:	be remote and out-of-the-way 1
hwánjǐng	桓景	ㄏㄨㄢˊ ㄐㄧㄥˇ	N:	Huan Ching, disciple of Fei Ch'ang Fang 12
hwēi	恢	ㄏㄨㄟ	B:	return; restore 5
hwēi	輝	ㄏㄨㄟ	B:	shining; brightness 17
hwéi	徊	ㄏㄨㄟˊ	B:	back and forth 16
hwěi	悔	ㄏㄨㄟˇ	B:	regret 8
hwēifù	恢復	ㄏㄨㄟ ㄈㄨˋ	FV:	to return to (an original state or condition); to recover 5
hwò	獲	ㄏㄨㄛˋ	B:	obtain; receive 19
hwòdé	獲得	ㄏㄨㄛˋ ㄉㄜˊ	FV:	to obtain; to receive; to get 19
hwǒdzāi	火災	ㄏㄨㄛˇ ㄗㄞ	N:	conflagration; fire 2
hwūn	婚	ㄏㄨㄣ	B:	marriage 6
hwún	渾	ㄏㄨㄣˊ	B:	whole; all 17
hwūnlǐ	婚禮	ㄏㄨㄣ ㄌㄧˇ	N:	wedding (ceremony) 6
hwún ywán	渾圓	ㄏㄨㄣˊ ㄩㄢˊ	SV:	be perfectly round 17

J

já	扎	ㄓㄚˊ	B: strain	17
jāi(jé)	摘	ㄓㄞ, ㄓㄜˊ	FV: to pick; to gather	7
jǎng	漲	ㄓㄤˇ	FV: (of water, prices, etc.) to rise; to go up	16
jǎng	掌	ㄓㄤˇ	FV: to be in charge of	10
jàng	丈	ㄓㄤˋ	B: husband	
			M: ten Chinese feet (141 inches)	13
jàng	脹	ㄓㄤˋ	SV: be bloated; be swelled	17
jǎngcháu	漲潮	ㄓㄤˋ ㄔㄠˊ	VO&N: (of the tide) to rise; rising tide; flood tide	16
jǎng chywán	掌權	ㄓㄤˇ ㄑㄩㄢˊ	VO: to wield power; to exercise control	10
jǎngdwò	掌舵	ㄓㄤˇ ㄉㄨㄛˋ	VO: to be at the helm; to take the tiller; to steer a boat	20
jàngfū	丈夫	ㄓㄤˋ ㄈㄨ	N: husband	13
jǎnglǎu	長老	ㄓㄤˇ ㄌㄠˇ	N: an elder	14
jǎng gwǎn	掌管	ㄓㄤˇ ㄍㄨㄢˇ	FV: to be in charge of; to be responsible for managing; to run	10
jǎngsyīn	掌心	ㄓㄤˇ ㄒㄧㄣ	N: the center of the palm	17
jǎu	找	ㄓㄠˇ	FV: to look for; to try to find; to seek	2
jāují	著急	ㄓㄠ ㄐㄧˊ	SV&FV: be worried; to feel anxious	15
jàujyàn	召見	ㄓㄠˋ ㄐㄧㄢˋ	FV: to summon; to call in (a subordinate, etc. for an audience, interview, etc.)	8

jé	摺	ㄓㄜˊ	FV: to fold	16
jè	浙	ㄓㄜˋ	B: (short for) Chechiang Province	16
jèjyāng	浙江	ㄓㄜˋ ㄐㄧㄤ	N: Chechiang, a province in central China	16
jèn	震	ㄓㄣˋ	FV&B: (to) vibrate; (to) shake	16
jēng	掙	ㄓㄥ	B: struggle	17
jèngcháng	正常	ㄓㄥˋ ㄔㄤˊ	SV: be normal	5
jēngjá	掙扎	ㄓㄥ ㄓㄚˊ	FV: to struggle (to free oneself from a difficult situation, etc.)	17
jěnglǐ	整理	ㄓㄥˇ ㄌㄧˇ	FV: to put in order; to straighten up	8
jī	激	ㄐㄧ	FV: to arouse; to stimulate; to stir up	17
jī	積	ㄐㄧ	FV: to store up; to accumulate; to amass	3
jī	雞	ㄐㄧ	N: chicken	9
jī	蹟	ㄐㄧ	B: footprints; tracks	15
jì	祭	ㄐㄧˋ	B & FV: (to) worship; to make offerings to	14
jì	既	ㄐㄧˋ	B: since	13
jíbìng	急病	ㄐㄧˊ ㄅㄧㄥˋ	N: acute disease; sudden, serious illness	4
jīdàn	雞蛋	ㄐㄧ ㄉㄢˋ	N: chicken egg	11
jìdyǎn	祭典	ㄐㄧˋ ㄉㄧㄢˇ	N: sacrificial rite	14
jìdzǔ	祭祖	ㄐㄧˋ ㄗㄨˇ	VO: make ceremonial offerings to one's ancestors	14
jìhèn	記恨	ㄐㄧˋ ㄏㄣˋ	FV: to hold a grudge against	6

jīhū	幾乎	ㄐㄧ ㄏㄨ	A: nearly; almost	17
jíjūng	集中	ㄐㄧˊ ㄓㄨㄥ	FV: to concentrate; to focus	12
jìjyàu	計較	ㄐㄧˋ ㄐㄧㄠˋ	FV: to fuss about; to haggle over	6
jìlù	記錄	ㄐㄧˋ ㄌㄨˋ	N: 1) a record; minutes; pro-ceedings	
			2) (sports, etc.) record	
			FV: to make a written record of	8
jìmóu	計謀	ㄐㄧˋ ㄇㄡˊ	N: trap; scheme; strategem	10
jīn	斤	ㄐㄧㄣ	M: catty (=1 1/3 lbs.)	19
jìn	禁	ㄐㄧㄣˋ	B: 1) restrain or control	
			2) prohibit; forbid	16
jīng	睛	ㄐㄧㄥ	B: eye	4
jìng	竟	ㄐㄧㄥˋ	A: somewhat to one's surprise; rather unexpectedly	1
jìng	敬	ㄐㄧㄥˋ	FV: to show or pay respect to; to worship	10
jīng cháng	經常	ㄐㄧㄥ ㄔㄤˊ	A: regularly; frequently; often; from time to time	13
jīngchí	驚奇	ㄐㄧㄥ ㄑㄧˊ	SV: be surprised; be amazed	2
jīng dùng	驚動	ㄐㄧㄥ ㄉㄨㄥ	FV: to disturb; to arouse (a person)	6
jìng kwàng	境況	ㄐㄧㄥˋ ㄎㄨㄤˋ	N: condition; circumstances	6
jìngpèi	敬佩	ㄐㄧㄥˋ ㄆㄟˋ	FV: to admire; to esteem	18
jìngshén	敬神	ㄐㄧㄥˋ ㄕㄣˊ	VO: to worship a god	10
jǐng syàng	景象	ㄐㄧㄥˇ ㄒㄧㄤ	N: sight; scene; spectacle	12
jīng syǐng	驚醒	ㄐㄧㄥ ㄒㄧㄥˇ	FV: to wake up; to rouse sud-denly from sleep	11

jīngtsǎi	精采	ㄐㄧㄥ ㄘㄞˇ	SV:	be exciting; be spectacular; be something else 14
jīngyí	驚疑	ㄐㄧㄥ ㄧˊ	SV:	be surprised and bewildered 8
jīngměi	精美	ㄐㄧㄥ ㄇㄟˇ	SV:	be exquisite; be elegant 5
jìnjř	禁止	ㄐㄧㄣˋ ㄓˇ	FV:	to prohibit; to forbid 16
jìnmén	進門	ㄐㄧㄣˋ ㄇㄣˊ	VO:	(of a girl) to enter a family (by marriage) 6
jīnshēng	今生	ㄐㄧㄣ ㄕㄥ	TW:	this life 16
jīnyàushr	金鑰匙	ㄐㄧㄣ ㄧㄠˋ ·ㄕ	N:	golden key 9
jìntú	禁屠	ㄐㄧㄣˋ ㄊㄨˊ	FV:	to prohibit the slaughter of animals (on certain days) 18
jìrán	既然	ㄐㄧˋ ㄖㄢˊ	A:	since; now that; this being the case 13
jísyìng	急性	ㄐㄧˊ ㄒㄧㄥˋ	AT:	acute; quick-acting 12
jìsyù	繼續	ㄐㄧˋ ㄒㄩˋ	A & FV:	continuotsly; to continue; to go on 8
jìwèi	繼位	ㄐㄧˋ ㄨㄟˋ	VO:	to succeed to the throne 18
jìyǎng	寄養	ㄐㄧˋ ㄧㄤˇ	FV:	to entrust the upbringing of one's child to the care of somebody 13
jōu	州	ㄓㄡ	N:	1) (in former times) an administrative region 2) state(of the United States) 5
jòu	紂	ㄓㄡˋ	N:	crupper of a saddle 18
jōuchū	周初	ㄓㄡ ㄔㄨ	N:	the early years of the Chou Dynasty 18
jōugwó	周國	ㄓㄡ ㄍㄨㄛˊ	N:	(during the Shang Dynasty) name of a state in western China and located in what is today's Shensi Province 18

jōumwò	週末	ㄓㄡ ㄇㄛˋ TW:	weekend		18
jòuwáng	紂王	ㄓㄡˋ ㄨㄤˊ N:	King Chou, the last ruler of the Shang Dynasty		18
jōuwéi	周圍	ㄓㄡ PW&N: ㄨㄟˊ	around; about; surroundings		15
jŕ	值	ㄓˊ FV:	be worth (a certain amount of money)		
		B:	value		6
jř	指	ㄓˇ FV:	(lit. & fig.) to point out		
		B:	guide; counsel; direct		5
jŗ	置	ㄓˋ B:	place; put (in position)		10
jŕbù	織布	ㄓ ㄅㄨˋ VO:	to weave cloth		20
jŗchì	志氣	ㄓˋ ㄑㄧˋ N:	aspiration; ambition		3
jŕchyán	值錢	ㄓˊ ㄑㄧㄢˊ SV:	be valuable		
		VO:	be worth (a certain amount of money)		9
jřdǎu	指導	ㄓˇ ㄉㄠˇ FV:	to guide; to advise		12
jřdyǎn	指點	ㄓˇ ㄉㄧㄢˇ FV:	to point out; to show (someone how to do something)		16
jřjŕdyǎn dyǎn	指指 點點	ㄓˇ ·ㄓ ㄉㄧㄢˇ ㄉㄧㄢˇ FV:	to point this way and that		16
jŗlǐ	治理	ㄓˋ ㄌㄧˇ FV:	to administer; to govern		2
jŗlyáu	治療	ㄓˋ ㄌㄧㄠˊ FV:	to treat (an illness)		17
jřshŗ	指示	ㄓˇ ㄕˋ N:	instructions (from a superior to a subordinate)		
		FV:	to point out; to instruct; to indicate		12
jřjyàu	指教	ㄓˇ ㄐㄧㄠˋ FV:	(used in a polite formula when asking for critical comments, opinions, etc.) to give advice, comments, or suggestions		5

jū	豬	ㄓㄨ	N:	pig; swine	9
jū	珠	ㄓㄨ	B:	pearl	14
jú	逐	ㄓㄨˊ	B:	one by one	12
jù	柱	ㄓㄨˋ	B:	pillar; column; post	10
jŭchŕ	主持	ㄓㄨˇ ㄔˊ	SV:	to preside over; to have charge of	2
jūdz	珠子	ㄓㄨ ˙ㄗ	N:	pearl	14
jùdz	柱子	ㄓㄨˋ ˙ㄗ	N:	pillar; column; post	10
jūhóu	諸侯	ㄓㄨ ㄏㄡˊ	N:	feudal prince	18
jŭjì	主祭	ㄓㄨˇ ㄐㄧˋ	FV&N:	(to be) the presider over a sacrificial rite or funeral service	16
jújàn	逐漸	ㄓㄨˊㄐㄧㄢˋ	A:	gradually; by degrees	12
jŭjyău	主角	ㄓㄨˇㄐㄧㄠˇ	N:	leading character (in a performance); protagonist (in a story)	14
jŭng	腫	ㄓㄨㄥˇ	FV:	to swell up; to become swollen	11
jùng	中	ㄓㄨㄥˋ	FV:	to fall into (a trap, etc.)	10
jŭngdž	種子	ㄓㄨㄥˇ ㄗˇ	N:	seed	6
jūnghòu	忠厚	ㄓㄨㄥ ㄏㄡˋ	SV:	be sincere and tolerant; be honest and generous	6
jūngshān	中山	ㄓㄨㄥ ㄕㄢ	N:	Chungshan, name of a county during the Han Dynasty located in what is today's Hopeh Province	4
jūngsyīn	忠心	ㄓㄨㄥ ㄒㄧㄣ	SV:	be loyal; be devoted	2
jūngyú	終於	ㄓㄨㄥ ㄩˊ	A:	finally; in the end	1
júswŭn	竹筍	ㄓㄨˊ ㄙㄨㄣˇ	N:	bamboo shoot	15

jǔyì	主意	ㄓㄨˇ ㄧ ˋ	N:	idea; plan	10
jwā	抓	ㄓㄨㄚ	FV:	1) to grasp; to seize	
				2) to arrest; to catch	5
jwājù	抓住	ㄓㄨㄚ ㄓㄨ ˋ	RC:	(lit. & fig.) to grasp firmly; to catch hold of	5
jwān	磚	ㄓㄨㄢ	N:	bricks	5
jwàn	賺	ㄓㄨㄢˋ	FV:	to earn of make (money)	6
jwàng	撞	ㄓㄨㄤˋ	FV:	to bump into; to collide with; to hit	9
jwǎnshēn	轉身	ㄓㄨㄢˇ ㄕㄣ	VO:	(of a person) to turn around; to face about	4
jwǎnyǎn	轉眼	ㄓㄨㄢˇ ㄧㄢˇ	A:	in the twinkling of an eye	16
jwēi	錐	ㄓㄨㄟ	B:	awl; awl-like object	11
jwèi	綴	ㄓㄨㄟˋ	FV:	to tie (or appear to be tied) together	14
jwēidz	錐子	ㄓㄨㄟ ˙ㄗ	N:	awl	11
jwèimǎn	綴滿	ㄓㄨㄟˋ ㄇㄢˇ	RC:	be embellished with; be studded with	14
jwǔn	准	ㄓㄨㄣˇ	FV:	to allow; to permit	19
jyà	嫁	ㄐㄧㄚˋ	FV:	(of a girl) to marry	3
jyà	駕	ㄐㄧㄚˋ	FV:	to drive (a vehicle); to pilot (a plane or ship)	18
jyàchē	駕車	ㄐㄧㄚˋ ㄔㄜ	VO:	to drive a vehicle	18
jyàjŕ	價值	ㄐㄧㄚˋ ㄓˊ	N:	value	6
jyālìlán	加利蘭	ㄐㄧㄚ ㄌㄧ ˋ ㄌㄢˊ	N:	Chia Li-lan	13
jyān	尖	ㄐㄧㄢ	B:	top; tip; point	15
jyàn	箭	ㄐㄧㄢˋ	N:	arrow	13
jyāng	姜	ㄐㄧㄤ	N:	a Chinese family name	18

jyāng	江	ㄐㄧㄤ	N:	(large) river	16
jyàng	匠	ㄐㄧㄤˋ	B:	craftsman; artisan	5
jyàng	降	ㄐㄧㄤˋ	B:	send down	
			FV:	to descend; to fall; to drop	10
jyāng syīn	江心	ㄐㄧㄤ ㄒㄧㄣ	N:	the middle of a river	10
jyāngtài gūng	姜太公	ㄐㄧㄤ ㄊㄞˋ ㄍㄨㄥ	N:	Chiang T'ai Kung, another name of Chiang Tze-ya	18
jyàngyǔ	降雨	ㄐㄧㄤˋ ㄩˇ	VO:	1) of a god to send down rain 2) to rain	10
jyànjyàn	漸漸	ㄐㄧㄢˋ ㄐㄧㄢˋ	A:	little by little; gradually	6
jyàn kāng	健康	ㄐㄧㄢˋ ㄎㄤ	N&SV:	health; be healthy	7
jyǎnshǎu	減少	ㄐㄧㄢˇ ㄕㄠˇ	FV:	to reduce; to decrease; to lessen	10
jyànshù	建樹	ㄐㄧㄢˋ ㄕㄨˋ	N:	achievement; contributions	19
jyāu	澆	ㄐㄧㄠ	FV:	to pour or sprinkle (water) on	6
jyāu	蕉	ㄐㄧㄠ	B:	any of several broadleaf plants	13
jyǎu	剿	ㄐㄧㄠˇ	B&FV:	(send armed forces) to stamp out or exterminate (bandits or rebels)	19
jyǎufěi	剿匪	ㄐㄧㄠˇ ㄈㄟˇ	VO:	to stamp out bandits	19
jyāuhwàn	交換	ㄐㄧㄠ ㄏㄨㄢˋ	FV:	to exchange; to trade	7
jyǎupíng	剿平	ㄐㄧㄠˇ ㄆㄧㄥˊ	FV:	to succeed in stamping out (bandits or rebels)	19

jyāu shwěi	澆水	ㄐㄧㄠ ㄕㄨㄟˇ	VO:	to pour water on; to water 6
jyàusyùn	教訓	ㄐㄧㄠˋ ㄒㄩㄣˋ	FV&N:	to admonish; to lecture; admonition 9
jyě	解	ㄐㄧㄝˇ	B:	explain 11
jyědá	解答	ㄐㄧㄝˇ ㄉㄚˊ	N:	answer solution; resolution
			FV:	to explain; to answer 11
jyéhwūn	結婚	ㄐㄧㄝˊ ㄏㄨㄣ	VO;	to marry; to get or be married 6
jyějàng	姊丈	ㄐㄧㄝˇ ㄓㄤˋ	N:	brother-in-law (husband of one's elder sister) 13
jyējì	接濟	ㄐㄧㄝ ㄐㄧˋ	FV:	to give financial or material assistance to; to supply with emergency aid or relief 6
jyēlyán	接連	ㄐㄧㄝ ㄌㄧㄢˊ	A:	in a row; in succession 13
jyēshòu	接受	ㄐㄧㄝ ㄕㄡˋ	FV:	to accept 2
jyǒubēi	酒杯	ㄐㄧㄡˇ ㄅㄟ	N:	wine cup 4
jyòuhwó	救活	ㄐㄧㄡˋ ㄏㄨㄛˊ	FV:	to save the life of someone who is on the verge of death 7
jyòujì	救濟	ㄐㄧㄡˋ ㄐㄧˋ	FV&N:	to provide relief for; relief 7
jyòujìng	究竟	ㄐㄧㄡˋ ㄐㄧㄥˋ	A:	(used for pressing an exact answer) actually; exactly 1
jyù	聚	ㄐㄩˋ	FV:	to gather; to assemble; to get together 14
jyūn	君	ㄐㄩㄣ	B:	sovereign; monarch; chief 2
jyūnhóu	君侯	ㄐㄩㄣ ㄏㄡˊ	N:	title of respect for a prince 17
jyūnjǔ	君主	ㄐㄩㄣ ㄓㄨˇ	N:	monarch; sovereign 2
jyùshwō	據說	ㄐㄩˋ ㄕㄨㄛ	A:	it is said that 17

jyŭsyíng 舉行	ㄐㄩˇㄒㄧㄥˊ	FV:	to hold (a meeting, ceremony, etc.)	14
jywān 鵑	ㄐㄩㄢ	B:	cuckoo	2
jywǎn 捲	ㄐㄩㄢˇ	FV:	to roll up	10
jywàn 卷	ㄐㄩㄢˋ	B:	examination paper; file	8
jywàndz 卷子	ㄐㄩㄢˋ·ㄗ	N:	an examination paper	8
jywéwàng 絕望	ㄐㄩㄝˊㄨㄤˋ	N:	despair; hopelessness	13

K

kāi 開創 *chwàng*	ㄎㄞ ㄔㄨㄤˋ	FV:	to start or found (a school, business, etc.)	18
kāimíng 開明	ㄎㄞㄇㄧㄥˊ	N:	K'aiming, Prime Minister under Tu Yu	2
kāisyīn 開心	ㄎㄞㄒㄧㄣ	SV:	be happy	15
kāiyè 開業	ㄎㄞㄧㄝˋ	VO:	to start or open a business	12
kǎn 砍	ㄎㄢˇ	FV:	to cut; to chop; to hack	1
kǎnchái 砍柴人 *rén*	ㄎㄢˇㄔㄞˊ ㄖㄣˊ	N:	(lit. , a person who chops firewood) woodcutter	1
kǎndwàn 砍斷	ㄎㄢˇ ㄉㄨㄢˋ	RC:	to cut off; to chop off	5
káng 扛	ㄎㄤˊ	FV:	to carry on one's shoulder(s)	3
kāngfù 康復	ㄎㄤㄈㄨˋ	FV:	to recover; to be restored to health	15
kànjùng 看中	ㄎㄢˋ ㄓㄨㄥˋ	RC:	to have a liking for; to take a fancy to; to be interested in (someone or something which was selected from a group)	12

kǎu	烤	ㄎㄠˇ	FV:	1) to warm or dry(something over a fire)
				2) to bake; to roast; to toast 15
kàu	靠	ㄎㄠˋ	CV:	to rely on; to depend on
			FV:	1) to lean on or against
				2) be dependent on 6
kǎugwān	考官	ㄎㄠˇㄍㄨㄢ	N:	an examiner(under the civil service examination system in former times) 8
kē	柯	ㄎㄜ	N:	1) ax handle
				2) a Chinese family name 1
kē	磕	ㄎㄜ	FV:	to knock (against); to bump 12
kē	棵	ㄎㄜ	M:	(for trees, plants, vegetables, etc.) 13
kē	顆	ㄎㄜ	M:	(for gems, stars, etc.) 20
ké	殼	ㄎㄜˊ	N:	shell 3
kěchǐ	可恥	ㄎㄜˇ ㄔˇ	SV:	be shameful; be disgraceful 5
kèdyàn	客店	ㄎㄜˋ ㄉㄧㄢˋ	N:	inn; hotel; lodge 12
kělyán	可憐	ㄎㄜˇ ㄌㄧㄢˊ	FV:	to pity; to feel sorry for
			SV:	be pitiful 15
kěn	懇	ㄎㄣˇ	B:	earnest; sincere 5
kěsyí	可惜	ㄎㄜˇ ㄒㄧ	A&SV:	it's too bad; what a pity; be regrettable; be a shame 15
kētóu	磕頭	ㄎㄜ ㄊㄡˊ	VO:	to kowtow 12
kǒu	口	ㄎㄡˇ	M:	(for certain objects that have a mouth-like opening, as coffins, bells, wells, etc.) 4
kǒudài	口袋	ㄎㄡˇ ㄉㄞˋ	N:	pocket 17
kū	哭	ㄎㄨ	FV:	to cry 6

kù	庫	ㄎㄨˋ	B:	place for storing things	9
kūháu	哭號	ㄎㄨㄏㄠˊ	FV:	to bewail; to cry bitterly	16
kŭkŭ	苦苦	ㄎㄨˇ ㄎㄨˇ	A:	piteously	13
kŭkŭde	苦苦地	ㄎㄨˇ ㄎㄨˇ ·ㄉㄜ	A:	pitifully and earnestly; strenuously	3
kùng syán	空閒	ㄎㄨㄥˋ ㄒㄧㄢˊ	SV:	be free; be unoccupied	3
kūngsyí	空襲	ㄎㄨㄥ ㄒㄧˊ	N:	air raid	19
kūsù	哭訴	ㄎㄨ ㄙㄨˋ	FV:	to complain tearfully about (something)	15
kwēi	虧	ㄎㄨㄟ	A: FV:	fortunately; thanks to to lose; to be short; to have a deficit	12
kwùn	困	ㄎㄨㄣˋ	B: FV:	distress be trapped; be stranded	9
kwùnnán	困難	ㄎㄨㄣˋ ㄋㄢˊ	N&SV:	difficulty; (of situations or circumstances) be difficult	9

L

lā	拉	ㄌㄚ	FV:	to pull; to drag; to tug	13
láibují	來不及	ㄌㄞˊ ·ㄅㄨ ㄐㄧˊ	RC:	do not have enough time (to do something)	4
lán	蘭	ㄌㄢˊ	B:	orchid	13
lán	籃	ㄌㄢˊ	B:	basket	14
làn	爛	ㄌㄢˋ	SV:	be rotten; be decayed	1
làndyau	爛掉	ㄌㄢˋ ·ㄉㄧㄠ	RC:	to rot away; to fall into decay	1
lánhwā	蘭花	ㄌㄢˊ ㄏㄨㄚ	N:	the orchid	13

láng	郎	ㄌㄤˊ	B:	young man	14
lànkē shān	爛柯山	ㄌㄢˋ ㄎㄜ ㄕㄢ	N:	Mt. Lanke, name of a mountain located in what is today's Chekiang Province	1
láu	撈	ㄌㄠˊ	FV:	to scoop up from the water; to drag for	16
lǎubǎi syìng	老百姓	ㄌㄠˇ ㄅㄞˇ ㄒㄧㄥˋ	N:	common or ordinary people	18
lǎubwó	老伯	ㄌㄠˇ ㄅㄛˊ	N:	uncle; a respectful term of address to an elderly man; a term of respect to a friend of one's father or the father of one's friend	1
lǎudyē	老爹	ㄌㄠˇ ㄉㄧㄝ	N:	respectful form of address for an elderly man	19
lǎuhǔ	老虎	ㄌㄠˇ ㄏㄨˇ	N:	the tiger	7
lǎurén jyā	老人家	ㄌㄠˇ ㄖㄣˊ ㄐㄧㄚ	N:	respectful term of address for old person(s) (as parents)	15
lǎushŕ	老實	ㄌㄠˇ ㄕˊ	SV:	be honest	6
lǎutyān yé	老天爺	ㄌㄠˇ ㄊㄧㄢ ㄧㄝˊ	N:	Heaven personified	2
léi	雷	ㄌㄟˊ	N:	thunder	13
lèi	淚	ㄌㄟˋ	N:	tears	15
léidzŭtsź	雷祖祠	ㄌㄟˊ ㄗㄨˇ ㄘˊ	N:	Shrine to the Founder of Lei Chou	19
lì	麗	ㄌㄧˋ	B:	beautiful	2
lì	曆	ㄌㄧˋ	B:	calendar	12
lì	厲	ㄌㄧˋ	B:	severe; harsh	14
lì	笠	ㄌㄧˋ	B:	bamboo hat	20

lìhai	厲害	ㄌㄧˋ ˙ㄏㄞ	SV:	1) be intense; be severe; 2) be fierce; be terrible; be strong-willed 14
lìjr̀	立志	ㄌㄧˋ ㄓˋ	VO:	be determined to accomplish an objective in life 12
lìmàu	笠帽	ㄌㄧˋ ㄇㄠˋ	N:	a kind of bamboo hat with a broad rim and conical crown, usually worn by farmers, laborers, etc. 20
lín	臨	ㄌㄧㄣˊ	A:	just before; be on the verge of 14
línjyū	鄰居	ㄌㄧㄣˊ ㄐㄩ	N:	neighbor 3
líng	靈	ㄌㄧㄥˊ	SV:	be keen; be responsive
			B:	spirit; soul 10
lǐng	嶺	ㄌㄧㄥˇ	N:	mountain range 14
língmǐn	靈敏	ㄌㄧㄥˊ ㄇㄧㄣˇ	SV:	be keen; be acute; be sensitive 10
língshé	靈蛇	ㄌㄧㄥˊ ㄕㄜˊ	N:	intelligent snake 17
líng syìng	靈性	ㄌㄧㄥˊ ㄒㄧㄥˋ	N:	instinctive intelligence (in animals) 19
línmwò nyáng	林默娘	ㄌㄧㄣˊ ㄇㄛˋ ㄋㄧㄤˊ	N:	Lin Mo-niang 20
lòu	漏	ㄌㄡˋ	FV:	(lit. or fig.) to leak 10
lòu	露	ㄌㄡˋ	FV:	to expose to view; to reveal 19
lóutī	樓梯	ㄌㄡˊ ㄊㄧ	N:	stairs 5
lǔ	魯	ㄌㄨˇ	N:	1) a Chinese family name 2) name of an ancient state 3) alternative (one-word) name for Shantung Province 5

lú	蘆	ㄌㄨˊ	B: reed	8
lù	錄	ㄌㄨˋ	B: to record; to write down	8
lǔbān	魯班	ㄌㄨˇ ㄅㄢ	N: Lu Pan, name of a skilled carpenter who flourished during the Spring and Autumn Period	5
lùchyǔ	錄取	ㄌㄨˋ ㄑㄩˇ	FV: to admit (an applicant); to select (a candidate); to pass (an examinee)	8
lǔgwó	魯國	ㄌㄨˇ ㄍㄨㄛˊ	N: the State of Lu, an ancient kingdom during the Spring and Autmn Period, located in what is today's Shantung Province; homeland of Confucius	5
lúng	龍	ㄌㄨㄥˊ	N: dragon	10
lúngsyū	龍鬚	ㄌㄨㄥˊㄒㄩ	N: long whiskers of a dragon	10
lùsyù	陸續	ㄌㄨˋ ㄒㄩˋ	A: in succession; one after another	20
lúwěi	蘆葦	ㄌㄨˊ ㄨㄟˇ	N: reeds; rushes	8
lwǎn	卵	ㄌㄨㄢˇ	N: egg; ovum; spawn	19
lwó	螺	ㄌㄨㄛˊ	N&B: spiral shellfish	3
lwòcháu	落潮	ㄌㄨㄛˋ ㄔㄠˊ	VO&N: (of the tide) to recede; ebb tide	16
lwóké	螺殼	ㄌㄨㄛˊ ㄎㄜˊ	N: conch shell	3
lwósz	螺絲	ㄌㄨㄛˊ ㄙ	N: screw	3
lyán	憐	ㄌㄧㄢˊ	B: pity	15
lyǎn	臉	ㄌㄧㄢˇ	N: face	20
lyáng	涼	ㄌㄧㄤˊ	SV: be cool; be cold	5

lyáng	梁	ㄌㄧㄤˊ B&N:	1) beam	
			2) a Chinese family name	19
lyáng	糧	ㄌㄧㄤˊ B:	provisions; food	9
lyàng	諒	ㄌㄧㄤˋ B:	forgive	5
lyángjōu 涼州		ㄌㄧㄤˊ ㄓㄡ N:	Liangchou, name of a place	
			located in what is today's	
			Kansu Province	5
lyàngjyě 諒解		ㄌㄧㄤˋ FV&N:	to forgive; forgiveness;	
		ㄐㄧㄝˇ	understanding	5
lyán	聯名	ㄌㄧㄢˊ A:	with joint names; jointly	
míng		ㄇㄧㄥˊ		19
lyǎnsè	臉色	ㄌㄧㄢˇㄙㄜˋ N:	1) complexion; look	
			2) facial expression	7
lyányè	連夜	ㄌㄧㄢˊㄧㄝˋ A:	1) that very night	
			2) all through the night	9
lyáu	療	ㄌㄧㄠˊ B:	treat; cure	17
lyǎushr̀	了事	ㄌㄧㄠˇㄕˋ VO:	to settle or dispose of a	
			matter	13
lyè	裂	ㄌㄧㄝˋ FV:	to crack; to split	19
lyèdāu	獵刀	ㄌㄧㄝˋㄉㄠ N:	hunting knife	13
lyègǒu	獵狗	ㄌㄧㄝˋㄍㄡˇ N:	hunting dog; hound	19
lyèhwò	獵獲	ㄌㄧㄝˋ FV:	to catch (game)	
		ㄏㄨㄛˋ		19
lyèkāi	裂開	ㄌㄧㄝˋ FV:	to crack (open); to split	
		ㄎㄞ	(open)	19
lyóu	流行	ㄌㄧㄡˊFV&SV:	to circulate; to become prev-	
syíng		ㄒㄧㄥˊ	alent; be in vogue; be popular;	
			be fashionable	9

lyóu *sywánshŕ*	劉玄石	ㄌㄧㄡˊ ㄒㄩㄢˊ ㄕˊ	N:	Liu Hsuan-shih, name of a legendary figure who was particularly fond of drink　4
lyù	慮	ㄌㄩˋ	B:	worry; anxiety; concern　11
lyǔsyíng	旅行	ㄌㄩˇ ㄒㄧㄥˊ	FV:	to travel; to take a trip　17
lyǔsyíng *dài*	旅行袋	ㄌㄩˇ ㄒㄧㄥˊ ㄉㄞˋ	N:	a bag used when traveling; traveling bag　17
lywè	略	ㄌㄩㄝˋ	B:	tactic; strategy; plan　18

M

mǎ	螞	ㄇㄚˇ	B:	(used in combination with the names of certain insects)　8
mà	罵	ㄇㄚˋ	FV:	to scold; to verbally abuse; to call (someone) names　6
mādzǔ	媽祖	ㄇㄚ ㄗㄨˇ	N:	Matzu, Patron Goddess of Navigation worshipped by fishermen in the southern coastal provinces of China　20
mái	埋	ㄇㄞˊ	FV: B:	to bury cover up; bury　4
mài	麥	ㄇㄞˋ	B:	wheat　9
mài	脈	ㄇㄞˋ	N:	pulse　7
màidyàu	賣掉	ㄇㄞˋ ㄉㄧㄠˋ	RC:	to sell (off)　6
máimwò	埋沒	ㄇㄞˊ ㄇㄛˋ	FV:	to surpass (one's true ability); to stifle (talent)　4
mán	瞞	ㄇㄢˊ	FV:	to hide the truth from; to deceive (someone) by keeping something from him　11

máng	茫	ㄇㄤˊ	B:	boundless and indistinct	13
máu	茅	ㄇㄠˊ	N:	cogon, a kind of tropical grass; thatch	3
màu	茂	ㄇㄠˋ	B:	luxuriant; profuse	7
màu	冒	ㄇㄠˋ	FV:	to risk; to brave (danger or hardship)	15
màushèng	茂盛	ㄇㄠˋ ㄕㄥˋ	SV:	(of plants) be luxuriant; be flourishing; be exuberant	7
máuwū	茅屋	ㄇㄠˊ ㄨ	N:	thatched hut	3
mǎyǐ	螞蟻	ㄇㄚˇ ㄧˇ	N:	the ant	8
měiféng	每逢	ㄇㄟˇ ㄈㄥˊ	A:	every time it comes to be	12
měilì	美麗	ㄇㄟˇ ㄌㄧˋ	SV:	be beautiful	2
mēn	悶	ㄇㄣ	SV:	(of weather, rooms, etc.) be stuffy; be oppressive or suffocating	18
mèn	悶	ㄇㄣˋ	SV:	be depressed; be bored	18
mèng	孟	ㄇㄥˋ	B:	a Chinese family name	15
mèng dzūng	孟宗	ㄇㄥˋ ㄗㄨㄥ	N:	Meng Tsung, name of a man considered to be a paragon of filial piety	15
mí	迷	ㄇㄧˊ	FV:	to lose (one's way)	
			SV:	to be crazy about; to be very fond of	
			B:	person who is crazy about something; fan; enthusiast	1
mílù	迷路	ㄇㄧˊ ㄌㄨˋ	VO:	to get lost; to lose one's way	1
mǐn	敏	ㄇㄧㄣˇ	B:	keen; clever	10
míngjū	明珠	ㄇㄧㄥˊ ㄓㄨ	N:	bright pearl	17
mìnglìng	命令	ㄇㄧㄥˋ ㄌㄧㄥˋ	N:	order; command	2

míng	明亮	ㄇㄧㄥˊ	SV: be bright; be shining; be	
lyàng		ㄌㄧㄤˋ	well-lit	13
míshr̄	迷失	ㄇㄧˊ ㄕ	FV: to get lost; to lose (one's way)	20
mìngyùn	命運	ㄇㄧㄥˋ ㄩㄣˋ	N: destiny; fate	18
móu	謀	ㄇㄡˊ	B: plot; ruse	10
móushēng	謀生	ㄇㄡˊ ㄕㄥ	VO: to make a living	10
mù	慕	ㄇㄨˋ	FV&B: admire; longing	5
mù	暮	ㄇㄨˋ	B: dusk; sunset	13
mù	幕	ㄇㄨˋ	N: scene; act (in a performance)	14
mǔjī	母雞	ㄇㄨˇ ㄐㄧ	N: hen	9
mǔjū	母豬	ㄇㄨˇ ㄓㄨ	N: sow	9
mùjyàng	木匠	ㄇㄨˋ ㄐㄧㄤˋ	N: carpenter	5
mùmíng	慕名	ㄇㄨˋ ㄇㄧㄥˊ	VO: to admire (someone) because of his name	5
mùsè	暮色	ㄇㄨˋ ㄙㄜˋ	N: dusk; twilight	13
mùsyàng	木像	ㄇㄨˋ ㄒㄧㄤˋ	N: covered wooden figure	5
mǔyáng	母羊	ㄇㄨˇ ㄧㄤˊ	N: ewe	9
mwó	磨	ㄇㄛˊ	FV: to grind; to mill	18
mwò	默	ㄇㄛˋ	B: silent; speechless	20
mwò	末	ㄇㄛˋ	SP: end; last part or stage	18
mwò	沒	ㄇㄛˋ	B: confiscate	18
mwòshōu	沒收	ㄇㄛˋ ㄕㄡ	FV: to confiscate	18
myán	眠	ㄇㄧㄢˊ	B: sleep	18
myǎn	勉	ㄇㄧㄢˇ	B: strive; exert oneself	6
myàn	麵	ㄇㄧㄢˋ	N&B: 1) flour 2) noodle	18
myànbāu	麵包	ㄇㄧㄢˋ ㄅㄠ	N: bread	18

N

nyàng	釀	ㄋㄧㄤˋ	FV: to make (wine); to brew (beer)	4
nyán chīng	年輕	ㄋㄧㄢˊ ㄑㄧㄥ	SV: (of a person) be young	1
nyàng dzàu	釀造	ㄋㄧㄤˋ ㄗㄠˋ	FV: to make (wine); to brew (beer)	4
nyǒu	扭	ㄋㄧㄡˇ	FV: to turn (around)	17
nyǒu dùng	扭動	ㄋㄧㄡˇ ㄉㄨㄥˋ	FV: to twist and turn	17
nyóuròu gān	牛肉乾	ㄋㄧㄡˊ ㄖㄡˋ ㄍㄢ	N: jerked beef	9

P

pái	徘	ㄆㄞˊ	B: loiter	16
páihwái	徘徊	ㄆㄞˊ ㄏㄨㄞˊ	FV: to pace back and forth; to loiter or linger around	16
pān	攀	ㄆㄢ	FV: to grip	10
pán	盤	ㄆㄢˊ	N & M: tray; platter; dish;	1
pán	磻	ㄆㄢˊ	B: shortened form of the P'an River	18
pàn	判	ㄆㄢˋ	B: judge	14
pàn	盼	ㄆㄢˋ	FV: to wish; to hope; to expect	20
pàndwàn	判斷	ㄆㄢˋ ㄉㄨㄢˋ	FV&N: to judge; to ascertain; judgement	14
pàng	胖	ㄆㄤˋ	SV: be fat (of a person)	19
pàngdz	胖子	ㄆㄤˋ ㄗ	N: fat person; fatty	19
pānju	攀住	ㄆㄢ ㄓㄨ	RC: to grip (something) firmly	10

N: p'an Hsi, the name of a region during the Shang Dynasty located in what is today's Shanhsi (陝西) Provice noted for Chiang T'ai Kung's fishing place in legend

pánsyī 磻溪 ㄆㄢˊ ㄒㄧ N: the P'an River, a tributary of the Wei River 18

pànwàng 盼望 ㄆㄢˋ ㄨㄤˋ FV: to wish (for); to hope (for); to look forward to 20

pèi 佩 ㄆㄟˋ B: admire 18

pèifú 佩服 ㄆㄟˋ ㄈㄨˊ FV: to admire and respect 18

pén 盆 ㄆㄣˊ N: basin; tub; pot 11

pěng 捧 ㄆㄥˇ FV: to hold or carry (something) with both hands together and palms upward 16

pī 批 ㄆㄧ M: 1) a group (of people) 2) batch; lot 13

pì 僻 ㄆㄧˋ B: secluded; out-of-the-way 1

pījwǔn 批准 ㄆㄧ ㄓㄨㄣˇ RC: to approve; ratify 19

píng 評 ㄆㄧㄥˊ FV&B: (to) judge 14

píng 評選 ㄆㄧㄥˊ FV: to judge and select (from
sywǎn ㄒㄩㄢˇ among several contestants or entries) 14

pū 撲 ㄆㄨ FV: to flap; to flutter; to rush at 16

pūtūng 撲通 ㄆㄨ ㄊㄨㄥ ON: (sound of something dropping into water)plunk; splash 16

pwō 坡 ㄆㄛ N: slope 19

pwòlì 破例 ㄆㄛˋ ㄌㄧˋ VO: to make an exception; to break

				a rule	8
pyān	篇	ㄆㄧㄢ	M:	(for articles, essays, and similar formal writings)	8
pyàn	騙	ㄆㄧㄢˋ	FV:	to cheat; to swindle	18
pyāu	漂	ㄆㄧㄠ	FV:	to float (on water); to drift about (on water)	8
pyāufú	漂浮	ㄆㄧㄠㄈㄨˊ	FV:	to float	8

R

rǎn	染	ㄖㄢˇ	FV:	1) to dye	
				2) to acquire (a bad habit, etc.); to contaminate; to catch (a disease)	2
rě	惹	ㄖㄜˇ	FV:	to sir up; to provoke	15
rèlèi	熱淚	ㄖㄜˋㄌㄟˋ	N:	scalding tears	15
rěn	忍	ㄖㄣˇ	FV:	to endure; to tolerate; to put up worth	14
rènau	熱鬧	ㄖㄜˋ·ㄋㄠ	N:	noise and excitement; an exciting spectacle	
			SV:	be lively; be bustling with noise and excitement	16
rēng	扔	ㄖㄥ	FV:	to throw; to cast	16
rénmǎ	人馬	ㄖㄣˊㄇㄚˇ	N:	soldiers and horses; troops	17
réntǐ	人體	ㄖㄣˊㄊㄧˇ	N:	the human body	4
réntsái	人才	ㄖㄣˊㄘㄞˊ	N:	a person of ability; a talented person	12
rèténg téngde	熱騰騰地	ㄖㄜˋㄊㄥˊ ㄊㄥˊ·ㄉㄜ	SV:	be steaming hot	3

róu	揉	ㄖㄡˊ	FV: to rub; to knead	4
róu	柔	ㄖㄡˊ	SV: 1) be gentle; be mild	
			2) (of light, color, sound, fabric, etc.) be soft; (of objects) be flexible or supple	13
ròuwándz	肉丸子	ㄖㄡˋㄨㄢˊ·ㄗ	N: meatball	7
rǔ	汝	ㄖㄨˇ	PN: thou; thee	12
rǔnán	汝南	ㄖㄨˇㄋㄢˊ	N: Junan, name of a prefecture located in what is today's Honan Province	12
rúng	融	ㄖㄨㄥˊ	FV&B: (to) melt; (to) thaw	15
rúnghwà	融化	ㄖㄨㄥˊ ㄏㄨㄚˋ	FV: to melt; to thaw	15
rwò	弱	ㄖㄨㄛˋ	SV: be weak	15

S

sǎ	撒	ㄙㄚˇ	FV: to scatter; to disperse; to spread	6
sàng	喪	ㄙㄤˋ	B: lose(life, hope, etc.)	18
sàngshŕ	喪失	ㄙㄤˋ ㄕ	FV: to lose(confidence, an opportunity, etc.)	18
sāngwó shŕdài	三國時代	ㄙㄢ ㄍㄨㄛˊ ㄕˊ ㄉㄞˋ	N: The Three Kingdoms Period (A.D. 220—265), an age of incessant warfare thought of by the Chinese as an exciting and romantic period	15
sǎu	嫂	ㄙㄠˇ	B: sister-in-law(older brother's	

				wife)	6
săudz	嫂子	ㄙㄠˇ ·ㄗ	N:	嫂 (*său*)	6
săusau	嫂嫂	ㄙㄠˇ ·ㄙㄠ	N:	sister-in-law (older brother's wife)	6
shài	曬	ㄕㄞˋ	FV:	to dry in the sun; to expose to the sun	10
shăn	閃	ㄕㄢˇ	FV:	to flash; to sparkle	19
shānbā jyāu	山芭蕉	ㄕㄢ ㄅㄚ ㄐㄧㄠ	N:	the wild plantain	13
shānchyōu	山丘	ㄕㄢ ㄑㄧㄡ	N:	hillock	17
shāndùng	山洞	ㄕㄢ ㄉㄨㄥˋ	N:	mountain cave	1
shăndyàn	閃電	ㄕㄢˇ ㄉㄧㄢˋ	N:	lightning	19
shăng	賞	ㄕㄤˇ	B&FV:	(to)enjoy the beauty of; (to) appreciate	17
shàngdì	上帝	ㄕㄤˋ ㄉㄧˋ	N:	God	3
shāngkŏu	傷口	ㄕㄤ ㄎㄡˇ	N:	wound; cut	17
shàng kūng	上空	ㄕㄤˋ ㄎㄨㄥ	N:	the sky above a place	5
shāng mwò	商末	ㄕㄤ ㄇㄛˋ	N:	the last year of the Shang Dynasty	18
shàngshū	上書	ㄕㄤˋ ㄕㄨ	FV:	to submit a letter (to a ruler, high official, one's superior, etc.)	19
shāng syīn	傷心	ㄕㄤ ㄒㄧㄣ	SV:	be heartbroken; be stricken with grief	2
shàng tyān	上天	ㄕㄤˋ ㄊㄧㄢ	N:	Heaven personified	14
shàngyóu	上游	ㄕㄤˋ ㄧㄡˊ	N:	upper reaches(of a river)	16
shăngyú	上虞	ㄕㄤˋ ㄩˊ	N:	Shangyu, name of a county	

			in Chechiang Province	16
*shǎngywè*賞月	ㄕㄤˇ ㄩㄝˋ	FV:	to enjoy looking at the full moon	17
shàn 善良	ㄕㄢˋ	SV:	be good and honest; be kind-hearted	
lyáng	ㄌㄧㄤˊ			6
shānpwō 山坡	ㄕㄢ ㄆㄛ	N:	hillside; mountain slope	19
shāōulā 沙歐拉	ㄕㄚ ㄡ ㄌㄚ	N:	Sha O-la	13
shé 蛇	ㄕㄜˊ	N:	snake; serpent	17
shě 捨	ㄕㄜˇ	FV:	to give up; to part with	12
shěbude 捨不得	ㄕㄜˇ ·ㄅㄨ ·ㄉㄜ	RC:	be reluctant (to do or part with something)	12
shèfǎ 設法	ㄕㄜˋ ㄈㄚˇ	VO:	to try(to); to think of a way (to)	10
shēn 伸	ㄕㄣ	FV:	to extend or stretch out(a part of the body)	10
shēn 紳	ㄕㄣ	B:	gentry	19
shénchí 神奇	ㄕㄣˊ ㄑㄧˊ	SV:	be magical; be miraculous	11
*shénchíng*神情	ㄕㄣˊ ㄑㄧㄥˊ	N:	look; expression	17
shèng 剩	ㄕㄥˋ	FV:	be left; to remain	6
shèng 聖	ㄕㄥˋ	B:	holy; sacred	14
shèngdà 盛大的	ㄕㄥˋ ㄉㄚˋ	AT:	grand; magnificient	
de	·ㄉㄜ			14
*shēnghwǒ*生火	ㄕㄥ ㄏㄨㄛˇ	VO:	to make a fire	3
*shènghwǒ*聖火	ㄕㄥˋ ㄏㄨㄛˇ	N:	holy bonfire	14
shèngnù 盛怒	ㄕㄥˋ ㄋㄨˋ	N:	great anger; fury	13
*shèngrén*聖人	ㄕㄥˋ ㄖㄣˊ	N:	sage	14
*shèngsyà*剩下	ㄕㄥˋ ㄒㄧㄚˋ	RC:	be left(over); to remain	6
shénlíng 神靈	ㄕㄣˊ ㄌㄧㄥˊ	N:	spirits; gods; deities	10
*shēnshān*深山	ㄕㄣ ㄕㄢ	PW:	deep(within the)mountains	1
shēnshr̀ 紳士	ㄕㄣ ㄕˋ	N:	gentleman	19

shēntǐ	身體	ㄕㄣ ㄊㄧˇ	N:	1) body	
				2) health	4
shéntsǎi	神采	ㄕㄣˊ ㄘㄞˇ	N:	expression; look	14
shóu	熟	ㄕㄡˊ	SV:	1) be familiar with; to know well	
				2) be cooked; be done	8
shòu	授	ㄕㄡˋ	B:	teach; instruct	12
shòu	瘦	ㄕㄡˋ	SV:	be thin; be skinny; be lean	15
shòu	獸	ㄕㄡˋ	B:	animal	19
shōuchéng	收成	ㄕㄡ ㄔㄥˊ	N:	harvest	7
shǒudwàn	手段	ㄕㄡˇ ㄉㄨㄢˋ	N:	method; means; steps to be taken	18
shǒujǎng	手掌	ㄕㄡˇ ㄓㄤˇ	N:	palm of the hand	17
shǒuhù	守護	ㄕㄡˇ ㄏㄨˋ	FV:	to protect; to guard	20
shǒuhù	守護神	ㄕㄡˇ ㄏㄨˋ	N:	patron god or goddess	
shén		ㄕㄣˊ			20
shòuròu	瘦肉	ㄕㄡˋ ㄖㄡˋ	N:	lean meat	15
shòurwò	瘦弱	ㄕㄡˋ	SV:	be thin and weak	
		ㄖㄨㄛˋ			15
shóusyí	熟悉	ㄕㄡˊ ㄒㄧ	SV:	be familiar with; be knowledgeable about	8
shǒuwén	手紋	ㄕㄡˇ ㄨㄣˊ	N:	the lines of the palm of the hand	19
shōutāndz	收攤子	ㄕㄡ ㄊㄢ	VO:	(of a street vendor)to wind up the day's business	
		˙ㄗ			12
shǒuyì	手藝	ㄕㄡˇ ㄧˋ	N:	craftsmanship; workmanship	5
shī	屍	ㄕ	B:	corpse	16
shǐ	駛	ㄕˇ	FV:	to pilot(a ship); to drive (a vehicle)	20
shì	侍	ㄕˋ	B:	serve; wait upon	12

shr	匙	˙ㄕ	B:	key	9
shŕdzūng	失蹤	ㄕ ㄗㄨㄥ	VO:	(of a person) to disappear without a trace; be missing	14
shr̀fóu	是否	ㄕˋ ㄈㄡˇ	A:	whether or not	14
shŕjèng	施政	ㄕ ㄓㄥˋ	N:	administration	19
shr̀jī	事蹟	ㄕˋ ㄐㄧ	N:	deeds; achievements	18
shř jūng	始終	ㄕˇ ㄓㄨㄥ	A:	from beginning to end; all along	3
shr̀jyān	世間	ㄕˋ ㄐㄧㄢ	A:	in the world	17
shr̀jywàn	試卷	ㄕˋ ㄐㄩㄢˋ	N:	test paper; examination paper	8
shr̀shēn	士紳	ㄕˋ ㄕㄣ	N:	local influential people of repute	19
shŕsyàn	實現	ㄕˊ ㄒㄧㄢˋ	FV:	to come true; to materialize	11
shr̀syān	事先	ㄕˋ ㄒㄧㄢ	A:	prior; in advance; beforehand	10
shŕsyàng	石像	ㄕˊ ㄒㄧㄤˋ	N:	stone statue	20
shr̄tǐ	屍體	ㄕ ㄊㄧˇ	N:	corpse; dead body	16
shŕtsái	石材	ㄕˊ ㄘㄞˊ	N:	rocks and boulders (for building)	11
shr̄wàng	失望	ㄕ ㄨㄤˋ	SV:	be disappointed; to lose hope	15
shŕwù	食物	ㄕˊ ㄨˋ	N:	food; edibles; provisions	9
shū	蔬	ㄕㄨ	B:	vegetables	9
shǔ	蜀	ㄕㄨˇ	N:	1)Shu, name of an ancient state located in what is today's Szechuan Province 2)another name for Szechuan Province	2
shū	舒	ㄕㄨ	B:	relax; at ease	4
shūfu	舒服	ㄕㄨ ˙ㄈㄨ	SV:	1)be comfortable	

				2)be well	4
shǔgwó	蜀國	ㄕㄨˇ ㄍㄨㄛˊ	N:	Shu, name of an ancient state	2
shūkù	書庫	ㄕㄨ ㄎㄨˋ	N:	library stacks	9
shūpíng	書評	ㄕㄨ ㄆㄧㄥˊ	N:	book review	14
shūshu	舒舒	ㄕㄨ ·ㄕㄨ	A:	cozily; snugily; comfortably	
fúfúde	服服地	ㄈㄨˊ ㄈㄨˊ ·ㄉㄜ			4
shūtsài	蔬菜	ㄕㄨ ㄘㄞˋ	N:	vegetables	9
shwāi	摔	ㄕㄨㄞ	FV:	to (cause to) fall; to (cause to) be thrown down	10
shwài	率	ㄕㄨㄞˋ	B:	command; lead	19
shwài	帥	ㄕㄨㄞˋ	B:	commander-in-chief	18
shwàilǐng	率領	ㄕㄨㄞˋ ㄌㄧㄥˇ	FV:	to command; to lead	19
shwěidzāi	水災	ㄕㄨㄟˇ ㄗㄞ	N:	flood; inundation	2
shwěigāng	水缸	ㄕㄨㄟˇ ㄍㄤ	N:	cistern; water vat	3
shwěigōu	水溝	ㄕㄨㄟˇ ㄍㄡ	N:	drainage ditch; gutter	3
shwěilúng	水龍	ㄕㄨㄟˇ ㄌㄨㄥˊ	N:	water faucet; spigot	
tou	頭	·ㄊㄡ			10
shwèimyán	睡眠	ㄕㄨㄟˋ ㄇㄧㄢˊ	N:	sleep	18
shwěisyān	水仙花	ㄕㄨㄟˇ ㄒㄧㄢN:		the narcissus	
hwā		ㄏㄨㄚ			6
shwùnlì	順利	ㄕㄨㄣˋ ㄌㄧˋ	A&SV:	without difficulty; smoothly; be going well	10
shwùnshǒu	順手	ㄕㄨㄣˋ ㄕㄡˇ	A:	while one is at it; without extra trouble or effort	1
sú	俗	ㄙㄨˊ	B:	social custom	
			SV:	be common; be everyday; be vulgar	12

sŭchì 俗氣 ㄙㄨˊㄑㄧˋ SV: be vulgar; be in poor taste 12

ing 鬆 ㄙㄨㄥ SV: be loose; not tight 10

sùng 宋 ㄙㄨㄥˋ N: 1)name of an ancient state
2)a Chinese family name
3)name of a Chinese dynasty 5

sùnguzung 送葬 ㄙㄨㄥˋㄗㄤˋ FV: to take part in a funeral
procession 2

sùnggwó 宋國 ㄙㄨㄥˋㄍㄨㄛˊ N: the State of Sung, an
ancient kingdom during the
Spring and Autumn Period,
located in what is today's
Honan Province 5

sūngkāi 鬆開 ㄙㄨㄥㄎㄞ FV: (lit. or fig.) to loosen up;
to let go 10

swān 酸 ㄙㄨㄢ B: sad; distressed
SV: 1)be sour; be tart
2)be sore 16

swéi 隨 ㄙㄨㄟˊ N: a Chinese family name
FV: to follow 17

swéi 隋 ㄙㄨㄟˊ N: the Sui Dynasty 19

swèi 碎 ㄙㄨㄟˋ FV: to break into bits and pieces 10

swéigwó 隨國 ㄙㄨㄟˊㄍㄨㄛˊ N: the state of Sui, name of
an ancient kingdom during
the Spring and Autumn
Period 17

swéihoú 隨侯 ㄙㄨㄟˊㄏㄡˊ N: the Prince of Sui 17

swéi sying 隨行 ㄙㄨㄟˊㄒㄧㄥˊ FV· to go along or accompany on
a trip 17

swéiwén 隋文帝 ㄙㄨㄟˊ N: Emperor Wen (541—604) of

dì		ㄨㄟˊ ㄉㄞˋ	the Sui Dynasty	19
swǔn	損	ㄙㄨㄣˇ	B: damage; harm	10
swǔn	筍	ㄙㄨㄣˇ	N: bamboo shoot	15
*swǔnjyān*筍尖		ㄙㄨㄣˇ ㄐㄧㄢ	N: the tip (or upper part) of a young bamboo shoot	15
swǔnshŕ 損失		ㄙㄨㄣˇ ㄕ	N: loss; damage	
			FV: to suffer the lose of; to lose	10
syàchí	下棋	ㄒㄧㄚˋ ㄑㄧˊ	VO: to play chess	1
syān	仙	ㄒㄧㄢ	N: fairy; (Taoist) immortal	1
syān	鮮	ㄒㄧㄢ	B&SV: (of color) bright; be fresh	1
syán	閒	ㄒㄧㄢˊ	SV: be unoccupied; to have free time	3
syán	銜	ㄒㄧㄢˊ	FV: to hold between the teeth	14
syán	賢	ㄒㄧㄢˊ	B: good; worthy; virtuous	18
syǎn	顯	ㄒㄧㄢˇ	B: show; manifest	20
syàn	獻	ㄒㄧㄢˋ	FV: to dedicate; to donate; to contribute	18
*syānhúng*鮮紅		ㄒㄧㄢ ㄏㄨㄥˊ	SV: be bright red; be scarlet	1
syāng	箱	ㄒㄧㄤ	B: chest; box; trunk	7
syǎng bu 想不通 *tūng*		ㄒㄧㄤˇ ·ㄅㄨ ㄊㄨㄥ	RC: can't figure it out; be unable to see the light; be unable to come up with	9
syāngdz 箱子		ㄒㄧㄤ ·ㄗ	N: chest; box; trunk	7
syāng jyāu 香蕉		ㄒㄧㄤ ㄐㄧㄠ	N: banana	13
syāng tswūn 鄉村		ㄒㄧㄤ ㄘㄨㄣ	N: village; rural area	1
syǎnlíng 顯靈		ㄒㄧㄢˇ	FV: (of a ghost, spirit, etc.) to	

		ㄌㄧㄥˊ	make its presence or power felt; to materialize 20
syānnèn	鮮嫩	ㄒㄧㄢ ㄋㄣˋSV:	be fresh and tender 15
syánrén	賢人	ㄒㄧㄢˊ ㄖㄣˊ N:	person of virtue 18
syàshān	下山	ㄒㄧㄚˋ ㄕㄢVO:	(of the sun) to set 13
syàu	孝	ㄒㄧㄠˋ B&SV:	(be) filial 15
syǎumài	小麥	ㄒㄧㄠˇ ㄇㄞˋ N:	wheat 9
syàunyǚ	孝女	ㄒㄧㄠˋㄋㄩˇN:	a dutiful or filial daughter 16
syàu shwùn	孝順	SV&FV: ㄒㄧㄠˋ ㄕㄨㄣˋ	be filial; to show filial obedience(to) 15
syàyóu	下游	ㄒㄧㄚˋ ㄧㄡˊ N:	lower reaches of a river 16
syé	鞋	ㄒㄧㄝˊ N:	shoe 11
syě	血	ㄒㄧㄝˇ N:	blood 2
syè	泄	ㄒㄧㄝˋ B:	1) divulge; let out (a secret, etc.) 2) leak; (of steam, water, etc.) let off or out 10
syèlòu	泄漏	ㄒㄧㄝˋ ㄌㄡˋ FV:	to divulge; to reveal; to let out (a secret) 10
syī	溪	ㄒㄧ N:	river; stream 18
syí	媳	ㄒㄧˊ B:	daughter-in-law 3
syí	惜	ㄒㄧˊ B:	pity; sorry 15
syí	襲	ㄒㄧˊ B:	raid; surprise attack 19
syībwó chāng	西伯昌	ㄒㄧ ㄅㄛˊ ㄔㄤ N:	Hsipo Ch'ang, respectful name of Chi Ch'ang, who was later titled Chou Wen Wang 18
syífur	媳婦兒	ㄒㄧˊ ˙ㄈㄨㄦ N:	1) wife 2) son's wife; daughter-in-law 3
syīn	欣	ㄒㄧㄣ B:	joyful; happy 17
syīnchín	辛勤	ㄒㄧㄣ SV:	be hardworking; be industrious

ㄑㄧㄣˊ 9

syĭndì	心地	ㄒㄧㄣ ㄉㄧˋ	N: a person's true character or moral nature	6
syĭng	醒	ㄒㄧㄥˇ	FV: 1) to regain consciousness; to come to; to sober up 2) to wake up	4
syìng	杏	ㄒㄧㄥˋ	B: Chinese apricot	7
syìng chíng	性情	ㄒㄧㄥˋ ㄑㄧㄥˊ	N: temperament; disposition	13
syìngdz	杏子	ㄒㄧㄥˋ·ㄗ	N: the Chinese apricot(fruit)	7
syìngkwei	幸虧	ㄒㄧㄥˋ ㄎㄨㄟ	A: fortunately; luckily	12
syìnglín	杏林	ㄒㄧㄥˋ ㄌㄧㄣˊ	N: (lit.) apricot forest—a term used in praise of a capable and benevolent doctor or of the medical profession in general	7
syìngrén	杏仁	ㄒㄧㄥˋ ㄖㄣˊ	N: the Chinese almond	7
syìngshù	杏樹	ㄒㄧㄥˋ ㄕㄨˋ	N: the Chinese apricot tree	7
syīn shǎng	欣賞	ㄒㄧㄣ ㄕㄤˇ	FV: to enjoy; to admire; to appreciate	17
syíng jwāng	行裝	ㄒㄧㄥˊ ㄓㄨㄤ	N: luggage	8
syīnshì	心事	ㄒㄧㄣ ㄕˋ	N: something weighing on one's mind	2
syīnswān	心酸	ㄒㄧㄣ ㄙㄨㄢ	SV: be grievous; be heartsick	16
syīntóu	心頭	ㄒㄧㄣ ㄊㄡˊ	N: mind; heart	16
syīnywàn	心願	ㄒㄧㄣ ㄩㄢˋ	N: wish; desire	11
syísú	習俗	ㄒㄧˊ ㄙㄨ	N: social custom	12
syòu	嗅	ㄒㄧㄡˋ	B&FV: smell; scent; sniff	10
syòu	秀	ㄒㄧㄡˋ	B: beautiful; elegant; refined	18

syòu	袖	ㄒㄧㄡˋ	B:	sleeve	8
syòu	銹	ㄒㄧㄡˋ	SV:	be rusty; be corroded	
			N:	rust; corrosion	1
syòudz	袖子	ㄒㄧㄡˋ ˙ㄗ	N:	sleeve(s)	8
syōujú	修築	ㄒㄧㄡ ㄓㄨˊ	FV:	to build; to put up; to construct (highways, dykes, etc.)	19
ˢyòujywé	嗅覺	ㄒㄧㄡˋ ㄐㄩㄝˊ	N:	sense of smell	10
syū	鬚	ㄒㄩ	B:	beard	10
syún	尋	ㄒㄩㄣˊ	B:	search; seek	9
syúnbǎu	尋寶	ㄒㄩㄣˊ ㄅㄠˇ	VO:	to search for treasure	9
syūng	兇（凶）	ㄒㄩㄥ	SV:	be fierce; be cruel; be ferocious	18
syūng	洶	ㄒㄩㄥ	B:	(of waves) tempestuous; turbulent	16
syúng	熊	ㄒㄩㄥˊ	N:	bear	18
syūnghěn	兇狠	ㄒㄩㄥ ㄏㄣˇ	SV:	be fierce and malicious	18
syūng yǔng	洶湧	ㄒㄩㄥ ㄩㄥˇ	SV:	(of waves) be turbulent	16
syúnjǎu	尋找	ㄒㄩㄣˊ ㄓㄠˇ	FV:	to search for; to look for	9
syúnshr̀	巡視	ㄒㄩㄣˊ ㄕˋ	FV:	to go around and inspect	19
sywán	玄	ㄒㄩㄢˊ	SV:	be abstruse; be absurd	4
sywān yáng	宣揚	ㄒㄩㄢ ㄧㄤˊ	FV:	to spread or disseminate (teachings, culture, etc.); to publicize; to propagate	20
sywě	雪	ㄒㄩㄝˇ	N:	snow	15
sywè	血	ㄒㄩㄝˋ	B:	related by blood	2

sywé	學成	ㄒㄩㄝˊ	RC:	to complete(one's) studies
chéng		ㄔㄥˊ		12
sywètǔng	血統	ㄒㄩㄝˋ	N:	blood lineage; extraction
		ㄊㄨㄥˇ		2
sz̀	飼	ㄙˋ	B:	rear; raise 11
sz̀	賜	ㄙˋ	B:	grant; bestow 15
sz̀chwān	四川省	ㄙˋ ㄔㄨㄢ	N:	Szechuan Province(located in
shěng		ㄕㄥˇ		south-central China, it is the
				most populous administrative
				division in the country) 2
sz̀gěi	賜給	ㄙˋ ㄍㄟˇ	FV:	to grant (something) to (some-
				one); to bestow(something) on
				(someone) 15
sz̀lyàu	飼料	ㄙˋ ㄌㄧㄠˋ	N:	feed; fodder 11

ㄊ

tā	它	ㄊㄚ	PN:	it 10
tā	牠	ㄊㄚ	PN:	it(third person singular pro-
				noun for animals) 17
tǎ	塔	ㄊㄚˇ	N:	tower 5
tāi	胎	ㄊㄞ	N&B:	1) birth
				2) foetus; embryo 13
tái	擡	ㄊㄞˊ	FV:	lift; raise 1
tái	颱	ㄊㄞˊ	B:	typhoon 20
táifēng	颱風	ㄊㄞˊ ㄈㄥ	N:	typhoon 20
tàigūng	太公	ㄊㄞˋ ㄍㄨㄥ	N:	1) shortened form of 太公望
				(taigungwang)

			2) grandfather	18
tàigūng wàng	太公望	ㄊㄞˋ ㄍㄨㄥ ㄨㄤˋ	N:	(lit.)the person that Grandfather hoped for 18
tàipíng	太平	ㄊㄞˋ ㄆㄧㄥˊ	SV:	(of society, lifestyles, etc.) be peaceful and stable 19
táitóu	擡頭	ㄊㄞˊ ㄊㄡˊ	VO:	to raise one's head 1
tān	攤	ㄊㄢ	B: FV:	stand; stall; booth to spread out(for display, etc.) 12
tān	貪	ㄊㄢ	SV: FV:	be greedy; be covetous to covet; to have an insatiable desire for 7
tàn	嘆	ㄊㄢˋ	FV:	to sigh 15
tànchì	嘆氣	ㄊㄢˋ ㄑㄧˋ	VO:	to heave a sigh 15
tāng	湯	ㄊㄤ	N:	soup 15
táng	唐	ㄊㄤˊ	N:	the T'ang Dynasty(618—906)19
tǎng	躺	ㄊㄤˇ	FV:	to lie (down) 4
tàng	趟	ㄊㄤˋ	M:	round trip; time 9
tānsyīn	貪心	ㄊㄢ ㄒㄧㄣ	SV:	be greedy; be avaricious 7
tántǔ	談吐	ㄊㄢˊ ㄊㄨˇ	N:	style, manner, and wording of what one says 8
tāu	濤	ㄊㄠ	B:	billows 16
téng	騰	ㄊㄥˊ	FV:	to steam 3
téng	疼	ㄊㄥˊ	FV: SV:	to love dearly; to dote on be sore; be painful (often translated as the English verb "to hurt") 20
téngài	疼愛	ㄊㄥˊ ㄞˋ	FV:	to love dearly; to be very fond

				of	20
tī	梯	ㄊㄧ	B:	ladder	5
tǐ	體	ㄊㄧˇ	B:	1) body	
				2) physical	
				3) style	4
tīdz	梯子	ㄊㄧ˙ㄗ	N:	ladder	5
tídzǎu	提早	ㄊㄧˊㄗㄠˇ	FV:	(of a scheduled time) to move forward; to do (something) earlier than expected or planned	3
tímù	題目	ㄊㄧˊㄇㄨˋ	N:	topic; subject	8
tǐnéng	體能	ㄊㄧˇㄋㄥˊ	N:	physical fitness	4
tíng	廷	ㄊㄧㄥˊ	B:	court(in a royal government)	19
tǐng	挺	ㄊㄧㄥˇ	FV:	to straighten up (physically); to stick out (one's chest or stomach)	19
tínglyóu	停留	ㄊㄧㄥˊㄌㄧㄡˊ	FV:	to stay for a time; to stop over during a journey	1
tǐngshēn	挺身	ㄊㄧㄥˇㄕㄣVO:	to straighten one's back	19
tōu	偷	ㄊㄡ	FV:	to steal; to make off with	2
tóudǐng	頭頂	ㄊㄡˊㄉㄧㄥˇN:	the crown of the head	9
tōutōude	偷偷地	ㄊㄡ ㄊㄡ ˙ㄉㄜ A:	stealthily; secretly; on the sly	2
tsā	擦	ㄘㄚ	FV:	to wipe or clean (with a rag, cloth, etc.)	9
tsǎi	彩	ㄘㄞˇ	B:	of many colors	14
tsǎi	采	ㄘㄞˇ	B:	(facial) complexion	14
tsǎijāi	採摘	ㄘㄞˇㄓㄞ FV:	to pick	
(*tsǎijé*)		(ㄘㄞˇㄓㄛˊ)			7

tsáilyàu	材料	ㄘㄞˊㄌㄧㄠˋ N:	material(for building, cooking, writing, study, etc.）	11
tsáiwù	財物	ㄘㄞˊ ㄨˋ N:	property; belongings	6
tsǎiyàu	採藥	ㄘㄞˇㄧㄠˋ VO:	to gather medicinal herbs	12
ₜsǎn	慘	ㄘㄢˇ SV:	be miserable; be pitiful; be tragic	12
tsāng	蒼	ㄘㄤ B:	grey; ashy	13
tsāng	倉	ㄘㄤ N:	a storage place; a barn	7
tsāng máng	蒼茫	ㄘㄤㄇㄤˊ SV:	(of scenery) be indistinct; be diffused	13
tsǎnshr̀	慘事	ㄘㄢˇ ㄕˋ N:	tragic affair or matter	11
tsáu	曹	ㄘㄠˊ N:	a Chinese family name	16
tsáué	曹娥	ㄘㄠˊ ㄜˊ N:	Ts'ao O, name of a girl known for her filialness	16
tsǎusyé	草鞋	ㄘㄠˇㄒㄧㄝˊN:	straw sandals	11
tsǎutsúng	草叢	ㄘㄠˇㄘㄨㄥˊN:	a thick growth of grass; a patch of grass	9
tsòu	湊	ㄘㄡˋ FV:	to get together	11
tsòuchyǎu	湊巧	ㄘㄡˋㄑㄧㄠˇ A:	by chance; as luck would have it	11
tsū	粗	ㄘㄨ SV:	1) be coarse; be rough; be vulgar 2) be thick (in diameter)	8
tsūng	匆	ㄘㄨㄥ B:	hurriedly; hastily	4
tsūng	聰	ㄘㄨㄥ B:	astute; clever	12
tsúng	叢	ㄘㄨㄥˊ B:	bushes; shrubs	9
tsūng máng	匆忙	ㄘㄨㄥㄇㄤˊA&SV:	in haste; hurriedly; be hasty	4
tsūng	聰明	ㄘㄨㄥ SV:	be intelligent; be smart; be	

ming		˙ㄇㄧㄥ	clever	12
tsūng	從容地	ㄘㄨㄥ	A: at ease; leisurely; unhurriedly	
rúngde		ㄖㄨㄥˊ˙ㄉㄜ		10
tsūng	匆匆忙忙	ㄘㄨㄥSV&A: hastily; very hurried		
tsung		˙ㄘㄨㄥ ㄇㄤˊ		
mángmáng		ㄇㄤˊ		4
tsūsyīn	粗心	ㄘㄨㄒㄧㄣ SV: be careless; be negligent		8
ₜ*swūn*	村長	ㄘㄨㄣ ㄓㄤˇ N: village chief		
jǎng				11
tsź	祠	ㄘˊ	B: shrine	19
tsż	刺	ㄘˋ	FV: to stab; to pierce; to prick	
			N: thorn; splinter	11
tsżshāng	刺傷	ㄘˋ ㄕㄤ FV: to wound by stabbing or pierc-ing		11
tsżshř	刺史	ㄘˋ ㄕˇ N: (in the Sui Dynasty)Prefec-tural Governor		19
tú	突	ㄊㄨˊ	B: sudden	8
tú	屠	ㄊㄨˊ	B: slaughter	18
tù	吐	ㄊㄨˋ	FV: 1) to spit out; to spew forth	
			2) to vomit; to throw up	2
tù	兔	ㄊㄨˋ	B: rabbit	19
tǔdìgūng	土地公	ㄊㄨˇ ㄉㄧˋ N: the local earth god		
		ㄍㄨㄥ		6
tùdz	兔子	ㄊㄨˋ ˙ㄗ N: rabbit		19
tǔng	桶	ㄊㄨㄥˇ	N: bucket; keg; barrel	13
túng	同情	ㄊㄨㄥˊFV&N: to sympathize with; to show		
chíng		ㄑㄧㄥˊ	sympathy for; sympathy	3
tǔngjr̀	統治	ㄊㄨㄥˇ ㄓˋ N: rule; control; domination		
			FV: to control; to rule; to dominate	
				18

tùngkŭ	痛苦	ㄊㄨㄥˋ ㄎㄨˇ	SV:	be grievous; be miserable; be suffering	2
túrán	突然	ㄊㄨˊ ㄖㄢˊ	A:	suddenly	8
tŭrén	土人	ㄊㄨˇ ㄖㄣˊ	N:	natives; aborigines	13
túshā	屠殺	ㄊㄨˊ ㄕㄚ	FV:	to slaughter; to butcher	18
twèi	退	ㄊㄨㄟˋ	FV:	1) to recede; to withdraw; to move back 2) to return; to refund	2
twēijyŭ	推舉	ㄊㄨㄟ ㄐㄩˇ	FV:	to elect; to choose	5
twō	托	ㄊㄨㄛ	FV:	to support with the hand or palm	17
tyán	甜	ㄊㄧㄢˊ	SV:	be sweet	13
tyāndzāi	天災	ㄊㄧㄢ ㄗㄞ	N:	natural disaster	2
tyānjī	天機	ㄊㄧㄢ ㄐㄧ	N:	the secrets of Heaven	10
tyánlwó	田螺	ㄊㄧㄢˊ ㄌㄨㄛˊ	N:	garden snail	3
tyān lyàng	天亮	ㄊㄧㄢ ㄌㄧㄤˋ	A&N:	(at) daybreak	5
tyán ywán	田園	ㄊㄧㄢˊ ㄩㄢˊ	N:	fields and gardens; countryside	2
tyāu	挑	ㄊㄧㄠ	FV:	to carry(on the shoulder with a pole)	2
tyāu sywăn	挑選	ㄊㄧㄠ ㄒㄩㄢˇ	FV:	to select; to choose; to pick out	14
tyáuwén	條紋	ㄊㄧㄠˊ ㄨㄣˊ	N:	stripe(e.g. pattern on cloth, etc.)	19
tyějyàng	鐵匠	ㄊㄧㄝˇ ㄐㄧ ㄤˋ	N:	blacksmith	5

W

wā	挖	ㄨㄚ	FV:	to dig; to excavate	2
wǎ	瓦	ㄨㄚˇ	N&AT:	clay; earthenware	11
wākāi	挖開	ㄨㄚ ㄎㄞ	RC:	to dig up	19
wān	彎	ㄨㄢ	SV:	be curved; be bent	
			FV:	to bend; to curve	18
wán	丸	ㄨㄢˊ	B:	small ball	7
wǎn	挽	ㄨㄢˇ	B:	retrieve; remedy	8
wánbì	完畢	ㄨㄢˊㄅㄧˋ	FV:	to finish; to complete	17
wāng	汪	ㄨㄤ	ON:	the sound of barking	19
wǎng	枉	ㄨㄤˇ	B:	wrong; injustice; no avail	5
wángcháu	王朝	ㄨㄤˊ ㄔㄠˊ	N:	dynasty	18
wāngōu	彎鉤	ㄨㄢ ㄍㄡ	N:	curved hook	18
wǎngshr̀	往事	ㄨㄤˇ ㄕˋ	N:	past event; the past	14
wāngwāng	汪汪	ㄨㄤ ㄨㄤ	ON:	bowwow; bark	19
wángwèi	王位	ㄨㄤˊ ㄨㄟˋ	N:	throne	2
wǎnhwéi	挽回	ㄨㄢˇ ㄏㄨㄟˊ	FV:	to retrieve; to remedy (a situation, loss, etc.)	8
wǎpén	瓦盆	ㄨㄚˇ ㄆㄣˊ	N:	earthenware basin	11
wéi	圍	ㄨㄟˊ	B:	enclosure; circumference	15
wěi	葦	ㄨㄟˇ	B:	reed	8
wèi	餵	ㄨㄟˋ	FV:	to feed	11
wèi	渭	ㄨㄟˋ	B:	name of a river	18
wéichŕ	維持	ㄨㄟˊ ㄔˊ	FV:	to maintain; to keep; to preserve	11
wèijŕ	位置	ㄨㄟˋ ㄓˋ	N:	place; position	10
wèishwěi	渭水	ㄨㄟˋ ㄕㄨㄟˇ	N:	the Wei River, a major tri-	

			butary of the Yellow River	18
wéisyǎn	危險	ㄨㄟˊ N&SV:	danger; be dangerous	
		ㄒㄧㄢˇ		9
wén	聞	ㄨㄣˊ FV:	to smell; to sniff	10
wén	紋	ㄨㄣˊ B:	lines	19
wěn	穩	ㄨㄣˇ RE:	(indicates stability or steadiness)	
		SV:	be steady; be stable; be safe	20
wénchāng	文章	ㄨㄣˊ ㄓㄤ N:	a composition; an article; an essay	8
wēnróu	溫柔	ㄨㄣ ㄖㄡˊ SV:	(of disposition) be gentle	13
wénshēn	紋身	ㄨㄣˊ N&FV:	tatoo; to tatoo the body	
		ㄕㄣ		19
wéntsái	文才	ㄨㄣˊ ㄘㄞˊ N:	literary talent	18
wō	窩	ㄨㄛ N:	a nest, burrow, hive, coop, or other similar home of animals, birds, or insects	8
wū	巫	ㄧㄢˊ B:	sorcerer; witch	14
wūjyǎu	屋角	ㄨ ㄐㄧㄠˇ N:	the corner of a room	9
wǔlywè	武略	ㄨˇ ㄌㄩㄝˋ N:	military tactics; military strategy	18
wūshŕ	巫師	ㄨ ㄕ N:	sorcerer; wizard	14
wúyìjūng	無意中	ㄨˊ ㄧˋ ㄓㄨㄥ A:	inadvertently; accidentally	11

Ｙ

yā	鴨	ㄧㄚ N & B:	duck	12
yādz	鴨子	ㄧㄚ ˙ㄗ N:	duck	12
yān	淹	ㄧㄢ FV:	to submerge; to flood	2

yán	岩	ㄧㄢˊ	B:	rock (s)	20
yáng	羊	ㄧㄤˊ	N:	sheep	9
yáng	揚	ㄧㄤˊ	B:	spread; make known	20
yánglì	陽曆	ㄧㄤˊ ㄌㄧˋ	N:	the solar calendar; the Gregorian calendar	12
yí	疑	ㄧˊ	B:	suspect; doubt	4
yǎnjīng	眼睛	ㄧㄢˇ ㄐㄧㄥ	N:	eyes	4
yānmwò	淹沒	ㄧㄢ ㄇㄛˋ	FV:	to submerge; to inundate	2
yánshŕ	岩石	ㄧㄢˊ ㄕˊ	N:	rock	20
yānsž	淹死	ㄧㄢ ㄙˇ	RC:	to drown	11
yáu	搖	ㄧㄠˊ	FV:	to shake; to rock; to move to and fro	10
yàu	藥	ㄧㄠˋ	N:	medicine; drug	7
yàu	鑰	ㄧㄠˋ	B:	key	9
yàusyāng	藥箱	ㄧㄠˋ ㄒㄧㄤ	N:	doctor's bag; medicine kit; medicine chest	7
yàutān dz	藥攤子	ㄧㄠˋ ㄊㄢ ˙ㄗ	N:	medicine stand	12
yàuwán	藥丸	ㄧㄠˋ ㄨㄢˊ	N:	pill	7
yé	爺	ㄧㄝˊ	B:	1) respectful form of address for an elderly man, official, god, etc. 2) grandfather	2
yě	野	ㄧㄝˇ	SV:	1) be wild; not domesticated; be uncultivated 2) (of manners, etc.) be unrestrained or unruly	1
yěshòu	野獸	ㄧㄝˇ ㄕㄡˋ	N:	wild animal	19
yětsǎu	野草	ㄧㄝˇ ㄘㄠˇ	N:	weeds	1
yětù	野兔	ㄧㄝˇ ㄊㄨˋ	N:	hare	19

yéye	爺爺	ㄧㄝˊ·ㄧㄝ	N:	grandfather	2
yí	咦	ㄧˊ	I:	(indicates surprise or doubt) well; why	3
yí	儀	ㄧˊ	B:	1) appearance; bearing 2) ceremony; rite	8 8
yǐ	蟻	ㄧˊ	B:	ant	
yì	藝	ㄧˋ	B:	1) skill 2) art	5
yibèidz	一輩子	ㄧˋㄅㄟˋ·ㄗ	A&N:	all one's life; a lifetime	9
yíbyǎu	儀表	ㄧˊㄅㄧㄠˇ	N:	personal appearance; looks	8
yīdé	醫德	ㄧ ㄉㄜˊ	N:	medical ethics	7
yídùng	移動	ㄧˊㄉㄨㄥˋ	FV:	to move; to shift	8
yījr	醫治	ㄧ ㄓˋ	FV:	to treat; to cure	7
yīn	陰	ㄧㄣ	B:	lunar	
			SV:	be cloudy	12
yǐn	引	ㄧㄣˇ	B &FV:	(to) guide; (to) lead	8
yǐndǎu	引導	ㄧㄣˇㄉㄠˇ	FV:	to guide; to lead	8
yīng	英	ㄧㄥ	SV:	be bright; be brilliant	2
yīngmíng	英明	ㄧㄥㄇㄧㄥˊ	SV:	wise; enlightened (ruler)	2
yīngtsái	英才	ㄧㄥㄘㄞˊ	N:	person of outstanding ability	2
yīnlì	陰曆	ㄧㄣㄌㄧˋ	N:	the lunar calendar	12
yīshēng	醫生	ㄧ ㄕㄥ	N:	physician; medical doctor	7
yíshr	儀式	ㄧˊ ㄕˋ	N:	ceremony; ceremonial proceedings	8
yīshù	醫術	ㄧ ㄕㄨˋ	N:	medical skill; art of healing	7
yìshù	藝術	ㄧˋㄕㄨˋ	N:	art	5
yìshùjyā	藝術家	ㄧˋㄕㄨˋㄐㄧㄚ	N:	artist	5
yīsyòu	衣袖	ㄧ ㄒㄧㄡˋ	N:	sleeve (of a shirt, robe, etc.)	8

yítǐ	遺體	ㄧ ㄊㄧˇ	N: the remains (of a dead person); corpse	5
yìwài	意外	ㄧˋ ㄨㄞˋ	N: accident; mishap; unanticipated happening	
			SV: be unexpected; be unforeseen	16
yíwèn	疑問	ㄧˊ ㄨㄣˋ	N: doubt; question	4
yìyǔng dwèi	義勇隊	ㄧˋ ㄩㄥˇ ㄉㄨㄟˋ	N: volunteer militia	19
yōu	憂	ㄧㄡ	B: sad; grieved	2
yóu	尤	ㄧㄡˊ	B: especially	11
yóu	游	ㄧㄡˊ	B: section of a river	16
yǒuài	友愛	ㄧㄡˇ ㄞˋ	SV&N: be friendly; friendly affection; fraternal love	6
yóuchí	尤其	ㄧㄡˊ ㄑㄧˊ	A: especially	11
yōuchóu	憂愁	ㄧㄡ ㄔㄡˊ	SV: be distressed; be sad; be depressed	
			N: sorrow; sadness	2
yóulì	遊歷	ㄧㄡˊ ㄌㄧˋ	FV: to travel for pleasure; to tour	17
yǒushàn	友善	ㄧㄡˇ ㄕㄢˋ	SV: be friendly; be amiable	6
yú	虞	ㄩˊ	N: a Chinese family name	16
yú	漁	ㄩˊ	B: fishing	20
yǔ	宇	ㄩˇ	B: space; universe	2
yùfáng	預防	ㄩˋ ㄈㄤˊ	FV: to take precautions against	10
yùhwáng dàdì	玉皇大帝	ㄩˋ ㄏㄨㄤˊ ㄉㄚˋ ㄉㄧˋ	N: the Jade Emperor (the supreme ruler of Heaven in Taoism)	3
yùn	孕	ㄩㄣˋ	B: pregnancy	5
yùnchì	運氣	ㄩㄣˋ ㄑㄧˋ	N: luck; fortune	18

yǔng	湧	ㄩㄥˇ	FV:	to gush; to surge	16
yùnhwéi	運回	ㄩㄣˋ ㄏㄨㄟˊ RC:		to transport back	5
yúnlín	雲林縣	ㄩㄣˊ ㄌㄧㄣˊ N:		Yunlin County, located in	
syàn		ㄒㄧㄢˋ		west-central Taiwan	20
yúntī	雲梯	ㄩㄣˊ ㄊㄧ N:		a scaling ladder	5
yùsyān	預先	ㄩˋ ㄒㄧㄢ A:		in advance; beforehand	10
yútswūn	漁村	ㄩˊ ㄘㄨㄣ N:		fishing village	20
ywān	鳶	ㄩㄢ	N:	kite (either the bird or the wooden-framed object flown in the wind)	5
ywān	冤	ㄩㄢ	B&SV:	(be) wronged; (be) unjustly treated	5
ywàn	怨	ㄩㄢˋ	B:	resentment; bitterness; complaint	
			FV:	to complain (against someone); to blame (someone)	16
ywán shwài	元帥	ㄩㄢˊ ㄕㄨㄞˋ	N:	(military) marshall	18
ywán lyàng	原諒	ㄩㄢˊ ㄌㄧㄤˋ	FV:	to forgive; to excuse	5
ywān wǎng	冤枉	ㄩㄢ ㄨㄤˇ	FV:	to wrongly accuse; to treat unjustly	5

附 錄 五

ānjyūlèyè	安居樂業	ㄢ ㄐㄩ ㄌㄜˋ ㄧㄝˋ
bànsyìnbànyí	半信半疑	ㄅㄢˋ ㄒㄧㄣˋ ㄅㄢˋ ㄧˊ
baùtyàurúléi	暴跳如雷	ㄅㄠˋ ㄊㄧㄠˋ ㄖㄨˊ ㄌㄟˊ
bīngtyānsywědì	冰天雪地	ㄅㄧㄥ ㄊㄧㄢ ㄒㄩㄝˇ ㄉㄧˋ
bùjŕrúhéshŕhǎu	不知如何是好	ㄅㄨˋ ㄓ ㄖㄨˊ ㄏㄜˊ ㄕ ㄏㄠˇ
bùsyǐngrénshŕ	不省人事	ㄅㄨˋ ㄒㄧㄥˇ ㄖㄣˊ ㄕ
chyānsyīnwànkǔ	千辛萬苦	ㄑㄧㄢ ㄒㄧㄣ ㄨㄢˋ ㄎㄨˇ
chéngjyālìyè	成家立業	ㄔㄥˊ ㄐㄧㄚ ㄌㄧˋ ㄧㄝˋ
chéngwèntí	成問題	ㄔㄥˊ ㄨㄣˋ ㄊㄧˊ
chíngbùdžjìn	情不自禁	ㄑㄧㄥˊ ㄅㄨˋ ㄗˋ ㄐㄧㄣ
chwānlyóubùsyí	川流不息	ㄔㄨㄢ ㄌㄧㄡˊ ㄅㄨˋ ㄒㄧ
chwéitóusàngchì	垂頭喪氣	ㄔㄨㄟˊ ㄊㄡˊ ㄙㄤˋ ㄑㄧˋ
chwūnmǎnsyìnglín	春滿杏林	ㄔㄨㄣ ㄇㄢˇ ㄒㄧㄥˋ ㄌㄧㄣˊ
chyǎumyàuwúbǐ	巧妙無比	ㄑㄧㄠˇ ㄇㄧㄠˋ ㄨˊ ㄅㄧˇ
dwōfāngdǎtīng	多方打聽	ㄉㄨㄛ ㄈㄤ ㄉㄚˇ ㄊㄧㄥ
dyédyéjwàngjwàng	跌跌撞撞	ㄉㄧㄝˊ ㄉㄧㄝˊ ㄓㄨㄤˋ ㄓㄨㄤˋ
dzǎuchūwǎngwēi	早出晚歸	ㄗㄠˇ ㄔㄨ ㄨㄢˇ ㄍㄨㄟ
dzùngshēnyìtyàu	縱身一跳	ㄗㄨㄥˋ ㄕㄣ ㄧˋ ㄊㄧㄠˋ
dzwǒlínyòushè	左鄰右舍	ㄗㄨㄛˇ ㄌㄧㄣˊ ㄧㄡˋ ㄕㄜˋ
dzwòlìbùān	坐立不安	ㄗㄨㄛˋ ㄌㄧˋ ㄅㄨˋ ㄢ

成 語 索 引

字 代 表 課 數)

dżyándżyǔ	自言自語	ㄗˋ ㄧㄢˊ ㄗˋ ㄩˇ
fàngshēngdàkū	放聲大哭	ㄈㄤˋ ㄕㄥ ㄉㄚˋ ㄎㄨ
fānshānywèlǐng	翻山越嶺	ㄈㄢ ㄕㄢ ㄩㄝˋ ㄌㄧㄥˇ
fēichíndzǒushòu	飛禽走獸	ㄈㄟ ㄑㄧㄣˊ ㄗㄡˇ ㄕㄡˋ
fěnshěnswèigǔ	粉身碎骨	ㄈㄣˇ ㄕㄣ ㄙㄨㄟˋ ㄍㄨˇ
gānbēi	乾杯	ㄍㄢ ㄅㄟ
jǎngshàngmíngjū	掌上明珠	ㄓㄤˇ ㄕㄤˋ ㄇㄧㄥˊ ㄓㄨ
jìnjīnggǎnkǎu	進京趕考	ㄐㄧㄣˋ ㄐㄧㄥ ㄍㄢˇ ㄎㄠˇ
jr̄ēntúbàu	知恩圖報	ㄓ ㄣ ㄊㄨˊ ㄅㄠˋ
jyāngtàigūngdyàuyú	姜太公釣魚	ㄐㄧㄤ ㄊㄞˋ ㄍㄨㄥ ㄉㄧㄠˋ ㄩˊ
ywànjěshànggōu	願者上鉤	ㄩㄢˋ ㄓㄜˇ ㄕㄤˋ ㄍㄡ
jyùjīnghwèishén	聚精會神	ㄐㄩˋ ㄐㄧㄥ ㄏㄨㄟˋ ㄕㄣˊ
jywékǒubùtí	絕口不提	ㄐㄩㄝˊ ㄎㄡˇ ㄅㄨˋ ㄊㄧˊ
kǎuhwǒchyǔnwǎn	烤火取暖	ㄎㄠˇ ㄏㄨㄛˇ ㄑㄩˇ ㄋㄨㄢˇ
kǔkǔāichyóu	苦苦哀求	ㄎㄨˇ ㄎㄨˇ ㄞ ㄑㄧㄡˊ
kūngpǎuyitàng	空跑一趟	ㄎㄨㄥ ㄆㄠˇ ㄧˊ ㄊㄤˋ
língjī yídùng	靈機一動	ㄌㄧㄥˊ ㄐㄧ ㄧˊ ㄉㄨㄥˋ
lòuchūmǎjyǎu	露出馬腳	ㄌㄡˋ ㄔㄨ ㄇㄚˇ ㄐㄧㄠˇ
píngānwúshr̀	平安無事	ㄆㄧㄥˊ ㄢ ㄨˊ ㄕˋ
pǐnsyìngdwānjèng	品行端正	ㄆㄧㄥˇ ㄒㄧㄥˋ ㄉㄨㄢ ㄓㄥˋ
rénàiwéihwái	仁愛爲懷	ㄖㄣˊ ㄞˋ ㄨㄟˊ ㄏㄨㄞˊ
rénsžbùnéngfùshēng	人死不能復生	ㄖㄣˊ ㄙˇ ㄅㄨˋ ㄋㄥˊ ㄈㄨˋ ㄕㄥ
rùjìngswéisú	入境隨俗	ㄖㄨˋ ㄐㄧㄥˋ ㄙㄨㄟˊ ㄙㄨˊ
shānmíngshwěisyòu	山明水秀	ㄕㄢ ㄇㄧㄥˊ ㄕㄨㄟˇ ㄒㄧㄡˋ

to talk to oneself; to think aloud 10

cry loudly and bitterly 6

to cross over mountain after mountain 14

flying birds and roaming beasts; birds and beasts 19

(of a person) be smashed to smithereens 10

Bottoms up! 9

a pearl in the palm — one's dearly peloved daughter 17

(in traditional China) go to the capital and take the civil
   service examination 8

to recognize, and hope to repay, someone's kindness 17

(lit.) When Chiang T'ai Kung goes fishing only those fish
   that are willing to be caught are taken. — Those willing
   to join or cooperate (in a project, etc.) do so at their
   own risk 18

to concentrate fully on what one is doing 14

to avoid all mention of 11

to warm oneself by a fire 15

begging piteously; imploring strenuously 13

to go someplace for nothing 9

have a sudden inspiration; have a brainstorm 10

let the cat out of the bag 19

safe and sound; with all being well 16

having upright character and proper conduct 3

kindhearted; have the heart of a humanitarian 8

the dead cannot be brought back to life (an expression
   commonly used when condoling the bereaved) 2

When in Rome, do as the Romans do. 17

the hills are bright and the rivers are clear — descriptive
   of picturesque scenery 18

syánchǐlyángmǔ	賢妻良母	ㄒㄧㄢˊ ㄑㄧ ㄌㄧㄤˊ ㄇㄨˇ
syāngyīwéimìng	相依爲命	ㄒㄧㄤ ㄧ ㄨㄟˊ ㄇㄧㄥˋ
shùshǒuwútsè	束手無策	ㄕㄨˋ ㄕㄡˇ ㄨˊ ㄘㄜˋ
syǐchūwàngwài	喜出望外	ㄒㄧˇ ㄔㄨ ㄨㄤˋ ㄨㄞˋ
syīnglìchúpì	興利除弊	ㄒㄧㄥ ㄌㄧˋ ㄔㄨˊ ㄅㄧˋ
syǎngjìnlebànfǎ	想盡了辦法	ㄒㄧㄤˇ ㄐㄧㄣˋ ˙ㄌㄜ ㄅㄢˋ ㄈㄚˇ
syīnyǒuyúérlìbùdzú	心有餘而力不足	ㄒㄧㄣ ㄧㄡˇ ㄩˊ ㄦ ㄌㄧˋ ㄅㄨˋ ㄗㄨˊ
tǐngshēnérchū	挺身而出	ㄊㄧㄥˇ ㄕㄣ ㄦˊ ㄔㄨ
tísyīndyàudǎn	提心弔膽	ㄊㄧˊ ㄒㄧㄣ ㄉㄧㄠˋ ㄉㄢˇ
tsúngtzǐyǐhòu	從此以後	ㄘㄨㄥˊ ㄘˇ ㄧˇ ㄏㄡˋ
tsúngtyānérjyàng	從天而降	ㄘㄨㄥˊ ㄊㄧㄢ ㄦˊ ㄐㄧㄤˋ
tyāntyānrútsž	天天如此	ㄊㄧㄢ ㄊㄧㄢ ㄖㄨˊ ㄘˇ
wenwǔshwāngchywán	文武雙全	ㄨㄣˊ ㄨˇ ㄕㄨㄤ ㄑㄩㄢˊ
wúkěnàihé	無可奈何	ㄨˊ ㄎㄜˇ ㄋㄞˋ ㄏㄜˊ
wúshŕbúdzài	無時不在	ㄨˊ ㄕˊ ㄅㄨˋ ㄗㄞˋ
wúyōuwúlyù	無憂無慮	ㄨˊ ㄧㄡ ㄨˊ ㄌㄩˋ
yìchwánshŕshŕchwánbaǐ	一傳十，十傳百	ㄧ ㄔㄨㄢˊ ㄕˊ ㄕˊ ㄔㄨㄢˊ ㄅㄞˇ
yídùngyěbúdùng	一動也不動	ㄧˊ ㄉㄨㄥˋ ㄧㄝˇ ㄅㄨˋ ㄉㄨㄥˋ
yìkǒutúngshēng	異口同聲	ㄧˋ ㄎㄡˇ ㄊㄨㄥˊ ㄕㄥ
yìsyǎngbúdaù	意想不到	ㄧˋ ㄒㄧㄤˇ ㄅㄨˋ ㄉㄠˋ
yìsyīnyíyì	一心一意	ㄧˋ ㄒㄧㄣ ㄧˊ ㄧˋ
yǒuchyándechūchyán,	有錢的出錢，	ㄧㄡˇ ㄑㄧㄢˊ ˙ㄌㄜ ㄔㄨ ㄑㄧㄢˊ
yǒulìdechūlì	有力的出力	ㄧㄡˇ ㄌㄧˋ ˙ㄌㄜ ㄔㄨ ㄌㄧˋ

a virtuous wife and capable mother   18

to depend on each other for survival   6

be at a loss what to do; be at one's wit's end; be helpless
  or powerless   20

be overjoyed; be pleasantly surprised   15

to promote the beneficial and abolish the harmful   19

leave no stone unturned   5

the spirit is willing but the flesh is weak; the heart is
  more than willing, but ability is wanting   11

to step forward bravely   19

have one's heart in one's mouth; be breathless with anxiety;
  be on tenderhooks   8

from this time on; henceforth   9

to fall from the sky   18

be this way every day   3

be accomplished in both wielding the pen and the sword;
  be well-versed in both the literary and the martial arts 19

having no alternative; being in a helpless situation   15

every minute; constantly; all the time   5

without a worry or care in the world; carefree   11

(of rumors, gossip, etc.) to circulate quickly; spread like
  wildfire   12

not move an inch   4

with one voice; in unison; unanimously   11

unexpected; beyond (one's) expectation   5

have one's mind set on; be bent on; wholeheartedly   2

Those who are rich (should) make donations, and those
  who are capable (should) render their services.   19

新編美洲版華語 (修訂版) (一至十二冊)

本書爲適合美洲地區華僑小學而編寫。自民國六十七年起，不僅美洲地區，其他世界各地僑校絕大多數均採用作爲教本。全部採用國語注音符號，另附耶魯注音、國語注音符號第二式及英譯說明，幫助兒童學習正確的中國語文。

前三冊以圖爲主，文字力求合乎兒童文學，四至六冊著重日常生活中所用詞句，七至十二冊以闡揚中國文化及增進閱讀能力爲主。每冊均另編作業簿，供兒童反覆練習，亦另編教師手冊供參考，是一套學習華語的好教材。

新編美洲版常識（一至十二冊）

　　本書爲適合美洲地區華僑小學認識中華文
化而編寫。自發行以來，頗有好評，美洲地
區及其他各地僑校普遍採用。内容分三大部
分：一、吾土吾民：介紹中華文化的成長與
發展。二、吾國吾家：介紹中國歷代政治、
經濟等，了解中國人的社會生活。三、吾心
吾德：介紹中國倫理、哲學宗教等，了解中
國人的精神生活。内容豐富而有系統，配合
插圖說明，是一套兒童認識中國過去與現在
的最佳讀物。

新編美洲版尺牘（一至四冊）

　　本書爲適應美洲地區華僑小學需要而編寫。從尺牘的基本常識入手，文字淺顯，格式簡單易學，以語體文爲主，課後有練習或討論，增加學童實際運用尺牘知識的機會，進而提筆寫信，靈活運用，中上程度者亦可參考採用，是一套非常實用的教材。

中國語文

　中國語文全套第一次發行於民國六十二年，分初、中、上三級，每級分上下二冊並另附教學指引。其編寫的主旨，係藉我國語言文字為溝通思想，促進文化交流，增進國際人士對我國傳統文化思想的了解與認識；其編寫的技巧，係以近代語言學為依據，並參酌我國語言文字之特性及最新語言教學法之法則與程序，作有系統的介紹，並多方蒐集資料，去蕪存菁，以臻於完善。本套叢書是非常適合中外人士初學中國語文的參考用書，可以提高學習者興趣及效果。

中國語文改編本（全四冊）

　　本套叢書是繼六十二年編印發行的中國語
文課本，參酌其利弊，重新整理，蒐集資料
，並應社會各方面的反應改編而成，全書共
分四冊（另附教學指引），為便於外籍初學
人士學習，其編寫的主旨、技巧，及方式精
益求精。全套書係以中英對照方式，並附國語
注音和耶魯羅馬拼音，圖文並茂。

中國語文補充讀物（已出版八冊）

　　本套叢書原共分四冊，即中國寓言、中國的風俗習慣、中國歷史故事㈠、㈡。由於來學習中國語文的外籍人士越來越多，優良的語文教材固然已不少，但面對著廣泛而迫切的需要，數量仍嫌不夠，故而又相繼出版「當代中國散文選」、「當代中國短篇小說選」「中國民間故事㈠、㈡」四冊，均採用國語注音符號和耶魯羅馬拼音方式，可以做初學者課外讀物，供學生自修，亦可以做補充教材，在教室使用。

中國民間故事(一)《中國語文補充讀物》

主　編　者◎國立編譯館
編　審　者◎吳奚眞・蘇尚耀・葉德明
內文插畫◎王　愷
出　版　者◎國立編譯館

發　行　人◎蔡繼興
出版發行◎正中書局股份有限公司
地　　　址◎台北縣(231)新店市復興路43號4樓
電　　　話◎(02)8667-6565
傳　　　眞◎(02)2218-5172
郵政劃撥◎0009914-5
網　　　址◎http://www.ccbc.com.tw
　　　　　　E-mail:service@ccbc.com.tw
門　市　部◎台北縣(231)新店市復興路43號4樓
電　　　話◎(02)8667-6565
傳　　　眞◎(02)2218-5172
香港分公司◎集成圖書有限公司一香港九龍油麻地北海街七號
　　　　　　TEL：(852)23886172-3・FAX：(852)23886174
美國辦事處◎中華書局一135-29 Roosevelt Ave. Flushing, NY 11354 U.S.A.
　　　　　　TEL：(718)3533580・FAX：(718)3533489
日本總經銷◎光儒堂一東京都千代田區神田神保町一丁目五六番地
　　　　　　TEL：(03)32914344・FAX：(03)32914345

總 經 銷◎紅螞蟻圖書有限公司 TEL：(02)2795-3656・FAX：(02)2795-4100
行政院新聞局版臺業字第0199號 (8339)
分類號碼◎800.00.110(祥新)
出版日期◎西元1989年3月臺初版
　　　　　　西元2004年9月臺初版七刷

ISBN 957-09-0034-2
定價／260元

國立中央圖書館出版品預行編目資料

中國民間故事㈠／吳奚真，蘇尚耀，

葉德明編著. ‑‑臺初版. ‑‑臺北市：正中，

民 78

　　面；　公分. （中國語文補充教材：7 ）

含索引

ISBN 957-09-0034-2（平裝 ）

1. 中國語言－讀本　Ⅰ. 吳奚眞編著　Ⅱ. 蘇尙耀編

　著　Ⅲ. 葉德明編著

802.8　　　　　　　　　　　8893